U0821844

切问与笃行

中国海洋大学本科教育教学研究文集

段善利 主编

中国海洋大学出版社
·青岛·

图书在版编目(CIP)数据

切问与笃行 / 段善利主编. —青岛：中国海洋大学出版社，2018.4

ISBN 978-7-5670-1749-8

Ⅰ.①切… Ⅱ.①段… Ⅲ.①中国海洋大学—教育研究—文集 Ⅳ.①G640-53

中国版本图书馆 CIP 数据核字(2018)第 059086 号

出版发行	中国海洋大学出版社		
社　　址	青岛市香港东路 23 号	**邮政编码**	266071
出 版 人	杨立敏		
网　　址	http://www.ouc-press.com		
电子信箱	1193406329@qq.com		
订购电话	0532—82032573(传真)		
责任编辑	郭周荣	**电　　话**	0532—85902469
印　　制	青岛国彩印刷有限公司		
版　　次	2018 年 4 月第 1 版		
印　　次	2018 年 4 月第 1 次印刷		
成品尺寸	170 mm×230 mm		
印　　张	19.625		
字　　数	340 千		
印　　数	1～1100		
定　　价	48.00 元		

发现印装质量问题，请致电 0532-88194567，由印刷厂负责调换。

序

2005年以来，学校多次组织全校性、系统性的本科教育教学工作大讨论，讨论涉及的一些教育教学问题、讨论中形成的对教育教学问题的认识以及相关的教学改革实践总结，先后以《探索与实践》《建构与行动》《交流与对话》为书名，出版了三部文集。

呈现在我们面前的这本论文集——《切问与笃行》是第四部，收录了我校教师的40多篇论文，共计30余万字，呈现了教师们开阔的探究领域和富有见地的哲理思考。所收录文章有的从宏观教育教学出发，有的从微观人才培养着手，有的从管理角度探讨，有的从学科教学切入，有的是对某个问题的全面考证，有的是对某堂课的反思推敲，字里行间贯穿了一个共同的理念，那就是更加注重以人为本、注重贴近学生。有了这样的理念，老师们在教学改革过程中，注重激疑求趣，注重前瞻性和系统性设计，通过追求教学中学生学习收获的有效性，进一步提高了人才培养工作的质量和水平。这些论文是老师们汗水与智慧的结晶，也是老师们学习先进教育思想、指导教学与管理实践，孜孜以求，培养时代新人的见证。

愿我们的老师们，切问，近思，博学，笃行，在更广的领域、更深的层面继续深入开展教育教学研究和实践，用自己的勤勉和智慧，共同铸造我校教育事业辉煌的明天！

2018年4月

目 录

【课程建设与改革】

【实验与实践教学】

切问篇

迈向通识教育新境界

——在中国海洋大学通识教育中心揭牌仪式暨通识教育研讨会上的讲话

于志刚*

今天是五四青年节，在这个特别的日子里，举行中国海洋大学通识教育中心揭牌仪式，交流研讨通识教育，具有特别重要的意义。大学以立德树人为根本任务，一流大学首先要培养一流的人才。一流的人才不仅要掌握专业知识，还要掌握广博的知识，养成健全的人格。早在 2003 年，我们就明确提出了"通识教育为体，专业教育为用"的本科教育理念。这一本科教育理念，借用了"体""用"范畴，比较容易将教育的本体价值和工具价值两者之间的关系讲清楚。我们认为，教育的本体价值在于促进学生的全面发展，教育的工具价值在于促进社会发展，"通识教育为体，专业教育为用"表明大学的教育总体上应当是"做人的教育"和"做事的教育"两者之间的相渗透而不是相分离，和谐统一而不是相互对立。我们强调古今贯通、中西荟萃、文理兼备，致力于在本科教育中，在实现人的全面发展的基础上，培养有专业特长的优秀人才。

遵循这一理念，我们已经进行了十多年的不懈探索和实践。在大家的努力下，先后建立了通识教育与专业教育相渗透的课程体系，完善了科学精神与科学技术、社会发展与公民教育、经典阅读与人文修养、艺术与审美、海洋环境与生态文明五大通识教育课程模块，涌现了一批致力于通识教育课程建设的优秀教师，初步解决了通识教育课程开出量的问题，取得了较好的成效。应当说，这些探索和实践，至少使"通识教育为体，专业教育为用"的本科教育理念在全校形成了共识，在一定程度上强化了大学教育促进人的全面发展的价值，同时也增强了大学本科教育对社会的整体适应性以及学生的个体适应性。

当然，我们也十分清醒地认识到存在的诸多不足。由于中国海洋大学人文社会科学学科发展基础薄弱，支撑优秀通识教育课程的师资无论从数量上，还是从质量上看，都远远不足，师生对通识教育课程价值的认知也参差不齐。因此，

---

* 于志刚，中国海洋大学校长、教授。

出现了通识课程数量不足，一些通识课程“水分较多”，质量还不尽如人意，一些师生仅仅将通识课程看作拓宽知识的途径，忽视了其核心价值等问题，也就不足为怪了。

不过，面对困难和问题，我们没有退缩，而是认真总结经验教训，力图采取更加有效的措施，坚持不懈地推进通识教育向着更好的目标迈进。我们设计了从“点”和“面”两个方面着力，并逐步实现“点面结合、耦合互动”的方案，即“通识教育再起航”计划。所谓“点”，就是成立行远书院，以书院为核心，先行先试，探索建设高质量通识核心课程和学生健全人格养成的有效途径；所谓“面”，就是成立通识教育中心，以“中心”为平台，期望在已有的基础上，通过进一步明晰通识教育目标、梳理通识教育课程体系，同步借鉴行远书院的经验，重新构建融知识传授、能力培养、价值塑造于一体的通识核心课程体系，并期望通过转变管理机制、改革教学模式、提升校园生活的影响力等多种途径，将通识教育贯穿到人才培养的全过程，实践好“通识教育为体，专业教育为用”的本科教育理念。

2015 年 5 月，我们聘请钱致榕先生在学校开办了行远书院，作为学校通识教育的实验区和本科教学改革的“特区”，组织开展通识教育核心课程教学和书院生活训练，旨在帮助学生拓宽人生视野，在人格培养和能力训练上打好基础，使我们的学生既有宏观见解又有解决微观问题的能力，逐步迈向“既能登高望远、又能探幽入微”的境界。经过两年的建设，本着“课程要一门一门地建设起来，人才要一个一个地培养出来”的原则，共开设了“大学之道”等 8 门通识教育核心课程，招收学生三期，共 81 人。不管是授课教师还是书院学生，他们共同的反馈就是“累！但收获和成长是惊人的”。新的教学内容、新的教学组织模式、新的学习形式在学校师生中产生了不小的影响，也为全校通识教育的课程建设、师资培训、教学组织等积累了宝贵的经验。

两年后的今天，经学校研究决定，我们正式成立“通识教育中心”，同时聘请有关专家组成通识教育专家委员会，标志着学校“通识教育再起航”计划从“点”到“面”的转折，是落实“十三五”规划、深化教育综合改革的一个重要举措。期待以此为契机，认真总结学校通识教育十余年来探索与实践的经验，学习汲取兄弟高校开展通识教育的宝贵经验，通过加大对通识教育的投入力度，改革现行的课程建设管理体制和运行机制，提高教师参与通识教育的积极性，发挥教师们的创造性，逐步建立起高水平的通识教育体系。

借此宝贵机会，提出我校今后开展通识教育的几点个人想法，同大家交流，并请各位专家、特别是兄弟高校的专家指教。

第一，进一步明晰通识教育目标。

通识教育的目标，是向学生展示知识的广博性，使之基本能够把握人类知识体系的框架；通过研读经典和不断讨论、反思，掌握积累知识、探索真理的方法，特别是增强逻辑思维和分析归纳的能力；通过课堂学习与课后生活相结合的方式，综合吸收所学所思，逐步养成健全完美的人格。这些认识，虽然表述的方式不同，但是我相信其基本思想是大家的共识。学生们如果能够通过我们的努力达成上述目标，则知识传授、能力培养、价值塑造三个目的必然能够一体化地同步实现，学生们的终身学习能力和习惯自然能够形成。如能实现上述目标，则我们可以期待，我们的学生会成长为优秀的公民，具有足够的勇气、智慧和能力去应对瞬息万变的未来，服务国家和人民，创造人类社会美好的未来。

第二，进一步发展通识教育课程体系。

通识教育主要来源于西方，值得我们认真学习借鉴。但我始终认为，不管是从适应时代发展要求的视角看，还是从传承创新中华文明的视角看，通识教育课程体系都大有不断发展创新的空间。通识教育首先是"经典的"，但不一定只能是"经典的"，它也需要随着时代的发展而发展，并因不同国家和民族不同的文明而各呈特色。

我曾经提出过通识教育课程"现代化"和"中国化"的建议。所谓"现代化"，是指通识教育的体系需要增加地球科学、生命科学、生态文明等内容，这些学科的发展，正在改变着人们对宏观和微观世界的看法，是事关世界观、人生观、价值观和人类社会可持续发展问题的科学基础。不是简单地开设这些课程，而是应当在掌握这些学科知识的基础上，经过凝练以及通过与人文社会科学的交叉整合，形成新的"整合性"课程，纳入到通识教育课程体系中，这就是我所谓通识教育"现代化"的大概意思。钱致榕先生正在行远书院开设"宇宙大历史"这门课，使得我眼前为之一亮！当然，如果能够把数学、物理学的最新发展与人类社会文明最新发展进行整合，也会精彩至极。而所谓"中国化"，是希望精选优秀中华文明元素，通过古今融合、中西对比，纳入通识教育体系，丰富通识教育的内涵，彰显中华特色，实现通识教育的"中国化"。钱致榕先生、朱自强教授开设的"大学之道"，我校陈鹜、黄亚平等教授开设的"中华文化传统"都是这方面的可贵尝试，且已经初步取得成功，当然还需要艰苦努力，不断发展。我还希望中国海洋大学的通识教育能够体现海洋特色，即通过对海洋的过去、现在和未来的解读，引导学生们认知海洋，热爱海洋，为开发利用和科学保护海洋奠定思想和知识基础。我校年逾八旬的物理海洋学家侍茂崇教授在钱先生的鼓动下，毅然开设了"大海洋”这门新课，属于这方面的尝试，我们充满着期待。

第三，进一步完善通识教育的校园生活和文化建设。

通识教育不是单纯的知识教育，它更加注重人的培养，强调能力的训练和人格的养成。因此，应重视学生的自主探索和体验，注重教育的过程而非仅仅是教育结果，这些都是我们开展通识教育时应当在心中始终不忘的宗旨。这就需要我们在不断提升课程影响力的同时，还要不断提升校园生活的影响力。行远书院的生活训练是一种形式，我们还应当探索更多适合当代青年学生的校园生活方式，要从内容类型、组织形式、活动过程等方面大胆探索。田野调查、第二校园体验、“互联网书院”等等，都应当去探索。只要我们围绕通识教育的宗旨和理念，始终以学生成长为中心，就一定能够探索出多种多样、行之有效的教育形式，不断完善通识教育的校园生活和文化建设，切实将通识教育贯穿于学生大学生活的全过程。

各位专家，老师们、同学们！

我还有很多话要说，比如学校应当投入更多的资源支持通识教育，应当花更大的力气支持不计回报、默默奉献的那些开展通识课程建设的教师们等等，这些，都是学校今后应当进一步做好的。我最后要讲的话是，希望在座的兄弟高校的专家关心、支持和指导我校通识教育的开展，学校还将聘请校外专家作为学校通识教育专家委员会的成员，我在这里先发出邀请。

期待通识教育中心的成立能够和行远书院的成立一样，推动学校“通识教育再起航”计划不断创新发展，迈向我们既定的目标！

科教融合培养创新型人才

吴德星*

摘　要：新型精英人才是我国宏大人才队伍中的核心人才、骨干人才，是各条战线上的领军人才，人才培养是大学的根本任务，研究型大学的人才培养必须是精英教育。精英教育就是要在高质量的人才培养过程中，使学生具有创新意识、创新精神和创新能力，奠定未来成为学术精英、管理精英和科技精英的潜质和基础。在研究型大学实施精英教育则必须走"科教融合"的道路，这就需要教育教学的组织者和教师准确把握"科教融合"的内涵和实现路径。与此同时，我们必须深刻认识到科学技术的局限性，通过培养和弘扬人文精神，实现人与自然的和谐统一。因此，大学教育必须积极推进科学精神与人文精神相统一。

关键词：创新型人才；精英教育；科教融合；科学精神与人文精神相统一

一、牢固树立"精英教育"核心理念

新型精英人才是我国宏大人才队伍中的核心人才、骨干人才，是各条战线上的领军人才。其基本特征是：具有强烈的民族精神和责任感，对既定目标的实现有着坚定的信念和执着的追求；更善于追求深入的开放式思维，对于事物和未知领域有着强烈的兴趣；勇于面对风险和挑战，具有强烈的理性批判精神；知识、理论和实践基础扎实，独立学习和终身学习能力强，具有深厚的发展潜力；具有运用知识与技能，在一些重大现实问题中发现和创造新知识的能力。对于中国海洋大学而言，我们培养的新型精英人才应该是有志于服务并有能力引领海洋强国建设和中国特色社会主义建设的领军人才和骨干力量。

坚持学术追求和承担社会责任是大学的历史使命，人才培养是大学的根本任务，研究型大学的人才培养必须是精英教育。精英教育的核心是育人，而不是制器。精英教育强调的是集中优质资源，按照人才成长规律对学生进行培养，突出的是培养过程，使学生在培养过程中接受优质的全面教育，提高素质、培养能

---

* 吴德星，中国海洋大学原校长、教授。

力、增强智慧，具备成为社会各界领袖、国家栋梁和社会精英的潜质。因此，精英教育在培养定位上是国际一体化的教育，在培养方式上是科学精神和人文精神相统一的教育，在培养内容上是科学研究与教学相融合的教育，在教学方法上应是启发式、探究式和开放性的教学。

精英教育实质上就是通过高质量的培养，使学生具有创新意识、创新精神和创新能力，奠定未来成为学术精英、管理精英和科技精英的潜质和基础。这为学校的本科教育和人才培养工作提出了更高的要求，中国海洋大学提出并实施了“通识为体，专业为用”的本科教育理念。通识教育是以全面提高学生内在素质为目标，以数学、文学、历史、伦理、逻辑、哲学等自然科学和社会科学的教育为主要内容，注重学生心智、情趣、正义感和责任意识等方面的综合发展，核心是关于“成人”和“做人”的教育。“通识为体”，既是对通识教育在学校本科人才培养中价值取向的确立，也是对学生本科阶段成长成人根本目标的要求；“专业为用”，既是对专业教育在学校本科人才培养中特殊功用的强调，也是对学生本科阶段应具备的专业知识、专业技能水平和对承担社会责任能力的基本要求。

通识教育的目标在于通过引导学生发现可能主导未来世界的文化和思维方式是哪些，培养学生独立思考的习惯和能力，养成包容、尊重、公正和坦诚的精神，实现在纷杂的未来世界里保持清醒的头脑和独特的个性。因此，通识教育应该是科学精神和人文精神相统一的完整教育。

通识教育应该展现不同文化、不同学科的思维方式。世界文化是多元的，不同区域、种族和民族有着不同的历史和文化，各自都展现了独特的智慧，都需要我们去了解和吸收。如在科学文化方面，自然科学领域经常会评论某些公式的简洁和美感；历史学家和文学家常用“出神入化”“行云流水”等称赞一部作品写得好；在社会科学领域，“有思想”“有说服力”“发人深省”等形容词似乎比其他学科更常见。通识教育就是让学生领会不同学科的文化、精神和传统，并告诉学生这门学科未来发展的可能形态。

通识教育还应该充分展现学术的魅力，课堂上学术大师的滔滔雄辩和引经据典，必然会使学生终生难忘。要通过展现学术魅力，让学生通过最基本的基础理论和基本知识训练，赋予大脑逻辑、推理、论证等能力和丰富的想象力与创造力。通识教育要培养学生对学术的鉴赏能力，要欣赏学术之美及其魅力，若没有几分对学术的精神饥渴是办不到的。在自然科学领域，有哲人认为，倘若未能体悟到爱因斯坦的质能公式，麦克威斯电磁学方程组和薛定谔方程等科学成就的简洁、和谐、对称并略带神秘之美者，必定心有旁骛，抑或是尚未感悟到科学之真谛。当然以上对通识教育的要求太过高远，但我们总可以脚踏实地向此目标迈进。我校的通识教育应该从一门门课程的建设和实施上做起。

经过一代代中国海大人的不懈拼搏，中国海洋大学已经发展成为国内海洋科教领域的引领者。特别是在海洋强国建设成为国家战略任务的今天，中国海洋大学的影响力不仅要体现在卓越的科研水平上，更要体现在有益于国家民族的新型精英人才的培养上。因此，我们必须牢固树立高等教育大众化背景下的“精英教育”的核心理念，并把这一理念贯穿于教育教学的各项活动中。

二、落实寓教于研，实现“科教融合”

前面我们提到，研究型大学的人才培养必须是精英教育，在研究型大学实施精英教育则必须走“科教融合”的道路。而要实现真正的“科教融合”，需要教育教学的组织者和教师准确把握“科教融合”的内涵和实现路径。

1. 传统理念对教学和科研认识的束缚

在我国传统的教育理念影响下，我们对大学的教学和科研在认识上存在着明显的偏颇，即认为科研就是“成果化”的科学研究，而把教育活动局限在了教材和课堂上。这种认识实际上是狭隘的科研观和教学观，它割裂了大学科研和教学天然的一体关系，严重束缚了大学教育中寓教于研、一体育人的自然活动。这种认识使得大学在日常管理过程中，针对教师自然个体采取了教学、科研分开考核的评价体系，从而导致了我们常说的“教学、科研两张皮”现象。

当今社会，随着新知识爆炸式增长，教育技术手段飞速发展，人类学习知识的习惯以及对事物的认知方式已经发生了根本性的变化。教育的内涵已经冲出了校园和课堂，跨时空的新教育思想和理念正在形成。高等学校要提升创新能力、培养创新人才，首先必须突破传统对教学和科研的狭隘认识，真正做到“科教融合”，调动和激发起教师和学生的求知欲和探索精神，在更加自然的学术环境中探求真理。

2. “科教融合”的内涵

我认为，大学范围内的“科教融合”实际上就是明确科研在大学发展中的支撑和引领地位与作用，在科研过程中实现教育的目的，即寓教于研。在“科教融合”的育人过程中，教师的职责重在提醒和启发，引导学生去思考、去理性批判、去探索问题。教师不再是简单地传递知识，而是要告诉学生知识是怎么得来的和怎么才能创造出新的知识，还要培养学生具备知识的直觉性——大约结果会是怎么样？这是我理解的教育和研究相互融合的过程。教师在这个过程中，以其特有的品格、知识和精神等综合修养，以潜移默化、润物无声的方式对学生进行教育和科研指导，从而实现教育和培养的目的。

3. 实现“科教融合”必须解决的两个关键问题

实现“科教融合”，充分发挥科研支撑教学的作用，必须解决好两个关键问题，一是如何将研究思维贯穿于教育的全过程，在科研教育中强调重在培养提出问题和动手解决问题的能力；二是如何使科研资源、科技成果以及前沿课题不断有效地转化为优质的教学资源，促进创新人才快速成长。只有如此，培养创新人才这一大学的根本任务才有可能高质量地实现。我们知道，大学的主体之一是教师，大学教师的自然属性决定了他在大学的工作本身就是科教一体的。但由于前面谈到的将教学和科研割裂考核的旧的评价体系，使得教师“奔波”于“学术GDP”和“教学工作量 GDP”的纯数量型表格中，极大影响了教师教学和科研的质量。

因此，要真正实现“科教融合”，必须以提升研究和教学质量为导向，以改变陈旧的理念和改革陈旧的体制机制为动力，创造性地完善业绩评价体系。抑制对功利性、短视性的科研行为和工分制教学工作量的追求，把科研和教学评价以及教师的管理逐步还原到大学理念和大学精神上去。支持教师把不断丰富的科技成果和科学思维资源视为既是完成科研任务的必然要求，更是通过科学研究与教学联动，为学生提供讨论式和研究性的学习环境，激发学生动手动脑的热情，营造自主创新的氛围，实现“学、研、用”能力的共同提升，将寓教于研的思想贯穿于教学组织和教学活动中，“科教融合”才能真正实现。

三、实现科学精神与人文精神相统一，培养高素质全面发展的创新型人才

以纺织机改革为起点、以蒸汽机的发明与使用为标志的第一次技术革命直接导致了产业革命，使资产阶级最终摧毁了封建贵族的统治，确立了资本主义的生产方式，开创了人类工业文明时代。以电力应用为标志的第二次技术革命，渗透的科学知识更为广泛，它是各门科学技术知识综合的结果，同时也促进了生产和科技知识研究的巨大发展，改变了人类的物质生活和精神生活，推动了整个人类文明的进步。以 19 世纪末物理学三大发现（X 射线的发现、放射性物质的发现和电子的发现）、相对论和量子论诞生为标志的现代物理学革命，更是带动了世界范围内工业化、现代化浪潮的涌动，推动着经济、政治、社会、文化的全面进步。但是，大家都知道，科学技术在造福人类的同时，也潜藏着危害人类自身的

可能。

从经济社会发展史更可以看出，科学技术应用一旦失去其与自然和谐共处的价值取向，特别是科学伦理的缺乏，科学技术这把双刃剑在造福人类的同时，也潜在地储备了毁灭人类的能量。因此，要实现人与自然和谐，大学教育必须积极推进科学精神与人文精神相统一。

1. 科学精神与人文精神的辩证关系

科学精神追求的是认知的真理性，它并不决定人类行为的价值取向。从同一个符合客观实际的真认知出发，可以作出多种价值选择。科学技术的价值取向并非是由其自身决定，而是由掌握它的人决定。科技可以为善，也能够作恶，如何取舍，取决于掌握它的人。人文精神追求的是人类生存的意义和价值的关怀，追求的是真善美。科学技术如果脱离了人文精神的支撑，用于邪恶的目的，那么对人类的危害将是灾难性的。当然，离开了科学精神的人文精神只能产生出善良的愿望，很难给人类带来实际的福祉。因此，科学精神和人文精神作为人类认知活动的两种产物，各自具有不同的特点和局限性，只有通过相互支撑才能在某种程度上克服两者的局限性，两者是一种互补的关系，它们都是认识、观察和改造世界不可或缺的。

就人类思想发展历程而言，由于科学技术革命的辉煌，曾经存在着“唯科学主义”的观点，科学被视为终极真理，特别是在片面追求经济效益的物质化倾向驱动下，科学与人文出现了分裂，忘记了人类社会发展的目标应是“为了一切人和完整人的发展”与“让人类生存得更加美好”这一宗旨。因此，人类必须回归科学精神与人文精神的整合统一。

2. 实现二者的统一需要教师和学生的自觉努力

实现科学精神与人文精神融合统一的主体是人，人能够高度认识真理原则与价值原则，并在行动中自觉地把二者统一起来，这是人类历史发展所获得的理性认知。马克思认为，社会发展的实质在于“在物种关系方面把人从其余的动物中提升出来”和“在社会关系方面把人从其余的动物中提升出来”。再次提升的根本目的在于优化人的生存环境、提高人的生存质量、确立人的主体地位、实现人的全面发展。因此，从这个意义上讲，作为以人为探索实践主体的科学和以人为终极关怀对象的人文，应该而且只能在人的身上实现更高层次的整合和统一，而这一重任必须由大学承担起来。

我们认为，人文精神是在承认人在推动社会发展和实现自身发展方面居于核心地位的前提下，强调人与自然和谐共存，倡导人在面对自然时应怀有敬畏和谦虚之心。科学精神和创新能力是由三个基本素质有机地结合在一起的综合能力，即强烈的求新意识和敢于批判“已有知识”的素质，不断形成或提出独到见解的素质，正确而又恰当地客观描述与界定自己“新成果”的素质。

这就要求大学的教育者们紧紧扣住科学精神与人文精神相统一的理念，深化教育教学改革，科学制订人才培养评价体系。在教育过程中，努力将宽厚的科学基础和文化修养与高深的专业知识结合起来，充分汇聚和调动学校优质海洋资源和深厚文化底蕴，科学设计，形成完整的创新知识体系。不仅要注重培养学生的科学和技术素养，还要着力培养学生的人文和艺术修养。通过提升学生对艺术的兴趣和鉴赏力，引导学生对“原问题”进行深思，对已有结论做出质疑和批判，鼓励他们在阅读和思考经典的过程中，在欣赏和创作诗歌或者音乐的过程中，不断提高学生的道德判断力，培养想象力，开拓创造力，增强学生的逻辑思维和批判性思维能力。同时，不断加强和提高教师的综合修养，使科学精神与人文精神在教师身上得到彰显和发扬，从而在言传身教中，以寓教于研的方式实现科学精神与人文精神相统一的创新型人才培养目的。

四、大学共享课程建设与展望

以混合式教学和共享课程建设，实现学生个性化需求，提升大学教学质量，需要学校、教师、学生等各方转变观念、协同努力。

(1)学校层面：要以提升教学质量为核心，激励教师重视教书育人。在混合式教学模式下，教师花费的精力远大于传统的授课，不仅要精心构建视频制作的内容，还要积极引导、组织学生的讨论。同时，混合式教学模式也对教师提出了更高的要求。为激励教师们在创新教学上的投入，学校应从绩效津贴、岗位考核等政策层面上加以保障，以营造重视教书育人的良好氛围。

(2)教师层面：要从以“教”为主，转变为引导学生以“学”为主。教师的观念要从以往的单纯教学，转向教书育人。要从以往的重复性体力劳动中解放出来，把更多的时间放在与学生互动交流，启发、关心、引导学生思考上。

(3)学生层面：要从被动式学习，转变为积极、主动的探究式学习。混合式教学模式也对学生的自觉性提出了更高的要求。教师要让学生明白：学习不只是获得知识和考取好成绩，更是学习能力的提升和对未来发展的储备。学生只有自觉自愿地学习，才能积极主动地去探究。

总之，只有通过学校、教师、学生等各方的携手努力，大学才可能真正实现教学改革的深化和教学质量的提升，最终实现大学为国家培养优质人才的目标和使命！

深化海洋教育合作，着眼海洋发展未来

李巍然*

海洋是人类的共同家园，海洋知识是人类的共同遗产。几乎每个民族都有自己关于海洋的记忆，几乎每个国家都以各自的方式开展有关海洋知识的教育。近些年来，伴随海洋经济的振兴和海洋强国战略的实施，我国海洋教育也乘势而为，蓬勃发展，形成了以“高等学校海洋专业人才培养＋社会公众海洋知识普及教育＋中小学海洋知识课程教学”为基本形态的、较为完备的国家海洋教育体系。

中国海洋大学就是其中举办海洋专业教育最早、持续办学时间最长、培养海洋专业人才最多的学校，同时也是开展海洋教育的高校中对外合作活动频繁、对外合作领域广泛的学校。学校倡导成立国际涉海大学联盟，领衔组建中-德海洋科学中心、中国-东盟教育培训中心，建立了连接学校间的海洋教育合作协调机制；举办中-美大学“联（合）培（养）联（合）授（学位）”项目，开办中-澳大学联合办学专业，实行与国外境外多所大学间的课程和学分互认，使得一批又一批的本科生和研究生经过联合培养或交换培养完成了学业。学校的海洋教育国际合作取得了丰硕的成果，学校也为推动国际间海洋教育合作做出了重要贡献。

2013 年，习近平总书记提出了共建“丝绸之路经济带和 21 世纪海上丝绸之路”的倡议，随后中国政府陆续推出一系列重大建设支撑项目，沿线国家踊跃参与其中。“一带一路”从理念转化为行动，从愿景转变为现实，为我国与“一带一路”建设参与国发展海洋事业的和平合作开辟了广阔空间，也为我们与“一带一路”建设参与国、与东亚其他国家开展海洋教育合作指明了新的方向、提出了新的要求。中国海洋大学深刻认识到，在原有框架下开展的海洋教育国际合作已经落后于社会大发展大变革大调整的时代步伐，我们需要站在建设人类命运共同体的高度，围绕联合国养护和可持续利用海洋和海洋资源以促进可持续发展的目标，着眼全球未来海洋发展需要和未来海洋人才需求，在实施原有海洋教育国际合作项目的同时，推动开展新的海洋教育国际合作工作，主要有以下几个方面。

---

* 李巍然，中国海洋大学副校长、教授，中国太平洋学会海洋教育分会会长。本文节选自“2017 东亚海洋文化教育合作论坛”主题演讲。

第一，扩大合作面向。中国海洋大学现行的海洋教育合作大多是面向欧洲、北美和澳大利亚的涉海大学开展的，已形成的合作模式都可以移植到与东亚和东南亚国家大学间的海洋教育合作中。合作形式可以是互派教师、互派学生、互相承认在合作学校学习的课程和取得的学分，也可以是联合授课、联合授予学位、联合颁发学历证书、联合开办新的学科专业等。合作学校间要制定更开放的政策、采取更便捷的措施，支持更多域内国家青年学生相互跨境、跨文化接受海洋高等教育。

第二，拓展合作领域。由于学校自身学科发展积淀的缘故，以及受各国历史文化不同的影响，中国海洋大学以往的海洋教育对外合作，更多的是局限在自然科学领域。推动未来海洋健康持续发展，不仅需要大批杰出的海洋科学家，同时也需要大批优秀的海洋人文社会学家和卓越的海洋事业领导团队。海上丝绸之路建设的实践也表明，涉海领域各方面专业人才短缺是丝路建设参与国面临的普遍性问题。我们将通过在海洋发展研究院聘任外籍研究人员，在海洋文化、海洋经济、海洋法学和海洋管理等学科领域扩大留学生招收和培养规模，建设域内海洋文化交流常态化机制，联合丝路建设参与国大学共建海洋研究和教学机构等一系列工作，丰富学校与域内高校在人文社会科学领域的海洋教育合作，推动丝路建设参与国共同应对和解决海洋人才匮乏问题。

第三，深化合作内容。中国海洋大学开展了形式多样、内容丰富的海洋教育国际合作，其中一些合作项目以就怎样培养海洋人才达成共识为基础，实现了“共同开展教学活动”，属于深度教育合作；另有一些合作项目还只是“认可彼此教学内容和教学水平”意义上的合作，本质上是合作双方以学科知识传授为导向的海洋教育的简单组合，属于浅层次的合作。显然，前者更能体现丝路建设精神，更符合丝路建设参与国海洋人才培养的实际，是我们与丝路建设参与国开展海洋教育合作的首选方式。我们拟借助学校日本研究中心、韩国研究中心和中国-东盟教育培训中心的业务网络，联合东亚、东南亚国家有关专家学者和大学同行，就丝路建设过程中遇到的各种区域性海洋问题开展深入研讨和广泛交流，根据这些问题的性质、种类，以及解决这些问题需要的能力和涉及的知识来设计海洋高等教育内容、编写课程通用教材、组织教学队伍、构建教学模式，面向域内各国青年学生开展海洋共同教育，以期培养掌握多学科海洋知识、洞悉各方面海洋关切、既能把握宏观方向又能解决具体问题的海洋专业人才，使他们能够在东亚、东南亚国家比邻海域的（西太平洋、南海、东印度洋）生态海洋、富饶海洋、美丽海洋和和平海洋的建设中发挥积极作用和关键作用。

第四，推动合作迁移。在“一带一路”建设大背景下开展海洋教育合作，还需要注意处理好海洋教育合作与其他丝路建设内容的关系问题。为让海洋教育合作产生更广泛的正面影响，我们要推进以下几项工作：一是推进海洋教育合作常态化，让海洋教育合作平台成为合作方国家保持经常性联系的纽带、意见沟通交流的渠道和探索开辟合作新领域的实验田；二是推进海洋教育普及化，将合作开展综合性海洋高等教育形成的海洋教育新理念、新方法和新的知识体系，引荐到丝路建设参与国的中小学海洋教育中，促进中小学海洋教育由地域性和学科性教育向海洋文明教育、海洋文化教育转变，向面向全体学龄青少年的无差别教育发展，保障每一位青少年当前接受海洋教育的基本权利，进而保障他们将来有更多的公平机会深度参与海洋发展建设工作；三是推进海洋认知社会化，把在海洋教育合作中形成的有关海洋资源、海洋环境、海洋管理等方面的共识，向国际社会予以系统和全面的传播，帮助丝路建设参与国民众学习海洋知识、树立海洋意识，奠定全面开展海上丝绸之路建设的民众文化素质基础和社会思想意识基础。

第五，加强合作保障。中国海洋大学依海而立、因海而兴，海洋的全球性规定了海洋教育的国际性，国际合作就成为我们开展海洋教育的自然逻辑和必然选择，中国海洋大学被国家列入了世界一流大学建设行列，国际合作也成为学校一流大学建设的主要内容和重要举措。为保障具体合作项目顺利实施，学校设立了国际合作基金，对海洋教育合作项目给予持续支持；设立了校长奖学金，对来校学习的留学生给予持续资助；设置了“绿卡教授岗位”，形成了外国专家短期来校工作的长效机制；学校提高了津贴标准，鼓励教师为留学生开课授课；学校建设有网上课程和互联网教学系统，可以支持异地实时教学；学校与国家留学基金委和在国外的中资企业及当地政府开展了跨国校政企三方合作，开始成建制地为当地培养急需人才；学校最近还启动了海上丝路研究院的建设工作，将为丝路建设参与国开展海洋教育合作提供更加广阔和更加坚实的平台。中国海洋大学将以一项项成功的海洋教育合作，来保障新的海洋教育合作取得一次次成功。我们真诚期待与东亚、东南亚国家大学成功开展海洋教育合作，共同培养海洋人才，共同开创海洋美好未来。

当前本科教学工作存在的问题及对策

曾名湧*

一、当前本科教学工作存在的问题

1. 人才培养在高校工作中的中心地位和本科教学基础地位仍需进一步加强，教师从教的内在动力和外在激励均显不足

虽然从中央到地方各级领导、各种文件中都明确提出要牢固确立人才培养在高校工作中的中心地位，要把本科教学作为高校最基础、最根本的工作，领导精力、师资力量、资源配置、经费安排和工作评价都要体现以教学为中心。但是，实际情况并不乐观。随意调停课、其他非教学活动冲击正常教学秩序等现象时有发生，从事教学工作得不到足够重视的感觉在教师中仍然存在。

2. 实际教学活动中"以教师为中心"的模式仍占主导地位

这种模式过分强调教师的主导作用，注重知识传授，忽视学生认知主体作用，阻碍了学生创新思维和创新精神的培养。而以学生为中心的教学模式注意在学习过程中发挥学生的主动性、积极性，强调学生是认知过程的主体，是知识体系的主动建构者，有利于学生主动探索、主动发现，有利于创新创造型人才的培养。当然，我们强调以学生为中心的教学理念，并不是要削弱甚至否定教师的作用，而是要调动教与学两个方面的主动性、积极性。

3. 优质教学资源不足，课程供需结构性矛盾突出，通识课程整体水平亟待提高

由于学生转入热门专业的需求持续旺盛，导致热门专业选课难度持续加大，矛盾十分突出；部分公共基础课开课量不足，教授为本科生上课的比率偏低；通识课程数量问题虽然基本解决，但是通识课程的整体水平还不高，尤其是通识核心课程，无论是数量还是质量均亟待加强。

4. 实践教学尚需进一步加强

---

* 曾名湧，中国海洋大学教务处原处长、教授。本文节选自2013年学校第三届教育教学讨论会上的主题发言《凝神聚力，锐意改革，全面提高本科教育教学质量——对学校本科教学工作的回顾、思考及建议》。

按照人才培养方案的要求，全校各专业的实习教学任务完成比例较低；学校大部分工科专业现有实验条件不能满足实践教学需要，工科专业的金工实习仍要到青岛其他高校进行；实验实习经费存在使用不规范等问题；国家大学生创新创业训练计划和本科生研究发展计划（SRDP）存在重申报轻过程的现象，甚至在项目经费使用上也存在一些不规范的行为。

5. 本科教学管理水平尚需进一步提高

无论是教学管理队伍数量和整体素质，还是教学管理运行机制，都难以适应高素质创新人才培养的要求，均亟须进一步加强。目前，我校教学管理体制重心依然在学校层面，学院开展教学工作的主动性不高，校院两级教学管理岗位人员工作水平和能力严重不均衡，制约了本科教学质量和人才培养水平的提高。

二、未来几年本科教学工作的主要方向

（一）进一步更新和巩固教学理念

我们要着重更新和巩固的理念主要是：全面发展理念，培养德智体美劳全面发展的人才；人人成才理念，我们的教育教学工作要着眼于促进全体学生成长成才；系统培养理念，探索教学、科研、实践相互融合，学校、家庭、社会密切配合，学校之间、校企之间、学校与科研机构之间合作以及中外合作培养人才的新机制；终身学习理念，为学生的持续发展打好基础。我们还要继续贯彻落实“通识为体，专业为用”的教育理念，真正实现“通识教育与专业教育相渗透，一般教育与特色教育相结合”的均衡教育目标。

（二）全面实施本科人才培养水平提升计划

1. 实施专业建设水平提升计划专业是本科人才培养的载体

通过推进专业综合改革来提高专业建设水平，是一项综合性极强的教学改革与建设工作，也将是今后我校本科教学工作长期性、根本性的任务。2013 年，学校发布了《中国海洋大学本科专业评估方案》，正式启动了校内专业评估与认证工作，预计在 5 年左右的时间内对我校所有专业进行评估或认证。通过专业评估与认证工作，全面把握我校本科专业建设情况和办学状况，进一步优化专业结构，加强专业内涵建设，形成专业特色。同时，以国家级专业综合改革项目为牵引，通过深化专业综合改革，提高专业办学水平和教育教学质量，力争通过“十二五”的持续建设，使我校主干专业整体达到国内一流水平，部分专业达到国际一流水平。

2. 实施人才培养模式改革计划

教育教学改革的核心是改革人才培养模式。学校将以“卓越人才培养计划”实施为核心，推进人才培养模式改革计划。具体而言，学校将研究制定“卓越蓝色人才培养计划”实施方案，以推动涉海专业人才培养模式改革；学校将继续扩大“卓越工程师教育培养计划”的试点范围，以推动工科人才培养模式改革不断深化；学校还将陆续启动“卓越法律人才”“卓越水产人才”“卓越经管人才”“卓越外语人才”等培养计划的实施，以推动我校各类专业人才培养模式改革深入开展。

3. 实施课程提升计划

课程是本科教学和本科人才培养的核心要素，课程质量在很大程度上决定了本科人才培养质量。课程建设既是本科教学工作的核心任务，也是长期任务。实施课程提升计划，其目的就是为了全面提高教学质量。课程提升计划的主要内容包括以下几个方面。

(1)继续实施通识教育课程专项建设工作，重点是建设一批通识教育核心课程和海洋类的通识教育课程，以打造我校海洋特色教育体系。

(2)继续加强公共基础课程改革与建设，重点加强学生数理化基础的培养及英语听说读写能力的训练。

(3)继续组织校级学科(专业)平台课程建设，通过组建跨学科课程教学团队，有效配置和共享资源，以逐步解决学科(专业)平台课程资源不足的问题。

(4)在海洋科学、水产养殖等国家级特色专业中，遴选部分基础好的课程进行国际化课程建设；继续推进国际经济与贸易等专业有计划、分阶段引进国际化课程、外文原版教材、国际师资开展本科教学，探索全专业课程英文授课的有效途径。

(5)以国家精品资源共享课程和精品视频公开课的建设为龙头，加快校本网络课程的开发和应用。未来5年每年将建设100门左右的网络课程；继续拓展优质课程资源特别是优质通识教育课程资源的引进渠道，支持教师开展MOOC课程实践和课程教学模式研究。建立和完善网络课程质量评价指标体系。

(6)推广启发式、探究式、讨论式、参与式教学方法。选择部分课程，根据其属性和实际情况，分别进行基于教室的、基于科研平台的、基于实习实训基地的教学方法改革。

4. 实施实践教学质量提升计划

实践教学是培养学生创新能力的关键环节，其质量在很大程度上决定了创新人才培养质量。学校将从以下几个方面来提升实践教学质量：

(1)全面实施实践教学工作标准，规范实践教学过程管理，完善实践教学质量监控体系。根据学校实践教学工作标准实施办法，各院系(中心)根据学科特点制定并实施各专业实践教学工作标准，建立学校、院系、督导三方一体、各有侧重的实践教学质量监控体系。实验、实习环节以内容和开出率为重点，毕业论文(设计)突出过程管理，保证各实践教学环节的效果，确保实践教学内容、时间、地点、经费四落实。

(2)继续推进校内外大学生创新实践基地建设。在评估现有校内大学生创新实践基地建设情况基础上，择优重点扶持5个左右校内创新基地建设，使之成为国内同类专业大学生创新实践示范基地；重点建设3～5个校内创业实践基地，使之成为校内大学生创新创业活动的孵化器；依托“卓越人才培养计划”和国家级工程实践教育中心建设，理顺关系，建章立制，进一步提升校外大学生创新实践基地建设和管理水平，提高其保障学生实习实训和创新实践的能力。

(3)以落实创新创业教育学分为推动，校、院、行业企业联动，统筹规划国家级大学生创新创业训练计划、本科生研究发展计划(SRDP)、国家级大学生科技竞赛、大学生创新创业论坛，以大学生创新创业俱乐部为运行载体，搭建以学生自我管理为主的创新实践平台，营造浓厚的创新文化氛围，提高全体学生的科技创新意识。

5.实施本科教学国际化水平提升计划

教育国际化是建设世界一流大学的必由之路。本科教学国际化作为教育国际化的重要组成部分，对于培养具有国际视野和合作与竞争意识的人才，实现我校特色显著的世界一流大学建设目标具有不可替代的作用。提升本科教学国际化水平将是未来本科教学工作的重要任务。为此，我们要贯彻落实好学校国际化战略，不断强化教育国际化意识；提高本科专业建设国际化水平，每一个本科专业都要找到自身的国际坐标，制定切实可行的建设方案和措施；要以一流大学课程体系为参照，通过引进、吸收和改造，优化本科课程结构，实现教学内容国际化、教学方法多样化、教学手段现代化；有计划地引进高水平国际师资和选派教师到国外进修、访问、讲学、合作研究相结合，打造一流国际化师资，提高国际化教育教学质量；充分发挥院系在国际化办学中的主体地位，积极开展包括师生交流、学分互换、学历互认、联合培养、中外合作办学、国际教育资源共享等多种形式的国际教育交流与合作。

(三)探索建立学生学习支持组织

落实"育人为本"的理念,就要尊重学生成长成才规律,要为不同智力水平、不同性格和志向的学生提供相适应的学习和成才机会,这就要求我们不仅要在课堂教学中贯彻因材施教的原则,还要建立专业性的学生学习支持组织,为各类学业遇到困难的学生提供专业性的指导和支持,以帮助他们顺利地成长成才,不让一个学生掉队。

创业型人才的素质与高校人才培养模式的变革

薛永武*

摘　要:为了提高创业型人才的素质,文章从哲学和文化学等多角度出发,研究并提出了创业型人才应该具有坚忍的创业激情、自由和独立精神、独特的创新人格、敏锐的市场眼光、敏感的风险意识、开放的国际视野、跨文化沟通能力以及优良的团队精神。根据创业型人才培养的需要,针对高校人才培养模式存在的问题,提出高校人才培养模式变革的思路和方法。

关键词:人才素质;市场眼光;风险意识;国际视野;人才模式

一、创业型人才的素质

创业型人才是指具有创新精神和创新能力,积极创业,用创造性劳动为社会发展和人类进步做出贡献的人。创业型人才应该具有坚忍的创业激情、自由和独立精神、独特的创新人格、敏锐的市场眼光、敏感的风险意识、开放的国际视野、跨文化沟通能力以及优良的团队精神。

(一)坚忍的创业激情

创业型人才要充分认识创业激情对于创业的重要性。创业激情是一种干事创业的高尚情感,正如法国启蒙运动领袖狄德罗所言:“只有大的情感,才能使灵魂达到伟大的成就。”[①]创业型人才具有创业激情,才能够冲破阻力、百折不挠地进行创业的探索。

创业激情是一种情感,也是一种态度,更是一种精神,是一种在困难面前百折不挠、泰山压顶不弯腰的坚忍,也是一种锐意进取、永不言败的精神气概。创业激情蕴含坚忍的意志、科学的智慧与理性的闪光。许多成功的创业型人才最初几乎都缺资金、缺人才、缺技术、缺经验,在创业过程中经历过磨难,甚至遭遇

---

* 薛永武,中国海洋大学文学与新闻传播学院教授,山东高校干部与人才研究基地主任,主要研究人才开发与高等教育管理。

① 狄德罗.狄德罗文集.王雨等编译.北京:中国社会出版社,1997:1.

过挫折和失败，但最终获得创业的成功，这与拥有坚忍的创业激情是分不开的。

（二）自由和独立精神

自由和独立精神是创业型人才人格构成的重要组成部分，对创业能够产生重要的激励作用。创业型人才通过自主创业，牢牢地扼住命运的咽喉，在沧海横流、大浪淘沙中锻造自己，把创业看作一种自我实现和自我超越，是实现自身价值的重要方式。

从自由精神来看，创业本身应该是创业者积极的人生选择。这种自由精神克服了创业的盲目性、随机性和从众性，体现创业的自由性、科学性和自主性，是在见微知著的基础上对创业准备、创业投入、创业风险与创业前景的远见卓识。

从独立精神来看，创业本质上是对社会从众心理的超越。“当你有充足的理由去做一件事情的时候，你必须要有足够的勇气抛开传统和自我的限制。”①创业型人才应该具有反思精神、怀疑精神和独创精神，具有对市场经济的探索精神，不人云亦云，不随波逐流，才能驾驭市场经济的大潮。

（三）独特的创新人格

独特的创新人格是一种能使人保持持久的创新欲望和创新能力的个性品质。创新人格一般喜欢特立独行，富有主见，较少出现从众行为；有强烈的好奇心，富有幻想，喜欢冒险；有很强的自信心，不安于现状，甚至在常人看来会“离经叛道”；有决心、恒心，能坚持不懈，具有百折不挠的坚忍性。创新人格大多具有自信性、自主性、独特性、认知性、好奇性、专注性、想象性、坚韧性和批判性等特征。

独特的创新人格具有聚焦创新思维的能力。所谓聚焦创新思维，是指创业型人才通过对各种思维方式的优化互补与整合，形成思维的合力与创新的穿透力。

独特的创新人格还应该具有超前思维的能力。所谓超前思维，是指创业型人才在思维优化的基础上，通过思维的聚焦，运用未来学的原理，以“未来时”的视野，对创业的现状、过程以及结果进行动态的科学分析，把握创业的未来发展趋势。

（四）敏锐的市场眼光

创业型人才要具备敏锐的市场眼光，多一只敏锐的“市场眼”。创业型人才要充分认识市场经济确定性的原理。市场经济千变万化，其适应和满足市场需

① 费洛迪. 才经. 谢逸群译. 北京：东方出版社，2008：182.

要的基本规律和特点是不变的；消费需求发生变化，市场和企业生产也要随之变化。这些都是市场经济的确定性因素。

创业型人才还必须充分考虑市场经济的不确定性因素。第一，充分认识消费需要的可变性。第二，避免同质化竞争，预防“跟风”“一窝蜂”造成的“扎堆现象”。创业者在创业前要对市场做好调研，了解竞争对手与合作伙伴，做到心中有数，善于捕捉商机，同时要为“试错”留出调整空间。

（五）敏感的风险意识

我国的创业者由于受到人力、物力和技术的多种制约，创业必然面临多种风险，在制定创业策略时必须保持敏感的风险意识。

创业型人才要为创业支付一定的“学费”，要有风险意识。一般来说，创业追求的利润越大，风险也越大；追求的利润较低，风险就越小。创业型人才必须谨记“风险与机会并存”的道理，如果希望获得更大的收益，就必须付出更多的投入，承担更大的风险。创业型人才在创业设计时，一方面要充分考虑自己承担风险的能力，一方面应该把创业风险降到最低点，争取以较少的投入获得较多的效益。

（六）开放的国际视野

我们已经进入一个“地球村”的信息时代，“从经济领域的角度看，国界正在失去其原有的意义。”①因此，创业型人才必须拥有开放的国际视野，关注世界经济一体化、区域经济一体化、城乡经济一体化等诸多“一体化”问题。

创业型人才要具有世界视野的经济眼光，不能单纯考虑产品生产与销售的民族化、区域化，而是要通过民族性和区域性，以世界的视野进行创业，力求使产品走向国际市场。为此，创业型人才需要在了解世界经济一体化的基础上，了解欧洲的经济一体化、北美自由贸易区以及《北美自由贸易协定》的具体内容，亚太经合组织、东盟自由贸易区等一些具有国际性质的贸易组织，从宏观上把握创业所需要的国际环境、国际规则、国际市场等，从中辨析国际合作伙伴与竞争对手。

（七）跨文化沟通能力

跨文化沟通是指不同文化背景的人或群体之间表达思想、传递信息、交流感情、形成互动的行为过程。在市场国际化的背景下，为使创业融入国际市场，创业型人才要具有跨文化的协同素质。

创业型人才要正确认识不同民族、不同区域以及不同国家的人们在文化传

---

① 帕特·乔恩特等.跨文化管理.卢长怀等译.大连：东北财经大学出版社，2003：8.

统、价值观念、宗教信仰、思维方式、伦理道德、风俗习惯等方面各自不同的特点，采取恰当的沟通方式，促进人际交往的和谐。比如美国人在谈判时比较直率，不喜欢停下来或保持沉默，而是注重效率，习惯于先谈妥原则问题，然后再斟酌具体细节。“在中国，心直口快会给人以急躁不牢靠的印象；而在美国则被视为反应快、思维敏捷。在中国，沉默寡言让人觉得稳重、有城府、能成大器；在美国却很可能被看成迟钝甚至愚木。”①创业型人才只有了解不同国家在商务谈判中的不同方式，才能促进跨文化的沟通。

创业型人才还需要正确认识不同民族、不同区域以及不同国家人们的共同性与价值的普适性，以世界整体论和系统论为出发点，力求创造出具有普适性价值的产品，这有利于促进该产品走向国际市场，客观上会实现产品的更大效益。

（八）优良的团队精神

团队精神是企业员工之间互相沟通、交流、合作，为实现企业的整体目标而奋斗的精神。团队精神包含两层含义：一是员工之间能够互相理解、尊重，彼此之间能够进行有效的沟通和交流，形成企业发展的凝聚力；二是员工之间通过互相合作、互补、共生，实现企业精神财富的增值，能够激活和促进企业的发展力。

优良的团队精神是创业型人才增强企业凝聚力的需要。团队精神是创业竞争力的源泉，具有凝聚人心的重要作用，也是创业团队精神的一面旗帜，激励员工为实现企业的发展愿景而奋斗。创业的发展愿景是形成团队精神的重要动力，能够激励员工的创业精神；而创业型人才的素质能力以及创业理念则是创业团队的精神支柱和灵魂。

二、高校人才培养模式存在的问题

我国高校人才培养模式还存在很多问题，直接影响了对创业型人才的培养。

（一）缺乏培养创业型人才的教育理念

我国高校人才培养虽然考虑市场经济对人才的需求，逐步改革计划经济时代的人才培养模式，但仍然主要是根据市场对人才需求的门类或行业进行人才培养，而在人才培养目标的制定方面，没有明确培养创业型人才的培养目标，因此，客观上必然忽视对大学生创业素质的培养和创业能力的提升。

我国高校失去了两次培养创业型人才的重要契机：第一次是 1999 年以来的

① 陈晓萍. 跨文化管理. 北京：清华大学出版社，2009：139.

高校大规模扩招，没有根据创业型人才培养的需要扩招学生，而是仍然培养传统意义上的大学本科生；第二次是近十年内的“专升本”，即很多地方高等师范专科学校升格为普通本科院校。客观上，创业型人才既需要具有创业素质，也需要具备相应的创业技能，但我国高校无论是扩招还是专升本，都是扩大了普通本科，而缺乏对创业型人才培养的高度重视。

(二)师资队伍的素质不能满足培养创业型人才的需要

在培养创业型人才方面，高校教师的素质还远不能满足培养创业型人才的需要，主要表现在三个方面：一是高校教师普遍存在重科研、轻教学的现象，没有把主要时间和精力用于培养人才方面；二是高校教师在知识结构和能力结构方面受专业学术研究壁垒的局限性，缺乏宽广的视野，缺乏多种学科知识结构和能力结构的优化组合，本身就缺乏深厚的创新能力；三是受管理体制、激励机制、创业政策以及教师自身创业素质的局限，高校教师一方面缺乏创业素质和创业机会，另一方面学术研究不够接地气，较多地关注理论研究成果，而相应地忽略应用性研究，对应用型研究成果重视不够。因此，总体而言，目前我国高校教师队伍的整体素质，还远不能满足培养创业型人才的需要。

(三)专业精细化客观上制约了对创业型人才的培养

创业型人才需要复合型的知识结构和能力结构，但我国目前高校的专业设置过于精细化，客观上不利于培养复合型的创业型人才。

《普通高等学校本科专业目录(2012 年)》是高等教育工作的基本指导性文件之一。它规定了专业划分、名称及所属门类，是设置和调整专业、实施人才培养、安排招生、授予学位、指导就业，进行教育统计和人才需求预测等工作的重要依据。我国高等教育目前的学科门类分设哲学、经济学、法学、教育学、文学、历史学、理学、工学、农学、医学、管理学、艺术学 12 个学科门类。根据以上的学科门类，大类的划分比较科学，但大类下面的专业划分存在过细的问题，限制了对通才和复合型人才的培养，客观上也不利于对创业型人才的培养。

(四)课程设置不能满足培养创业型人才的需要

大学是按照专业录取新生的，而我们的专业设置从大一就已经为学生带上了紧箍咒，因为大部分高校的新生很难在入学后重新选择专业，而高校专业设置过细必然影响专业课程的设置，客观上影响大学生创业素质的培养。

通过查阅多所高校本科教学计划，发现专业主要课程都具有鲜明的专业特色。除了专业课程以外，高校基本都设置了公共必修课，如思想政治理论模块、大学外语模块和信息技术模块等。但是，大部分高校没有设置创业类课程，大学公共课的模块与专业课之间缺乏有机联系，而创业类课程恰恰能够弥补公共课与专业课之间的缝隙，有利于在公共课与专业课之间架起一座桥梁。通过开设创业类课程，进一步检验大学生对公共课和专业课的理解、掌握和运用情况，检验和判断大学生创业素质的高低。

（五）大学生的创业素质不能满足创业的需要

大学生创业除了受到政策、资金、技术和社会环境的制约以外，最重要的是大学生缺乏较高的创业素质，主要表现为缺乏持久的创业激情、自由和独立精神、独特的创新人格、敏锐的市场眼光、敏感的风险意识、开放的国际视野、跨文化沟通能力以及优良的团队精神。

在创业激情方面，很多大学生一方面缺乏创业素质，另一方面又缺乏必要的创业经验，因此，在选择创业时，往往畏首畏尾，不敢放手一搏；或者即使少数大学生选择了创业，在创业的过程中一旦遇到困难和挫折，由于缺乏必要的抗压能力，客观上就会出现知难而退的现象。

在自由和独立精神方面，很多大学生在选择就业时，受从众心理的影响，不是根据自己的兴趣、能力和特长，而是盲目跟风，一味地向大城市进军，向重要的公务员岗位拥挤，这种片面的就业倾向直接影响了大学生对创业的选择。

在独特的创新人格方面，当代大学生基本上是通过各种应试教育走进大学的，十几年的应试教育培养了大学生的考试能力，但忽略了对创新人格的历练，忽视了对创新能力的培养，而创业的本质要求大学生具备较强的创新能力。

在敏锐的市场眼光方面，大学生创业不仅需要懂得经济学，还需要懂得哲学，具有哲学思维，具有敏锐的市场意识，但实际上大学生普遍缺乏哲学素养，大部分不懂得经济学，更不具备市场意识。

在敏感的风险意识方面，人们在心理上往往是吃一堑长一智，大学生长期在学校比较封闭的环境中长大，对市场竞争的各种风险缺乏足够的风险意识，导致部分大学生在创业过程中屡遭挫折，而其负面影响也直接或间接地抑制了大学生创业的积极性。

在开放的国际视野方面，大学生绝大部分没有走出国门，面对市场国际化以及世界经济一体化的发展走向，大部分大学生由于缺乏国际视野，客观上使创业的层次局限在小富即安的低层次上，几乎不可能把企业做强做大。

另外，在跨文化沟通能力方面，由于我国高等教育的国际化程度不高，客观上对大学生的跨文化沟通能力培养也不够重视。在团队合作精神方面，尚缺乏优良的团队精神。上述大学生创业素质的现状，在较大程度上制约和影响了大学生的创业水平。

三、高校人才培养模式的变革

我国各类高校不仅应该高度重视对创业型人才的培养，而且还应该根据创业型人才需要的素质，从整体上加速变革高校人才的培养模式。

（一）按照“通识为体，专业为用”的模式设置学年和专业布局

我国目前高校人才培养模式的主要不足是专业设置过细，文理割裂，客观上影响了人才知识结构与能力结构的优化组合。有感于斯，应该按照新的人才培养理念，创新设置学年和专业布局。

1. 大学招生时不再分科

扩大高校招生办学的自主权，中学生填写高考志愿时，只填写拟报考的学校和参考志愿，高校招生时既要看考生的总分，也要看考生的单科分数，参考考生的填报志愿。允许考生偏科，如果某个考生某门课程特别优秀，可以破格录取。

2. 大一不分文理科和专业

根据中学素质教育的改革，中学即将取消文理科，由此而论，大学教育应该引领中学教育，采取“通识为体，专业为用”的办学理念，注重通识教育，大一新生不再分文理科和专业，而是都学必修课程。

大一开设的必修课程如：世界文明史、中国文化概论、人才开发学、艺术鉴赏、大学语文、汉语言、外语、计算机、政治类必修课、心理健康、科学发展史、创造学、高等数学、高等物理、高等化学等。在必修课中，学校可以规定，学生可以根据自己的实际情况，从规定的必修课中选择一定数量的必修课。

大一新生原则上不需要选修课，学生除了学好上述必修课以外，业余时间主要是阅读各类相关参考书和博览群书，主要目的是在拓宽知识面的基础上，拓宽思维的广度。

大一阶段，学生要根据自己的学习情况，科学分析自己的学习兴趣和潜能，为大二选择科类打下基础。

3. 大二可以分文理科

大二分为大文科和大理科。大一新生在即将完成大一学业的时候，可以根据自己的学业情况以及个人的兴趣，具体确定自己大二时学习的科类，是选文科，还是选理科。

大二文科类可以统一开设文科的系列课程，如社会学、管理学、经济学、美

学、哲学、西方哲学史、中国哲学史、外语、计算机、跨文化传播、创业实践与素质训练等课程。

大二理科可以统一开设理科的系列课程，如高等数学、高等物理、高等化学、外语、计算机、跨文化传播、创业实践与素质训练等课程。大一的此类课程可以在内容方面相对简单一些，大二的此类课程可以深入一些。

大二的学生可以根据自己的兴趣以及未来择业或创业的需要，从大三和大四的专业课或选修课中选择适合自己的部分课程。

4. 大三和大四阶段学习专业

大学生经过大一和大二的学习，已经基本上了解了自己的学习兴趣以及个人的某类潜能，可以更科学地在大二即将结束时选择大三时的具体专业。这样，在大一和大二宽基础的背景下，通过大三和大四专门的专业训练，大学生大多能够成为一个真正的山型人才，即具有高度复合知识结构和能力结构的创新型人才。

（二）开设创业类相关课程

高校为了更好地培养创业型人才，需要设置创业类相关课程，如“创业文化概论”“创业能力修炼”和“创业风险防范”等。

1. 设置“创业文化概论”课程

教师为学生讲授创业型人才需要具备的文化底蕴以及创业文化内涵、创业的整体过程等。

该课程可以包括创业文化的多方面内容。大学生通过参观、考察、学习和调研等多种方式，了解世界经济发展的现状和未来走向，在广采博取中汲取各种文化科学的营养，主要了解经济学、市场营销、人力资源管理、现代企业管理、经济法、价格学、国际贸易理论与实务、财政与金融、电子商务、项目管理、财务管理、统计学管理、管理会计学、策略规划与管理、组织行为学、管理信息系统。此外，创业型人才还需要懂得企业文化、审美文化、审美经济、广告设计、公共关系学、社会学、哲学、社会心理学等若干相关的文化知识。

大学生要了解市场经济的国际规则以及国际合作伙伴所在国家的具体规则。比如，社会道德责任标准（Social Accountability 8000）是一个重要的国际性企业社会责任标准，而中国不少企业对其采取排斥和反对的态度，认为这是西方国家为发展中国家设立的贸易堡垒。实际上，这种自我封闭的理念直接阻碍了中国企业与国际市场的接轨，客观上阻碍企业走向国际市场。

2. 设置“创业能力修炼”课程

该课程注重优化大学生的能力结构。在金融危机的背景下创业，需要创业型人才具有较高的素质与优化的能力结构。在素质方面，创业型人才应该具有锐意进取、自强不息的敬业精神，脚踏实地的工作作风，坚忍的意志品质，良好的心理素质，高瞻远瞩的战略意识，较强的社会责任感等许多基本素质。

大学生的能力结构主要包括以下几种能力：第一，科学设置创业目标的能力；第二，具有把握商机的能力；第三，具有适应创业需要的专业能力；第四，具有市场开拓与营销能力；第五，具有了解信息和利用信息的能力；第六，具有把创业理念、创业技术和创业人才及时转化为经济效益与社会效益的能力；第七，具有良好的人际沟通能力；第八，具有任人唯贤、唯才是举的能力；第九，具有驾驭矛盾、保持企业发展的动态平衡的能力，促进企业与员工的协调发展与共生共荣；第十，学会运用5W2H分析法，做理性的创业型人才。创业型人才具有了以上能力，就能够在创业过程中事半功倍，举重若轻，达到创业的预期目的。

3. 设置“创业风险防范”课程

为了防范和化解创业风险，创业型人才在决定创业时，要充分了解创业的基本思路。第一，要了解创业项目的基本内容，包括创业的项目名称、生产或经营范围、创业项目的投资、创业场地的选择、创业理念和企业文化等；第二，对创业的市场进行科学的分析论证等；第三，对创业投入的各项要素进行核算，包括薪酬预算、投资预算和经营成本预算等；第四，对创业可能的盈亏进行预测，包括创业的经营目标、投资收益预算；第五，对创业风险进行预测，包括创业项目是否具有可行性、选择生产或经营场地的位置是否合适、对竞争对手是否了解、实际投资是否超出预算、管理制度是否完善、人才和技术是否到位等；第六，要了解生产和经营的相关法律法规，把创业纳入法律法规的保护和支持体系；第七，要制定科学的市场营销策略等。

创业型人才应该了解市场经济的一般规律和特殊规律，掌握创业的基本思路、途径和方法，提高敏感的风险意识，才能在警觉中求生存，化险为夷，把创业的风险降到最低点。

在金融危机以及经济新常态的大环境下，我国更需要一大批具有创业精神，又能够脚踏实地，具有优良创业素质的创业型人才。高校应该通过转变观念，改革人才培养模式，加强对创业型人才的培养。

高校学教研相辅相成的教学科研模式探讨

杨友胜* 冯鸿燕

摘　要:本文阐述了学、教、研的内涵及三者间相互促进的辩证关系,分析了学、教、研间失衡、脱节等突出问题及产生的内因。笔者结合教学及科研体会,提出了“正冠备学、预以生疑、温以知新;照镜备教、因材施教、教以解惑;研以导教、学以辅研、学教研辅”的解决措施,在实际教学与科研中取得了一定的成效,为学教研相辅相成的教学科研模式树立了典范。

关键词:教学;科研;教学科研模式;高等学校

一、前言

新中国成立以来,高校教学与科研的关系问题,一直是我国教育界研究的重要内容。1961 年《高校六十条》的第二条提出“高等学校必须以教学为主,努力提高教学质量”,第二十四条提出“高等学校应该积极地开展科学研究工作,以促进教学质量和学术水平的提高”。1985 年《中共中央关于教育体制改革的决定》对这种“高等学校既是教育中心,又是科学研究中心”的指导思想的实施办法,进行了详细的阐述。2010 年,《国家中长期教育改革和发展规划纲要》明确指出人才培养是高校工作的中心,同时,要提升科学研究水平,促进科研与教学互动、与创新人才培养相结合。这些指导思想对高校的教学与科研的发展产生了推动作用。然而,在实践中,由于高校政策偏斜的影响,如晋升或聘职时重论文和科研成果;教师精力有限及个人观念影响,如部分教师缺乏全局观点和甘为人梯的精神等,造成了高校教学与科研脱节、重研轻学的现象。针对这一现象,相关学者已经进行了大量相关研究。宋志国等对教学与科研脱节的危害、发生冲突的原因及融合措施进行详细分析,得出了高校教师只有处理好两者的关系,才能培养

---

* 杨友胜,中国海洋大学工程学院副教授,主要研究领域为流体传动与控制技术教学。基金项目:中央高校基本科研业务费专项资金(14CX04064B),国家自然科学基金项目(51275495)。

出合格的人才。[①] 吴洪富在阐述大学教学与科研关系的演化历史的基础上，论述了教学与科研和谐发展的重要性，提出在组织使命上，应提升教学与科研相结合的自觉意识；在组织行动方面，应对教师发展及评价制度进行改革。[②] 董维春等利用伯顿·克拉克的"科研漂移"观点，对我国研究型大学的"科研漂移"现象进行了论述，提出研究型大学应该促进教学与科研融合机制的建立与完善，避免"科研漂移"的负面影响，发挥其积极效应。[③] 侯清麟等对高校的教学、科研和谐发展的必要性、必然性、困境以及发展思路和解决措施进行了研究，得出高校教学与科研互为前提，只有二者和谐发展，才能提升高校竞争优势的结论。[④] 张焱就高校青年教师在教学与科研中面临的困境，提出要正确认识和处理青年教师成长中的关键问题，以用为本，实现青年教师教学与科研的殊途同归。[⑤] 张中强等在问卷调查的基础上，对科研反哺教学的变量进行了定量分析，并就科研与教学融合问题，给出了若干建议。[⑥] 张建英对教学与科研的环境，如社会现象、学校管理制度及教学科研的评价机制等对教学与科研的影响进行了详细的论述，得出只有为一线教师营造静心科研和潜心教学的工作环境，才能保证高校的可持续发展。[⑦] 在教学与科研相结合的模式及作用方面，张立国等提出了创新性教学科研团队的运作模式，并对其概念、特征及行为进行详细的研究。[⑧] 张德高对科研与教学相结合的作用进行了分析，得出科研与教学相融合不仅可以提升学校的"发展力"，形成有效的"教育力"，而且能培养学生的"创新力"和"实践力"[⑨]。

总之，从以往文献可以看出：研究主要侧重于高校教学与科研的关系、相结合的外部影响因素（如社会环境、政策、评价机制等）、相结合的作用及重要性等

---

① 宋志国，宋睿敏. 科研与教学冲突的危害、成因及对策. 社会科学家，2005(S1)：591-592.

② 吴洪富. 大学教学与科研关系历史演化. 高教探索，2012(5)：98-103；吴洪富. 用神话谱写现实："教学与科研相统一"的历史再造. 复旦教育论坛，2012，10(5)：17-22.

③ 董维春，朱冰莹. 研究型大学"科研漂移"问题的思考——教学与科研相互关系辨析，国家教育行政学院学报，2012(9)：43-49.

④ 侯清麟，刘文良. 高校教学、科研和谐发展的困惑与超越. 高等工程教育研究，2012(6)：91-95，180.

⑤ 张焱. 教学与科研：高校青年教师何去何从. 江苏高教，2013(3)：95-97.

⑥ 张中强，唐翔，蒋艳. 基于科研反哺教学理念的高校科教融合机制研究. 教育探索，2014(1)：78-80.

⑦ 张建英. 高校静心科研与潜心教学环境的营造. 教育评论，2013(3)：24-26.

⑧ 张立国，龚爱清，蔡翔. 高校创新性教学科研团队：概念、特征及行为. 科技管理研究，2013(3)：118-121.

⑨ 张德高. 科研教学结合为人才培养提供强力支撑. 中国高等教育，2013(17)：44-45，54.

方面，而对教学与科研中的主导因素——参与者的研究甚少。学、教、研是学生与教师的合作行为，在学、教、研的活动中，学生是学习的主体，是科研的施用者；教师是教授的主导者，是科研的构造者和承担者。教学与科研相结合不仅需要从政策、评价机制等方面努力，解决外部因素带来的负面影响，更重要的是要解决学生与教师的观念、精力、行为及方法等方面的问题。笔者结合教学及科研体会，提出了“正冠备学、预以生疑、温以知新；照镜备教、因材施教、教以解惑；研以导教、学以辅研、学教研辅”的教学科研模式，解决学与教、教与研、学与研的脱节问题，促使学、教、研相辅相成，提高教学及科研质量。

二、学、教、研的内涵、关系及脱节现象分析

（一）学、教、研的内涵

学习是人在生活过程中获得个体行为经验，并由经验引起行为或思维的较持久变化的过程。高校中的学习主体，不仅指学生，还包括教师。大学生的学习主要是在教师的指导下，系统地学习人类的间接知识经验，以获得全面发展的过程。大学生不仅要熟知教师所讲知识、书本知识，而且还应掌握获取知识的方法与技巧、运用知识的技能，培养探索与创新的精神。教师的学习是自身知识更新的过程。对于专业课教师，大多已掌握所授专业课的基本知识体系，但在知识经济时代，专业知识的深度及广度是不断膨胀的，因此教师仍须不断地更新知识体系，以满足教学与科研的需求。

教是教师与学生互动的过程，其指令发出者是教师，接受者是学生。作为指令的发出者——教师，首先要以身立教、为人师表。孔子的“其身正，不令而行；其身不正，虽令不从”“不能正其身，如正人何”，更是说明了身教比言教更为重要。其次，教师应注意指令内容及发出的方法。孔子说：“知之者不如好之者，好之者不如乐之者。”因此，教师不仅要传授知识，授之以渔，更重要的是，培养学生的自主性、主动性和创造性，授之以网。作为指令的接受者——学生，首先要学习为人之道，明确自身的主体地位，端正学习态度；其次，要在质疑、多问的过程中，认知知识、掌握方法、培养兴趣；再次，要在实践中，巩固知识、运用知识、创造知识。

研是更深层次的学习和实践过程，是对知识的运用、检验及升华。对于学生，科研一般是在教师的指导下，以小组的形式，运用所学知识，进行相关论证、设计、创新的实践过程，以培养团队合作精神、加深对知识的认知度、增强知识的运用技能、提高创新能力。对于教师，科研是自身知识更新、累积的源泉。科研

不仅使教师的学术水平、科研能力得到提升，而且科研的方法、成果等也有益于丰富和深化教学内容。此外，教师还可以通过科研，提前培养卓越人才，为自身科研团队建设储备后备力量。

（二）学、教、研的关系

从内涵可概括出学、教、研三者的关系，三者都是高校的重要职能，均是以学生与教师为主体开展的活动。从学生层面，学生可以：①通过对理论知识的学习，为科研打下基础；②通过科研活动，掌握科研方法、拓宽视野、增强对所学知识的认知，提高实践能力及创新能力；③通过提交作业、回答课堂问题、提交科研成果等途径或通过口头、邮件等方式间接或直接向教师反馈教学与科研效果。从教师层面，教师可以：①通过学习，不断地累积更新知识，丰富教学内容，延伸科研的广度及拓展科研的深度；②通过科研，增强自身科研能力，同时科研中得出的成果、摸索出的方法等可用来指导学生的学习及科研；③通过学生反馈的信息，及时调整教学内容、方法、策略等，使教学满足绝大多数学生的需求；及时调整科研方法、难度等，使科研既能增强绝大多数学生的知识运用能力，又能提高少数学有余力学生的创新能力。总之，在内涵及关系上，学、教、研不存在任何冲突，三者密切相连，相互促进，都是以提高活动主体的能力为目的。

（三）学、教、研脱节现象分析

然而，由于外部原因，如社会环境、高校的管理制度及政策、教师工作评价机制等，以及内部因素，如教师与学生的态度、能力及精力、内容及方法等，造成了教与学、研与教、学与研的相互脱节。由外因导致学、教、研脱节的问题，相关学者已进行大量研究，并提出了相应建议，而就内因导致的矛盾，相关研究甚少。然而，在矛盾产生的过程中，内因起着决定性、支配性的作用，故有必要对学、教、研脱节现象产生的内因进行分析。

学、教、研脱节现象产生的内因是多方面的。①学生与教师的观念问题。在高校中，衡量学生学习好坏的标准就是分数，“60 分万岁”的观念在一些学生的脑海中已经根深蒂固，学生学习的目的，是考试获得通过，而不是知识的掌握与运用，学生普遍缺乏自主意识、求知精神、探索动力。学生学习目的与教学目的脱节。高校教师，特别是专业课教师，一般都具备优良科研素质，但由于长期的科研工作，潜意识里认为“我是科研工作者，而非教学工作者”，加上外因，如教师评价机制的重研轻教现象，又加深了这种观念，产生了忽视教学主攻科研的现象。②学生与教师的时间、精力有限。整体上，在大学四年内，学生须学习的内容较多，课时量大，学生课堂上忙于听讲，课下忙于抄写和演算，课程结束后，又忙于准备考试，无暇顾及预习、温习、独立思考等学习环节。现实中，科技与社会发展不断地为每门课程、特别是为专业课注入新内容和新方法，理论上，应增加学时来满足教学内容及方法的拓展。然而，当前课程的学时数在减少则是教学改革的趋势。为完成教学任务，课堂变成了教师的“一言堂”“满堂灌”，扼杀了学生的主体意识、参与意识，造成了学与教中的学生主体作用与教师主导作用脱节。高校教师的工作时间和精力总是有限的，涉足教学与科研等多个领域必然会出现角色冲突。③学生知识连贯性差。大学后期需学内容往往运用前期所学知识。专业课所涉及的知识更广，一门专业课往往需用到以往所学的多门基础课，甚至其他专业课的知识。由于遗忘以及缺乏对已学知识的理解、掌握、融会贯通，在新知识的学习中，学生对“已悉旧知识”缺乏理解，甚至毫无印象，形成了新旧知识脱节现象。④教师的“授”远超出学生的“受”。在某些知识领域，特别是自身专业方面，教师的认知水平已达到较深的层次，对知识的结构、发生发展过程等具有较深的理解。在教学中，教师往往在不知不觉中，以自己的认知水平进行备课、授课，导致教学脱离学生实际的认知水平和接受能力，造成了教师的教与学生的学严重脱节。⑤其他方面，如生源的地域性差别、能力等方面的差异，教师的表达能力、专业背景等在一定程度上也会造成学、教、研互相脱节。

二、改善学、教、研脱节问题的策略

高等学校的学与教、教与研、学与研的脱节问题的解决，学、教、研相辅相成关系的形成，教学及科研质量的提高，不仅需要社会环境、高校的管理制度及政策、教师评价机制等外部条件的支持，而且需解决诸如教师与学生的观念、时间精力、学生知识连贯性、教学内容及方法等方面的内部问题。

（一）观念的转变

观念是人类支配行为的主观意识，是人类一切思想和行动的原则、方向和行为轨迹。教师的观念决定其教学与科研行为，从而影响学生学习的态度。孔子曰：“其身正，不令而行；其身不正，虽令不从。”因此，学、教、研要和谐发展，教师观念须先行。教师特别是专业课教师，应转变自身观念，改变重研轻教的思想，认真备课、授课，以身作则，以实际行动感染学生。在教学中，教师应“照镜备课”：以老一辈教育家为镜，学习他们的教学理念及“不求收获，只问耕耘”的无私奉献精神；以学生为镜，通过反馈的信息，了解学生知识水平、学习特点等，适时调整教学内容和方法；以同行为镜，通过教学观摩及讨论，将成功的教学经验融入自身教学之中；以自身为镜，自我反省，修正缺点，发扬优点，为学生树立榜样。学生应“正冠备学”：学生是学习者，是教学的主体。首先，大学生应端正自己的学习态度，要认真学习为人，明白学习目的不是“60分”的获得，而是自身素质的提高；其次，大学生应培养良好的学习习惯，实现从“疲于学”到“乐于学”与“勤于学”的转变。虽然大学生已是成年人，但心理尚未成熟，缺乏自制力和认知力。因此，要实现大学生“正冠备学”，还需高校规章制度的约束，恰当的考核机制和教师正确的引导。

（二）学与教方法的改进

改变观念只是学与教的第一步。保证学的质量和教的效果，还需有效的学习方法和教授策略。大学生应做到“预以生疑、温以知新”：预即预习，是大学生在教师的指导下，课前学习相关资料，了解重点内容，认识新旧知识间联系，找出疑问和困惑。温即温习，是大学生在课后完成教师布置的学习任务，掌握重点内容，将零碎知识系统化，构建新旧知识桥梁，产生新问题和观点等。教师不仅需讲授普通知识，更重要的是，应根据学生反馈的问题对重点内容加以详细讲授；以适当的策略引导不同层次的学生进行学习与科研；以正确的方法指导学生预习、温习，做到“因材施教、教以解惑”。对专业课教学，每次课结束时，应布置2～3道预习题目，其中一道题目为基础概念性题目，其他题目需运用已学知识解决；让学生带着问题预习，同时鼓励学生提出新问题，通过邮件或课堂提问的方式，反馈给教师。以作业的形式，布置1～2道综合性较强的复习题目，以检验学生前期学习情况以及预告下次课重点讲解的内容。这些题目不仅要求学生掌握课堂的重点内容，而且要求学生查阅相关专业知识，建立知识体系间的联系。教师可通过预习和温习的反馈，了解学生的认知层次、知识掌握情况等，做到有的放矢，使教师的“教”与学生的“学”相契合。

此外，在专业课课堂中，教师应根据课程的特点，采用合适的教学方法，对知识点进行讲解，以激起学生学习兴趣、增强学生理解、扩展学生视野。因专业课程接近生产实际、专业性强、内容较枯燥，元件及回路的结构复杂、涉及知识面广，故在教学中应采用多种教学方法相结合的方式：①引导式教学法，在课内，利用多媒体图片，以生动的实例、形象逼真的生活现象来讲述应用；在课外，组织学生参观工作现场，以实例诱发学生学习兴趣。②直观式教学法，把抽象的理论知识、元件结构及动作、回路工作过程等通过形象生动的动画展现出来，变抽象为直观，使学生易于接受、乐于接受。同时结合实验教学，让学生拆装元件、组装系统，并进行实验，加深学生对专业课的印象，增强学生动手能力。③“迁移式”教学法，将学生已学知识与本课程知识进行类比分析，讲解知识间的本质联系，注重知识的综合运用，使学生在知识方面做到融会贯通，开拓学生解决实际问题的思路及方法。④其他教学法，如互动式教学：通过随堂练习和提问，检查学生相关知识点的掌握情况；启发式教学：在讲解新知识点的过程中，不断提出问题，让学生在探索解决办法的过程中理解并消化新的知识点等。

（三）时间的安排

时间是完成学、教、研任务的基本保障。然而，对于不同人，在相同时间内，完成的任务数量、质量是不一样的，即效率有高有低。众所周知，在高等学校，学生的学习任务重，教师的教学、科研工作繁忙。怎样高效地完成这些任务，不仅取决于个人能力，而且取决于时间的合理安排。

活动是任务执行的过程。高校学生、教师要合理安排时间，首先应了解自身活动的特点。Eisenhower 模型将人类活动特点归为四大类，并给出相应的行动方案：①重要紧迫活动，立即实施；②重要非紧迫活动，有计划地去执行；③不重要紧迫活动，请别人帮忙或简化；④不重要不紧迫活动，拒绝或延迟。[①] 对于高校学生与教师的活动，不仅要考虑其重要性和紧迫性，还应掌握其规律性。大学生的活动主要包括课上学习、课余学习（作业、预习、温习、科研）、其他（锻炼、社团活动、娱乐、突发性活动等）。教师的活动主要包括上课、备课、学习与科研、其他（锻炼、日常事务、娱乐、突发性活动等）。除突发性活动外，学生与教师的活动是已定规律性（如学生的课间学习和教师的上课）或可形成规律性（如学生的课余学习、锻炼、娱乐等，教师的备课、学习与科研、日常事务等）。

时间的安排是针对可形成规律性活动的时间安排。怎么合理安排时间，提升教学效率取决于个人的习惯，但需遵循以下原则：①可形成规律性活动的安排不能打乱已定规律性的活动；②尽可能减少突发性活动对规律性活动的影响；③可形成规律性活动可按 Eisenhower 模型进行安排。第一次课就给学生介绍时间安排方法，要求学生制订学习计划，可有效减少上课（已定规律活动）做作业（可形成规律活动）、玩手机（娱乐）等现象。

（四）学、教、研的协调

学、教、研的协调发展是建立在正确的观念、良好的学教方法、科学的时间安排的基础上。但怎么样做到学教研协调，对于专业课，探讨出的方法如下。

---

① Koort K. A Simple Handbook for Achieving Maximum at Work. weekdone. com, 2014.

将科研中的新知识、新思想、新方法运用到教学中，丰富教学内容，激发学生学习及科研兴趣，培养学生逆向思维及发散性思维。如在绪论中，将专业的发展趋势归纳为微型化与巨型化、高效节能化、智能自动化、环境友好化等，同时结合具体实例，如对微型仿生机器人、混合动力等前沿知识加以讲授。这些不仅改变传统授课内容，而且为教师的科研指明方向，更重要的是激起学生对专业课学习的兴趣。另外，在具体章节中，可结合科研中形成的新方法、新思想等对具体的元件进行讲授，以培养学生逆向思维、扩展学生思维。

建立金字塔式的学习与科研团队。将本科生分成 n 个小组，并请 n 个研究生协助教师指导本科生的学习与科研。由研究生批阅本科生作业、收集其信息、指导其科研活动，再将信息整理后反馈给教师，教师根据信息，调整教学与科研方法、内容等。一方面，学生间无代沟，交流容易，可互帮互助、共同进步，有效地培养了学生的团队协助精神、提高了教学的质量；另一方面，教师可收到真实的反馈信息，同时减轻了部分指导任务。对于学有余力的本科生，以科研项目的形式，如本科生研究发展计划(SRDP)，进行预先培养，为科研储备人才。

笔者对中国石油大学(华东)和中国海洋大学 2010 级、2011 级机械设计制造及自动化专业学生进行了问卷调查，调查反馈信息 90%以上的学生对这种方法给出了正面的评价，从侧面说明这种“研以导教、学以辅研、学教研辅”的教学科研模式是合理的。

四、结束语

本文对教学研究型高等学校的学、教、研内容及三者间的辩证关系进行了阐述，对三者间失衡、脱节的内因，如学生与教师的观念、时间精力有限、知识连贯性弱、“授”与“受”脱节等问题进行了详细分析。在此基础上，结合自身的教学与科研，提出：①在观念问题上，学生应在学校、教师的帮助下端正学习态度，即“正冠备学”；教师纵向应以老一辈教育家为榜样，学习其“不求收获，只问耕耘”的无私奉献精神，横向应以学生、同行、自身为参考，提高自身素质，即“照镜备教”。②在学、教的方法上，学生应课前预习、课后温习，做到有备而来，满载而归；教师应结合学生的特点，做到“因材施教、教以解惑”，以提高教学质量。③在时间精力问题上，学生和教师应学习科学的时间管理方法、掌握活动的特点、合理安排时间以完成学、教、研的任务。④在学教研的协调方面，应做到“研以导教、学以辅研、学教研辅”。

培养高层次机械专业工程技术人才工匠精神的探索

常宗瑜* 郑中强 张保成 张开升 于 静 彭小娜 钟 媛

摘　要：本文从机械工程史的角度阐述了新时代工匠精神的内涵，从精益求精的精神、高深理论与实践的结合、批判性思维能力、人文情怀及兼容并蓄的开放精神等维度剖析了新时代工匠精神的含义，分析了它们对于培养高层次工程技术人才、追求卓越的重要价值，以机械类工程技术人才为例，从不同角度探讨了培养新时代工匠精神的途径，指出工匠精神对于工科工程教育的重要价值。

关键词：工匠精神；新工科；精益求精；追求卓越

一、引言

工匠精神是一种职业精神，它是职业道德、职业能力、职业品质的体现，是从业者的一种职业价值取向和行为表现。工匠精神的基本内涵包括敬业、精益、专注、创新等方面的内容。① 工匠精神是勤劳勇敢的中国人民的传统，在我国悠久历史中涌现了很多能工巧匠，如鲁班、李冰等是其中优秀代表。2016 年 3 月 5 日，李克强总理在政府工作报告中指出要“鼓励企业开展个性化定制、柔性化生产，培育精益求精的工匠精神，增品种、提品质、创品牌”，阐明了“工匠精神”在我国经济转型发展中的重要意义。2017 年 6 月发布的《新工科研究与实践项目指南》提出，要更加注重理念引领。坚持立德树人、德学兼修，强化工科学生的家国情怀、国际视野、法治意识、生态意识和工程伦理意识等，着力培养“精益求精、追求卓越”的工匠精神。因此发扬工匠精神，培养新时代的伟大工程师是高等院校工科专业的责任。②

---

* 常宗瑜，中国海洋大学工程学院院长助理、教授，主要研究领域为机构学与机械系统动力学。

① 徐耀强. 论“工匠精神”. http://theory.people.com.cn/n1/2017/0525/c143843-29299459.html, 2017-05-25.

② 张进明. 大学新工科的目标就是：培养伟大的工程师. http://news.gmw.cn/2017-08/22/content_25760322.htm, 2017-08-22.

二、工匠精神的实质和内涵

从机械工程史上来看，世界各国涌现出很多能工巧匠，他们的创新和发明对经济社会产生了重大的影响，他们的事迹和经历蕴含着工匠精神的本质。

1. 精益求精是工匠精神的核心

工匠精神对自己的产品精雕细琢，精益求精，追求更完美的精神理念。而延伸到我们的生活中，可以指我们的态度要严谨，要有耐心、专注并坚持，更要专业、敬业。18 世纪初，英国由于缺少精确定位措施给航海发展带来巨大损失，英国工匠约翰·哈里森开展了制造高精度的计时钟表的工作，费时 40 余年造出的航海钟航行 64 天只慢了 5 秒，解决了航海经度定位问题，是一位秉持“数十年磨一剑”精神的值得敬佩的工匠。① 这种精益求精、不断进取的精神是工匠精神的最好的诠释。正是有了这种精神，才会出现高质量的产品、脍炙人口的品牌，传世万代的工程。

2. 高深理论是工匠精神的推动力

工匠精神无疑意味着与工程实际的密切联系，但是新时代的工匠精神并不意味着只是通过实践获得知识和技能。例如远古时代的发明和创造是依靠工匠和技师的灵感、直觉和经验，没有理论的指导。在中国、西亚和希腊都有零散的机械方面的著作出现，但都是对已有机械和工艺的描述、对新机械创造的构思，多为经验之积累，而鲜有理论上的分析和突破。直到有了以牛顿为代表的一系列近现代理论才使工业和工程取得了突飞猛进的发展。蒸汽机发明者瓦特是对第一次工业革命有重要贡献的工匠，虽然他没有受到高等教育，但是他通过自学通晓热力学理论、掌握机械设计和科学数据分析方法，他计算了蒸汽机工作效率及其影响因素，发明了行星齿轮机构和冷凝器，为蒸汽机性能提高做出了贡献。瓦特不仅仅是一位心灵手巧的工匠，而且具有高深的科学知识素养。② 无独有偶，飞机发明者莱特兄弟虽然是自行车修理工匠出身，但是他们拥有大量流体力学知识，建造了一座小型风洞，用天平测出了升力、阻力和压力中心等数据，设计出了最佳的机翼剖面形状和角度，以便获得最大的升力；设计了通过直接控制机翼来操纵飞机飞行姿态的机构，提高了飞机的可操纵性能，为发明飞机奠定了理论知识基础。高深理论没有削弱工匠精神的本质，而是促进了新时代工匠精神

① 武际可. 谈谈工匠精神. http://blog.sciencenet.cn/blog-39472-1086985.html，2017-11-27.

② 张策. 机械工程史. 北京：机械工业出版社，2017.

的升华。

3. 怀疑精神是工匠精神的创新源泉

批判性思维是不迷信权威，不拘泥于现状，具有开阔的思维，勇于开拓创新。在工程发展史上，类似案例层出不穷，在飞机发明过程中，很多著名的学者对飞机的可能性表示怀疑，开尔文勋爵曾表示，发明比空气重的飞行器是不可能的。但是，经过一代又一代人的不懈努力，1901 年莱特兄弟终于成功研制了完全受控、依靠自身动力、机身比空气重、持续滞空不落地的飞机，为 20 世纪航空业和航空工业的飞速发展奠定了基础。因此，培养思辨能力是创新精神的重要条件。

4. 人文情怀是工匠精神的导向塔

温家宝曾经说过，一个民族有一些关注天空的人，才有希望。人文情怀是高层次工程技术人才新时代的必备条件。"家国情怀、国际视野、法治意识、生态意识和工程伦理意识"等应该是新时代工匠精神的重要诠释。德国著名化学家和化学工程师弗里茨·哈伯(1868—1934)以从空气中制造出氨的杰出贡献获得诺贝尔化学奖，但是在"一战"中，他负责研制、生产氯气、芥子气等化学武器，并将其在战争中使用，遭到世界各国学者甚至亲人的谴责。"知识就是力量，良知更是方向。"必须增强学生的道德敏感性和社会责任意识，促进学生客观理解现代工程实践的特点和局限性，充分理解工程伦理原则、规范和工匠精神的核心要素，使学生能自觉履行"以人为本"和"将公众的健康、安全和福利放在首位"的理念。①

5. 开放交流是工匠精神的阐发

旧时期的工匠由于生产和科技的落后，有很多不适合时代发展的"传统"，如技艺概不外传，或者"传子不传女"；还有"教会徒弟，饿死师傅"的说法。其实西方国家也曾经出现过这种情况：18 世纪在通过工业革命奠定在各工业领域领先地位的英国，试图通过严禁出口机器、限制技术人才外流等方法保持本国的领先优势之时，工程科学的研究基础却在欧洲大陆通过高等工程教育和技术交流飞速发展起来。因此，尤其在当代，开放的视野和交流是工匠精神必不可缺的部分。

三、工匠精神培养的对策

随着社会竞争的加剧和就业压力增加等因素，我国研究生在培养教育过程

---

① 何菁，张丽杰，赵仁艾，范凯旋，马帅. 工科大学生工匠精神的养成路径研究. 昆明理工大学学报(社会科学版)，2017(6)：47-53.

中出现了工作浮躁、急于求成等心态，缺乏精益求精、刻苦钻研的精神，导致研究生培养质量有下滑的趋势。需要通过学科规划、培养方案、课程建设和实验室建设等环节的改革，培养学生精益求精、追求卓越和勇于创新的精神，为提高人才培养质量提供保障。

1. 培养学生实事求是、脚踏实地、精益求精、不断进取的精神

在学校、院系和班级等单位营造良好的“工匠精神”教育氛围。2017 年 2 月，教育部、人力资源和社会保障部、工业和信息化部等部门共同编制的《制造业人才发展规划指南》提出：“推进工匠精神进校园、进课堂，帮助学生树立崇高的职业理想和良好的职业道德，培养崇尚劳动、敬业守信、精益求精、敢于创新的制造业人才。”高校思想政治教育可以从职业道德、学术道德等方面培养学生诚实守信、敬业奉献、专注勤勉等优秀品德，树立良好的氛围，并从宣传工匠精神重要性、介绍中外工匠精神的历史，传承、学习工匠精神的相关内容着手，让学生获得工匠精神的感性认识。[①] 在课程教学等相关环节开展适当的机械工程史的教育。在“机械原理”“机构分析与综合”等课程中介绍一些有划时代意义的桥面机械装置发明的历程，诠释工匠精神的内涵。例如缝纫机、Delta 机构分拣机器人、Tricept 机构机床等的创新发明过程，培养学生精益求精和勇于创新的精神。

2. 理论基础课程与专业课程、实践课程并重，构建专业基础课程和实践课程的桥梁

工匠精神蕴含了理论与实践的完美结合，理论是实践指引者，实践是理论的应用者和推进者，二者缺一不可。在课程教学中推进 CDIO（conceive, design, implement, operation）模式，培养学生能够主动利用基础理论知识发现问题、解决实际问题的能力。在课程大作业和项目实施过程中，采用 CDIO 理念，在整个设计研发过程中贯彻全寿命周期原则，强调学生在研究过程中应秉持刻苦钻研、持续改进的作风。在学生完成大作业或撰写研究综述、开题报告与研究论文的过程中严格要求学生培养严谨认真的作风，树立精益求精、一丝不苟的做事原则和不畏惧失败的百折不挠的精神。

3. 培养学生的批判性思辨能力和敢于创新的精神

批判性思维是对思维方式进行思考的艺术，离开批评性思维也很难创新。[②] 工程教育中应让学生养成思维习惯，需要培养学生自由思想、独立思考的能力。

---

① 陈立平. 工匠精神培育视域下的高职思政课改革创新. 职业技术教育，2017，38(20)：67-69.

② 李培根. 工科何以而新. 高等工程教育研究，2017(4)：1-4.

只有既能进行独立思考，又能博采众家所长，才能够对现有文献、权威和成熟的工程技术进行不断扬弃，才能不断推陈出新，推动工程技术的不断前进。“一流匠人，不断自我进化，而非僵化。”①当然，批判性思维的养成也必须建立在本领域扎实的理论基础和实践经验上。

4. 培养学生沟通交流能力，推崇开放交流和团队精神，加强国际化视野的培养

随着当前工程规模不断增加，要求学生不仅要掌握工程科学基础知识和工程实践技能，还需要培养学生具有较好的沟通能力，具备良好的合作意识和团队精神。这种能力需要通过小组课程项目、课外研究训练以及社会实践调研等形式来加强，建立与企业的产学研合作平台，增加学生参与企业运作的实际机会，促进合作能力的提升。同时通过开设双语课程和国际化课程，增强与合资或独资外企的调研合作，建立国际化视野，提升国际交流和国际工程能力。

四、结论

因此，工匠精神是将我国从制造大国转型到制造强国、创新强国的重要基础。社会学家理查德·桑内特曾指出，匠人才是改变世界的力量，只要拥有把事情做好的愿望，我们每个人都是匠人。② 从机械工程领域发展历程，可以清楚看到工匠精神的内涵和对经济与社会发展发挥的巨大作用，本文以机械类工程技术人才为例，从精益求精的精神、高深理论与实践的结合、批判性思维能力、开放精神及国际化视野等方面，探讨了培养新时代工匠精神的途径以及对于新时代新工科工程教育的重要价值。

---

① 付守永. 工匠精神：成为一流匠人的 12 条工作哲学. 北京：机械工业出版社，2017.

② 杜君立. 现代的历程：一部关于机器与人的进化史笔记. 上海：上海三联书店，2016.

笃行篇

人才培养模式改革

从认知图式谈基础外语教学的双重任务

王京平*

摘　要:本文针对低年级的外语教学,试图运用认知图式理论(schema theory)去阐述学生的认知规律,探讨低年级教学的位于两个层次的任务:表层任务——在语言知识的传授过程中,利用已有知识去认识把握新知识,使其与已有知识结合为认知图式(kognitive schema);深层任务——启迪学生心智的功能。提出教师的四大任务:激发学习兴趣,传授有效的学习方法,鼓励学生的课堂参与,培养良好的学习习惯。最后,提出判断教学效果的指标不仅是考试成绩,而且还有学生的学习兴趣和学习习惯等人文指标。

关键词:外语基础教学;认知图式;教师的任务

“图式”(schema)是心智概念,是巴特利特(Bartlett)于 1932 年在他的心理记忆理论中首先使用的,指的是存储在长时记忆里的结构化的知识。Bartlett 以北美印第安的民间故事“鬼战”为实验素材,让受试者阅读后对这一故事进行复述。结果表明,无论哪一位受试者,无论他在多长时间之后进行复述,都会掺入自己较为熟悉的知识因素,于是,Bartlett 得出这样的结论:语义的记忆并不是消极输入信息,而是通过激活自己记忆中的知识和进行语义推导主动地获得语义解释的过程。他把这种知识称为图式。① 他认定图式是有结构的知识体系。用通俗的语言解释认知学的图式概念,就是指人所获得的长时记忆中的结构性知识。一个人从小到大感受到无数外界的形形色色事物,但是并不是所有事情都能进入他的长时记忆中,多数很快被遗忘,只有那些被固定为知识网络组成部分的信息才能够随时被激活,成为调控人们接受新信息的认知图式。人的心智图式是他所感受外界事物、亲身经历的产物。这个认知体系中的知识受到他的心

---

* 王京平,中国海洋大学外国语学院教授,研究领域为语言学、外语教学、翻译理论与实践。

① 转引自熊学亮.认知语言学概论.上海:上海外语教育出版社,1999:76.

智机构的处理，构建起属于这个人的知识图式。这个知识图式以结构性、有序性为特征。

知识不是杂物，不可以胡乱堆砌，知识之所以成为知识，是因为它们具有体系性，要把知识传授给学生，就不能像对待杂物一样，把书本上的知识照本宣科，而不讲它们之间的关联。初学外语的人由于头脑中尚没有建立学习这门语言的整体框架，还没有能力去掌握学习它的窍门，要记忆并且运用那些对他们来说十分陌生的信息是很困难的。

"记忆中的知识不是孤立地被存储的，而是通过与其他知识的相对关系而联系在一起的。各类知识之间的关系表现为反映外界关联的认知结构。长时记忆中的各类知识以复杂的关系而存储，记忆中映现的是相互联系的反映外界现实的认知领域。这种认识属于图式理论。"①把陌生的知识与已有知识联系起来，可以降低学习新知识的难度。被感官所接受的知识经过大脑的过滤、筛选，留下能够与认知图式相融合的信息，进而把它们结构化，使它们按照逻辑等级排列组合进入知识图式，才可能长期存在大脑中。

关于基础教学，并不像人们想象的那样，基础教学内容简单，容易教。认为基础教学容易者由于只看到教师的一项工作——教知识，而没有看到基础教学实际上是涵盖两个层次的艰巨工作。教知识仅仅是教师工作的一个方面，而另一方面是让学生学会知识。这才是"教学"的真正含义。这里关系到两个视角：教师和学生。前者关注所要传授的内容，后者关注学生能否接受知识。有些教师只重视了前者，而忽略了后者。表现为眼睛过于集中在教材上，而对学生的学习状况不甚了解。笔者观察到有些学生学了几个学期后，仍然写不了一篇完整的文章。如果一个班里有一定比例的学生是这种情况，就不得不在教学上找原因了。依笔者之见，导致这种情况的主要原因之一是教者对教师职责认识不够清楚。

对于承担基础外语教学的教师来说，他们的任务不仅是传授知识，而且承担着启蒙心智的任务。他们要引导学生树立正确的外语学习意识，采取正确的学习策略以获得学习成效，鼓励他们克服困难，建立学习的信心，并要帮助学生随时梳理所学的知识，建立这门外语的认知图式，总而言之，要带领学生顺利入门。基础教学的教师的责任大到决定学生的前途命运，这并不是危言耸听，因为学生

---

① Monika Schwarz. Einführung in die Kognitive Linguistik. 2. Auflage. Tübingen: Francke Verlag, 1996: 10.

一旦在学习初期出于各种原因而跟不上教学进度，他们就很容易失去信心，很难走出逆境，除了难以填补知识“缺口”外，初学者在学习受挫后，往往有了心理障碍，而导致学习恐惧症，这种心理障碍严重影响学生继续学习下去。

因此，基础外语教学并不简单，它不是任何一位学过外语的人就可以胜任的，它赋予教师的任务可以借用乔姆斯基的表层结构和深层结构来阐述。乔姆斯基的表层结构和深层结构理论原本只限于句子的句法和语义。而随着语言学科的拓宽，这一理论获得了广义概念，被沿用到语义学、篇章学、翻译学等许多领域。笔者在此试图把这一理论引申到外语教学中，按照表层结构和深层结构来阐述教师的表层任务和深层任务。使用表层和深层的字眼，是因为人们对教师的工作往往只看到表层，把传授书本知识作为教师的职责。本文所指的表层任务不仅指所要传授的知识，而且还包括对知识的处理，使它成为学生的认知图式；深层任务是调动学生的心智功能，提高他们的认知能力。下面逐一阐述。

一、表层任务

教师不是知识的灌注者，学生也不是接受知识的“空容器”。教师在传授知识的同时，还有把知识转换为学生自己的知识体系的任务，德语词“sich aneignen”（变为自己的）用在这里最准确不过了。为此，教师要教给学生如何梳理、整合知识，努力使学生建立可以调控知识的认知图式，即培养他们分析、归纳知识的能力。教师在讲知识的时候，要引导学生去串联、整理知识，把它们分门别类，使学生接受的是有序的、相互联系的知识。属于一个整体的知识，往往有利于理解和记忆。

以词汇为例，教师在处理词汇时，不能以讲完教材中的词汇为结束，还要联系已经学过的词汇，对它们进行对比、归纳整理。人类语言折射了大自然的对立统一法则，表现在词汇之间的相互关系，特里尔的语义场理论明确指出，词汇不是单个的意义载体，而是因其他词义而存在，词义之间是相互界定的。① 任何语言的语义世界都有一个完整网络，其中各个词义都处于对立统一的关系中，它们互为依存、互为区别，而认识它们之间的关系就是多、快、好、省地学习词汇的“捷径”。教师的重要任务是引导学生学会串联散落的词汇，让它们成为一个记忆单元。词义关系可以粗略地划分为：

---

① J. Trier. Sprachliche Felder, in: Ludger Hoffmann(Hg.). Sprachwissenschaft Ein Reader, 2. verbesserte Auflage, Berlin, 2000: 643.

(1)对立关系,产生的是反义词;

(2)互补关系,产生的是同义词或同义表达;

(3)隶属关系,产生的是上下义词。

教师可以从这三方面入手,帮助学生学习掌握词汇的方法,例如学习动词 anfangen 时,就可以启发学生回想已经学习的反义词,比如 beenden 和已经学过的同义词 beginnen,abschließen。这样在教 anfangen 时,同时还顺便复习了至少三个动词。整理这个单词本身就是在记忆中建设一个表示行为过程的动词系统的认知图式,随着学习的深入,词汇量就像滚雪球一样不断地扩大,教师要鼓励学生们自己继续去丰富这个词汇体系:aufhören,aufgeben,abbrechen,unterbrechen,这就形成了一个过程语义场[①],如图 1 所示。[②]

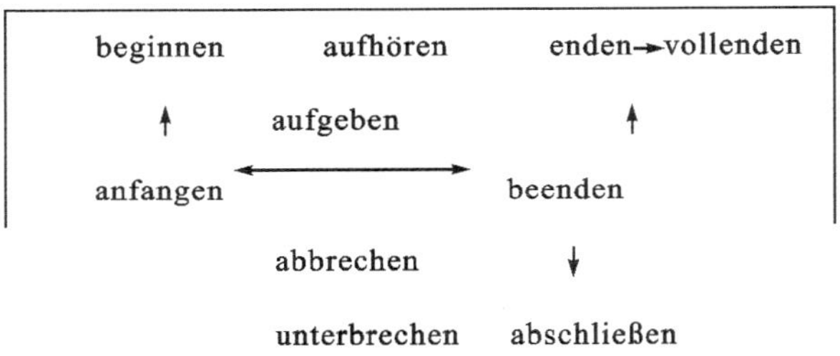

图 1

这个语义场有利于学生准确表达以"行为过程"为主题的内容。运用这样的方法去整合知识,扩充学生对词汇的认知图式,学生不仅因此而提高了运用词汇的能力,而且增强了学习的信心,因为他们收到了成效。在外语教学的其他知识领域,例如语法结构,也可以构建语法图式。从这个意义上说,传授学习方法远远比传授知识更重要。

"感知和语言加工是图式控制的过程,(人们)加工信息时,通常挑选出一个图式,靠它解读各个事物。"[③]感知语言的效果和学生所选出的认知图式有关,这个认知图式来自学生已有的背景知识。就主观因素而言,他们能否接受新的语言知识,取决于他们头脑中已经有的认知图式,大学生学习一门外语时,实际上在头脑中已经有了自己的知识体系,形成了自己的认知方式,教师的任务是,要设法激活已经存入学生头脑中的知识,使它为新的知识服务,借助它去理解新的

---

① 语义场是指有类似内涵或同属于一个范围的词汇。

② 王京平. 德语学习方略及操练. 北京:外文出版社,2005:59.

③ Monika Schwarz. Einführung in die Kognitive Linguistik. 2 Auflage. Tübingen: Francke Verlag, 1996:92.

知识，把新的知识与已有的知识体系建立起联系，新的知识就可以通过已有的知识网络很快被感知，被理解，并且记忆深刻(图 2)。

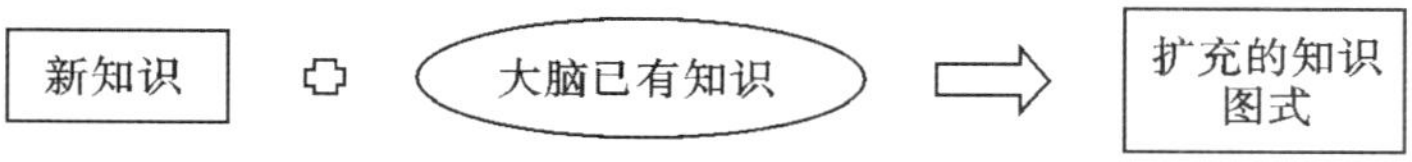

图 2

再以学习语法为例，鉴于学习德语的大学生都在中学学过英语，教师就可以借助英语知识帮助学生理解德语语法，例如：用英语的过去分词理解德语的第二分词，用 there is... 结构解释 es gibt 的语法功能，用英语的时间助动词＋过去分词解释德语完成时态的语法结构。这样会使初学者对陌生的知识不再感到陌生，会驱赶心理上的畏难情绪。

“认知图式是错综复杂的知识结构，存储着一个人一生中的经验。”①图式理论告诉我们，每个人因各自的阅历不同，有与众不同的图式。经历了多年外语教学的教师对外语的归纳能力自然比新入学的学生要强，为了避免学生因为经验不足而学习失误，教师要把自己的宝贵经验和对学习外语的认识融入到课堂教学中，教给学生如何整理加工所学到的知识，使它们成为有序的知识结构。

综上所述，对于表层任务不能理解为单一的讲解书本知识，而是要把书本上的“死”的知识转换成学生头脑中的“活”的知识，使它与学生已经获得的知识形成动态性融合，互动为更深的认知层次。

二、深层任务

教师的深层任务是设法调动学生的潜能，激发他们的认知积极性。学生能否获得语言知识，来自他们的主观能动性。保护、调动、合理运用学生的积极性是教师的深层任务，具体表现为以下四方面。

(1)培养学生的学习兴趣，唤起他们对外语的好奇、好感和注意力，使他们对自己所选择的外语从陌生转变为喜欢，而不是让枯燥的语法规则和死板的说教模式折磨得死去活来，以致很快失去学习外语的兴趣。经验证明，人们对感兴趣的东西往往认知程度高，他们的潜意识得到最大的调动，表现为他们把学习外语作为乐事，对所学的知识愿意接受，理解快，记忆深刻。倘若一个满怀希望和喜

① Monika Schwarz. Einführung in die Kognitive Linguistik. 2. Auflage. Tübingen: Francke Verlag, 1996:100.

悦的学生在开始学习了几个月的外语后就心灰意冷,对外语的兴趣荡然无存,那么除了学生自身的问题外,还应该在教学中找找原因。

培养学习兴趣的途径很多,“具体的内容显然比抽象的内容映现在大脑中的面积大。”①把教学内容具体化,除了用通俗易懂和生动的语言外,还有各种媒体有助于学生通过多种感官渠道去接受语言知识,增加教学活动的趣味性,能够提高学生的认知程度。

(2)端正学生的外语学习意识,教给他们正确的学习策略和方法。外语学习是技能性学习,不能一蹴而就,需要的是勤学苦练、日积月累的慢功夫。教师必须引导学生认识到外语学习与一般知识型学习的根本区别,绝不能以“知道”而止步,外语学习要以“会”为目标,而“知”与“会”虽然是一字之差,却不是一步之遥,二者的距离绝不是一天两天就能跨越的。学生们有了这样的认识,就会重视听说读写这类练习,把语言实践作为学习重点。

外语训练属于心智技能,包括感知、记忆、想象和思维。② 训练外语技能需要长期的有计划、有系统的反复训练,为此不仅需要兴趣,而且需要坚持不懈的努力。在此,笔者反对一概否定传统外语教学法,过去的教学模式也培养出了很多优秀的学生,有些方法,例如,朗读、复述、背诵、听写对加深理解和记忆是很有好处的。在现代化教学中,应该吸收、沿用传统教学中被验证的成功方法,让学生认识到这些方法的作用,愿意去运用它。

另外,教师的任务不仅限于课堂上,还要关心学生的课下活动,引导学生充分利用课余时间进行自主学习,“应该由学生自己归纳语言材料,得出结论。”③整理笔记是十分重要的自主学习方法,指导学生以小组形式进行操练,并进行个别谈话和必要的辅导,帮助学生分析他们的困难和原因,尤其对成绩不好的学生要特别关注,及时给予鼓励。

(3)鼓励学生参与教学活动:外语学习过程是教者与学者互动的过程。教师在课堂上扮演着“演员”和“导演”两个角色,既要自己表演,也要指挥学生成为“演员”。以 Lakoff 和 Johnson 的体验哲学为理论基础的认知语言学强调学习语言的实践性,认为“语言是体验和认知的结果”④。组织学生发挥真正的主体

---

① Monika Schwarz. Einführung in die Kognitive Linguistik. 2. Auflage. Tübingen: Francke Verlag, 1996:100.

② 伍棠棣,李伯黍,吴福元. 心理学. 北京:人民教育出版社,1983:118.

③ 王宗炎. 语言问题探索. 上海:上海外语教育出版社,1985:221.

④ 王寅. 认知语言学的翻译观. 中国翻译,2005(5):34.

作用，学生在课堂上的积极参与，通过个人体验和直觉，最大限度地感受所学的知识，是把新知识迅速输入知识网络的必要措施。“信息能力只能在交际中培养。”①外语课堂应该是语言演练场，尽量缩小讲解的比例，组织丰富多彩的课堂活动，让尽可能多的学生参与，多张嘴在说，多双眼睛在看，多双耳朵在听，让学生通过自身体验把语言知识转变为交际的工具。

(4)培养良好的学习习惯。有些掉队的学生试图从头再次学习，以求填补知识漏洞，彻底翻身，但是多数人没能取得成功，他们已经形成的不良学习习惯是导致学习失败的原因之一，因为要改变学习习惯远比培养学习习惯难得多。所以，在学习一开始，就培养学生获得与技能学习相适应的学习习惯至关重要，良好的学习习惯是学习成功的重要保证。习惯是“由于重复或多次练习而巩固下来并变成需要的行动方式”。对所要掌握的技能只能经过反复练习，多次实践，它才可能进入潜意识，成为自觉行为。外语学习习惯例如训练发音以适应外语的发音特点；经常听录音或广播，以提高对外语音频信息的敏感性；培养学生自己检查作业错误，写学习笔记等自主学习的习惯。这些习惯一旦养成，学生们在今后的继续学习中会受益匪浅。

以上四项任务共同组成教学中的深层任务，这些任务不像表层任务那样容易受到重视。看到这些任务，并以它为己任的只有那些具有强烈责任心的教师，他们不仅在教书，而且在育人。对于他们的贡献应该给予承认。在此，建议改革对教学效果的评价指标，不能仅仅以考试成绩作为唯一的标准，而且要增加人文指标，包括学生的学习兴趣、学习习惯等，如果一个班的学生经过两年的外语基础学习，没有学生厌学、逃课，仍然兴趣盎然，求知欲不减，这应该是教学成功的最有力的证明。

① Hans Jörgen Heringer. Interkulturelle Kommunikation. Tübingen: Francke Verlag, 2004:36.

自动化专业过程控制课程群建设实践

黎　明[*]　刘兰军　周　琳　迟书凯　陈　震
牛　炯　陈家林　周丽芹

摘　要:根据高等学校审核评估和专业认证的新需求,以自动化专业过程控制课程群建设为例介绍了中国海洋大学自动化及测控系在课程群构建方面的实践。通过合理梳理知识点,构建知识树,加强课程之间的衔接,通过设计系统级的实验,将课程群内的理论知识和实践知识贯穿起来;通过工程化的实训,培养学生的工程意识和规范。通过四年的实践,培养了青年教师,提高了学生解决复杂问题的能力,取得了较好的效果。

关键词:过程控制;课程群;系统级实验;知识单元

一、引言

教育部高等教育教学评估中心吴岩主任曾说过,教学改革"改到深处是课程,改到痛处是教师"①。提高课程教学质量这个"老问题"依然是"新改革"的核心问题。自动化专业的课程教学存在以下矛盾。

(1)不断膨胀的知识和技术与有限学时的矛盾。自动化技术和所涉及的领域正在快速膨胀着,课程的内容也不断增多,但是有效的教学时间没有增加甚至还有所减少。

(2)理论教学和实践教学脱节,与社会需求脱节。在理论指导下的实践教学开展得少,学生很难认识到理论与实践之间的关系。特别是面对解决"复杂工程问题能力"培养的要求,理论和实践教学的深度融合是非常重要的。

(3)学校特色和专业本色之间的矛盾。学校的特色源于其学科的特长和所属的行业。专业的本色强调规范和基础。自动化专业又是与行业发展密切相关的。

上述矛盾和问题,虽不是新问题,不过在新的形势下,不得不重新思考这些

---

* 黎明,中国海洋大学工程学院副院长、教授,主要研究领域为智能控制、海洋测控技术。

① 吴岩. 我国研究型大学本科教学质量评估. 高教探索,2016(4):73-77.

问题。我们认为“课程群建设”依然是解决上述矛盾的有效手段。

中国海洋大学的自动化专业具有显著的海洋特色，在海洋仪器与装备的开发方面有特点和优势。随着海洋工程事业的发展，对具有海洋工程背景的自动化专业人才的需求逐渐增大，对本科自动化专业过程控制系统的能力也提出了新的需求。这些都促使我们在过程控制课程群上加大力度，进行深入的教学研究，完善我们的课程教学和实践教学，以适应社会的需求。自动化专业课程分为过程控制和运动控制两大方向。本文以中国海洋大学自动化专业过程控制群建设为例，介绍如何通过课程群建设来实现人才培养目标，也试图为解决以上矛盾进行一个探索。

二、过程控制课程群的组成

过程控制课程群是集专业基础课、专业课以及新技术开发为一体的综合性课程群，针对中国海洋大学自动化专业的教学计划具体包括：

(1)核心专业课：过程控制系统、计算机控制技术、过程控制仪表与装置。

(2)专业基础课：检测技术、模拟电子技术、数字电子技术。

(3)工业导向课：可编程控制器、现场总线课程。

(4)实践课程：课内实验、电子技术课程设计、电工电子实习、测控系统工程实训。

课程群的课程体系结构图如图 1 所示。

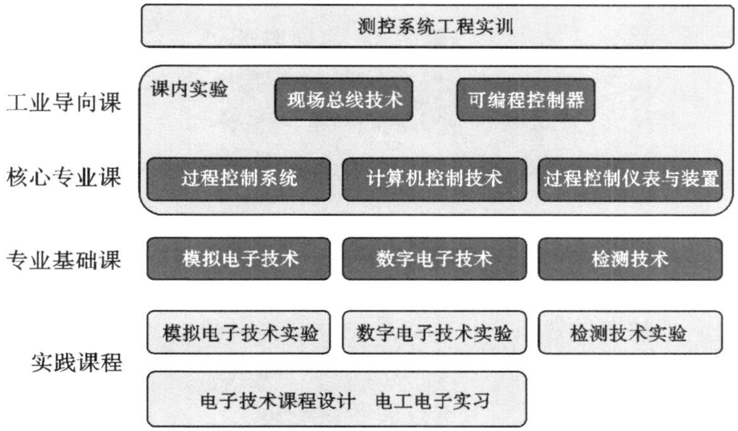

图 1　课程群课程体系结构图

在理论课程中，过程控制系统作为顶层课程。在实践课程中，测控系统工程实训作为顶层课程。理论和实践课程相互呼应。在专业基础课程中，包括了模拟电子和数字电子技术两门课程，目的是让学生在学习通用的电子技术基础课程的时候，就具有鲜明的自动化专业的特色。对于检测技术、计算机控制技术、过程控制仪表与装置中所用到的典型电路进行特殊强化。

三、课程群建设内容与方法

(一)理清知识点，构建知识树

"确立顶层，强化系统；理清脉络，制定标准；减少冗余，提高效率；合理重复，循环强化。"

以过程控制系统为顶层课程，分解知识点，纵向关联过程控制仪表及装置、检测技术、数字电子技术基础、模拟电子技术基础，横向关联计算机控制技术、可编程控制器、现场总线技术。通过知识树合理分布知识点，加强课程之间的联系，做到知识点分布有层次、循序渐进，核心知识合理重复，有序强化。

(1)将课程群内的课程教学内容分解为知识单元、知识点，特别要找出关联知识点，从而构成课程群的知识树，如图 2 所示。

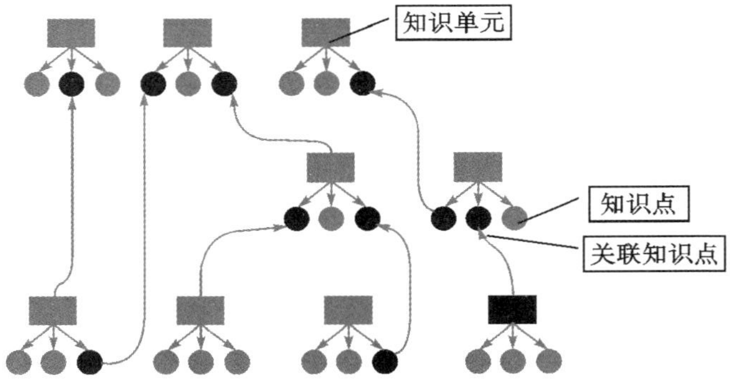

图 2　课程知识单元知识点衔接图

知识单元的划分参照了 2010 年 12 月由教育部高等学校电子信息与电气学科教学指导委员会和自动化专业教学指导分委员会制定的《普通高等学校自动化专业规范》①，并根据中国海洋大学的培养方案进行了细化。

(2)围绕培养目标，制定核心课程的课程标准。

---

① 教育部高等学校自动化专业教学指导分委员会. 高等学校本科自动化指导性专业规范. 北京：高等教育出版社，2007：18-26.

(3)专业基础课程和新技术课程的交融,新技术课程跟踪过程控制系统发展趋势,并强化专业基础课程中的基本功,即对于基础的知识单元和知识点需要强化。

(4)关注"互联网+""工业4.0"的最新发展动态,补充和完善知识单元和知识点,使人才培养更具有时代性。

(二)设计系统级实验,贯穿知识点

"自上而下,逐层分解;自下而上,形成系统;依托实验,强化知识;理论指导,定量设计。"

系统的实验设计包含两个层面的含义,一是设计系统级的综合性实验题目,二是系统考虑课程群中的实验设置的逻辑性和侧重点。

围绕培养目标要求,从顶层课程开始设计系统级实验,自上而下地开展实验设计,将相关内容有逻辑地自上而下地分布到课程中。学生在学习的时候自下而上逐步形成系统。具体包括如下内容。

(1)实验要点和知识点之间的关联,这是建立理论指导下的实践教学的基础。

(2)实验系统开发,实验分为单元级、模块级和系统级。系统级实验可以拆解为模块级实验,模块级实验可以拆解为单元级实验。

(3)在实验中,强调理论分析和定量计算,注重结果,更强调过程。这是实现理论指导下的实践教学的关键。

如图3所示,以顶层课程"过程控制系统"的系统级实验设计为例,将系统实验细分,开展子系统实验、模块实验、单元实验的设计。具体将部分通用模块下放到模拟电子技术实验、数字电子技术实验、电子技术课程设计中。将过程控制系统的实验,延伸到计算机控制系统的实验中,并和可编程控制器、现场总线技术课程结合。图3以测控系统工程实训中的网络化温度控制系统的实验设计为例,解释了课程、知识单元、实验项目之间的衔接和逻辑。教师自顶而下,实施从系统到单元的逐级分解,设计实验。而学生按照教学计划逐步学习,从开始的单元电路的实验,模块级实验的调试,到系统级的设计,DIY一套温度控制系统。最后在测控系统工程实训中,实践用工业级的控制器、组态软件构成的温度控制系统。这个从DIY到工业系统的学习过程,可以帮助学生训练基础开发能力,同时看到工业应用的前沿,有利于学生全面认识过程控制系统。

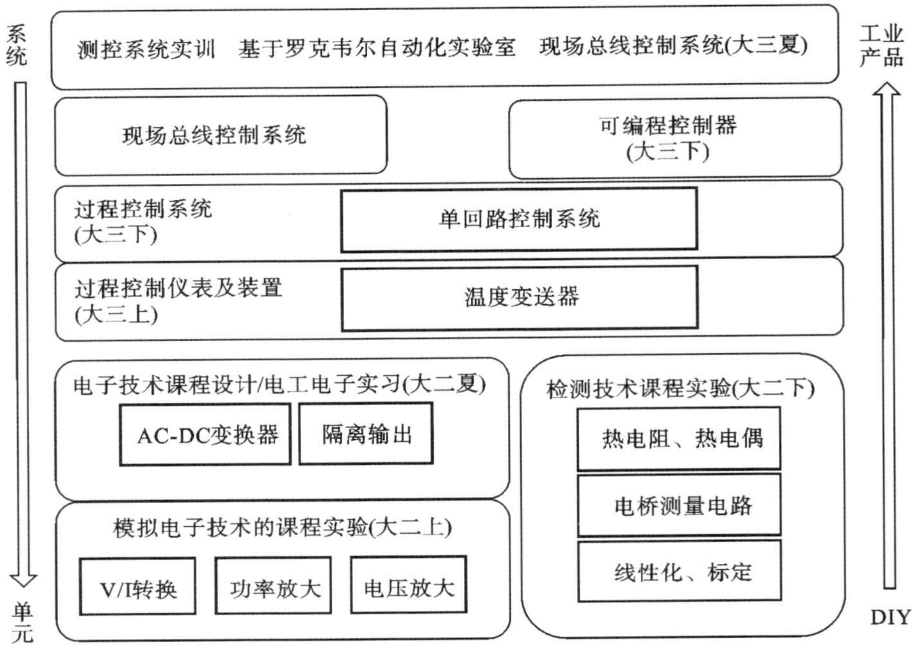

图 3 温度控制系统级实验开发示例

（三）主动实践，强化工程能力培养

"实验工程化；设计系统化；过程标准化；文档规范化。"

模拟工程项目，培养学生在技术上、规范上、过程上能够达到工业项目的要求。实践培养在规定内容的基础上，要鼓励创新，让学生"主动实践"。具体内容包括以下几个方面。

（1）研究如何按照工程项目的流程来开展实验和实训工作。充分利用校内外导师的科研经验和项目开发经验，使得学生在实验和设计中培养工程意识。

（2）设计规范的实习、实训报告模板。引导学生按照规范书写实验报告，并逐步能够独立撰写规范的设计和总结报告。

（3）根据培养规格，设计工程实训内容。特别是根据海洋工程中过程自动化的需求，设计实训题目，充分发挥罗克韦尔自动化实验室的作用，在一流的工业自动化体系下开展设计。

（4）实践效果反馈与师生交流。通过多个手段搜集学生的反馈，综合评价教学效果，然后进行持续改进。

在实验课程体系上，依托各门实验课程，开展基本的关键技术的实验；依托电子技术课程设计，开展模块级实践；依托测控系统实训和中国海洋大学—罗克韦尔自动化实验室开展系统级的工程实训。并结合过程控制系统工程项目的经验，对应于系统集成、子系统开发、关键技术研究（图4）。

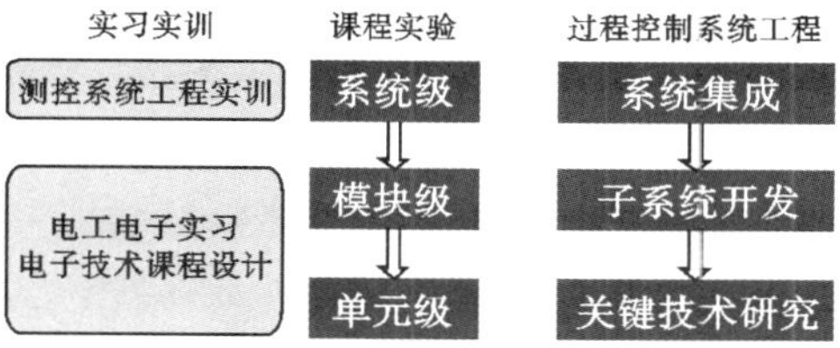

图4　实验模块划分及实训课程支持

在实训和设计中，采用真实项目模拟的方式进行，模拟招标答辩，过程管理和工程验收，并对设计文档进行规范化管理，实验过程工程化如图5所示。

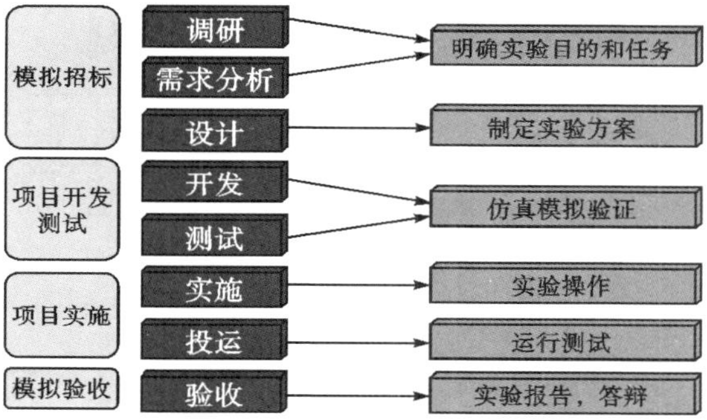

图5　实验过程工程化示意图

（四）借力网络，师生互动

建立课程QQ群，依托网络平台，进行学习交流；进一步可以向微课、MOOCs方向发展。

四、实施效果总结

过程控制课程群自2013年开始建设，已经经历过4年的实践。以温度控制系统为例，梳理了知识点，构建了课程群的知识树，开发了一套温度控制系统知识点网络网（图6），包括了控制器、调压器、温度变送器、监控软件。涉及课程群中的所有课程、所有硬件和软件系统，均由中国海洋大学自动化及测控系自主开发（图7）。其中核心实验模块“基于SOPC技术的多功能一体化实验教学平台”于2016年12月获得首届全国高校自动化专业青年教师实验设备设计“创客大赛”银奖。

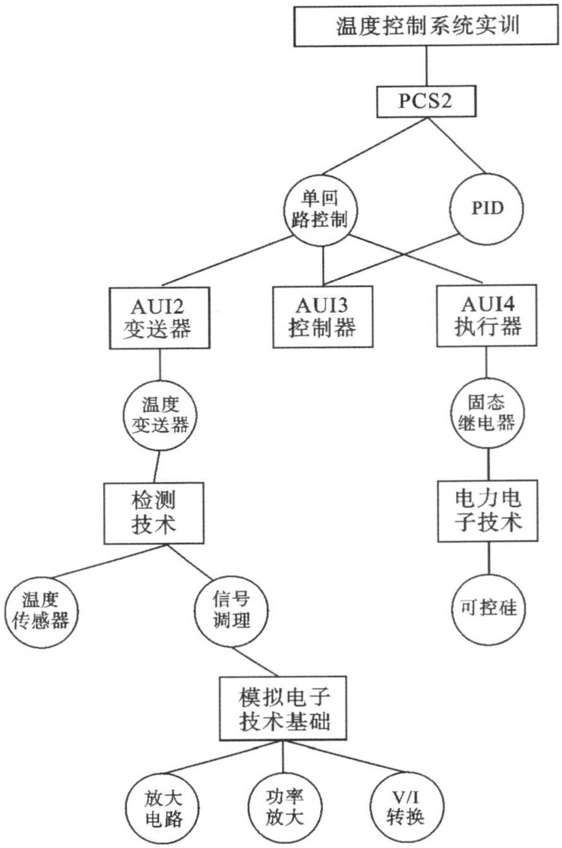

图 6 温度控制系统知识点网络图

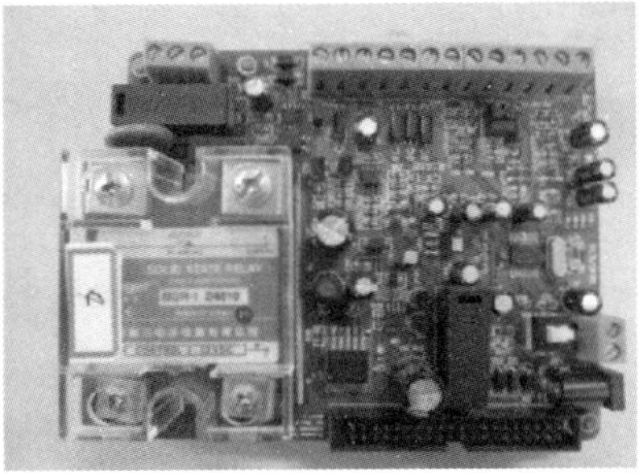

图 7 自主研发的控制系统硬件

五、结论

通过课程群的建设达到了以下效果：

(1)促进了教师之间的沟通和交流，培养了青年教师。

(2)优化了课程之间知识点的分布与衔接，课程体系的系统性更强。

(3)开发了实验系统，在该实验系统上集成了课程群内相当数量的相关实验；系统性强，学生易于形成整体概念，有助于提高学生解决复杂工程问题的能力。

新工科背景下,勘查技术与工程专业工程实践教学改革的思考

童思友[*]　徐秀刚　韩宗珠　刘怀山　张　进　尹燕欣　王林飞

摘　要:为响应国家战略需求,支撑服务以新技术、新业态等为特点的新经济蓬勃发展,教育部推出了我国高等工程教育的新工科建设,实现对于新兴工程科技人才的培养。在此背景下,作为中国海洋大学的老牌工科专业,勘查技术与工程专业如何在新工科背景下实现升级,如何更好地适应当前形势发展需要,成了本文的研究重点。本文从国家战略需求分析、专业现状和实践教学积累、新工科背景下专业实践教学方案设计等方面综合考虑,探索勘查技术与工程专业工程实践教学改革,为新工科背景下工程实践教学体系的顺利搭建积累经验。

关键词:新工科;勘查技术与工程;工程实践教学;改革方案设计

一、背景

为主动应对新一轮科技革命与产业变革,支撑服务创新驱动发展、"中国制造 2025"等①一系列国家战略,2017 年 2 月以来,教育部积极推进新工科建设,先后形成了"复旦共识""天大行动"和"北京指南",这构成了新工科建设的"三部曲"。所谓新工科,至今未见有明确的定义,但大家对"新工科"的基本范畴已经达成了共识。② "新工科"包括两个方面的"新",一是针对新兴产业设置和发展新专业,如人工智能、智能制造、机器人、云计算等;二是对传统工科专业升级改造,推动现有工科专业的改革创新,让传统工科专业能够适应未来新兴产业和新经济发展的需要,培养出工程实践能力强、创新能力强、具备国际竞争力的高素

---

* 童思友,中国海洋大学海洋地球科学学院副院长、教授,主要从事地球物理勘探与处理等方面的教学与科研工作。本文由中国海洋大学混合课改 2016——勘探地震学,2016 年专业综合改革项目"勘查技术与工程",教学发展基金"专业核心课程翻转课堂的应用与实践"(2017jxjj08)等资助。

① 吴爱华,侯永峰,杨秋波,郝杰. 加快发展和建设新工科 主动适应和引领新经济. 高等工程教育研究,2017(1):1-9.

② 李培根. 工科何以为新. 高等工程教育,2017(4):1-4,15.

质复合型“新工科”人才。①

作为一个有着40年发展历史的传统工科专业，中国海洋大学的勘查技术与工程专业在教学和科研方面，积累了厚实的基础，为国家的海洋勘查、能源勘探等领域输送了大批的优秀人才。而对于工科专业而言，实践是本科生工作能力形成不可或缺的环节，实践动手能力是学生必备的素质，实践教学环节在教学培养计划中占有很重要的地位，是加强实践动手能力、培养应用型人才的重要手段。

在此背景下，作为工科专业，特别是国家级“卓越工程师培养计划”专业，实践教学如何做好适应时代发展的需要，推陈出新，如何在新形势下更好地服务于国家重大战略，特别是更好地服务于和专业密切相关的深地探测、深海探测、深空对地观测和土地科技创新的“三深一土”国家“十三五”科技创新战略，成了当下专业发展亟须思考和解决的问题。

二、专业发展现状与实践教学积累

（一）专业现状

我校的勘查技术与工程专业是全国同类专业中唯一由海洋地球物理勘探专业发展而来的，是我国建立最早、海洋特色鲜明、结构完整的海洋地球物理专业。专业起源于1971年海洋地球科学学院前身原海洋地质系的海洋重磁本科专业。专业建立初期就确立了它的海洋地球物理的特点，后经发展逐步形成了完整的海洋应用地球物理专业。1997年组建地球探测与信息技术系后，调整为现在的勘查技术与工程专业。2011年，勘查技术与工程专业被评为“山东省高等学校特色专业”；2013年入选“国家卓越工程师教育培养计划”；2015年底，获批校级重点专业综合改革试点专业；2017年6月，专业顺利通过中国工程教育专业认证协会的工程教育专业认证。

（二）实践教学积累

经过多年的发展，专业在工程实践教学方面积累了丰富的经验，具备了新工科工程实践教学建设的基础。

1. 初步形成了以成果为导向的人才培养体系

专业近5年内分别于2013年、2016年对人才培养方案及课程大纲等进行了调整和修订。其中在2016年，专业综合考虑卓越工程师人才培养要求以及工

① 林健.面向未来的中国新工科建设.清华大学教育研究，2017(2)：26-35.

程教育认证的要求，以成果导向为基础，重新梳理和修订了人才培养体系：人才培养目标的制定反映了学生毕业 5 年后在社会与专业领域取得的成就，同时强调自我学习能力以及个人定位；毕业要求中体现出了解决复杂工程问题，以及对于经济、社会和管理以及兼具良好的人文素养等的要求；课程体系的设置，考虑了对于毕业要求的达成，并且突出了实践教学的作用，加大了实践教学的课程比例。

2. 初步形成了多支理工融合的实践教学团队

专业所依托的海洋地球科学学院地球探测与信息技术系目前有教授 10 人（博士生导师 8 人），其中院士 1 人、千人计划教授 1 人、筑峰工程教授 2 人，副教授 10 人，讲师 7 人，有 6 名教师在国外获得博士学位。教师队伍中，有 11 名教师具有丰富的企事业单位工作经历，8 名教师具有丰富的工程类项目的经验积累。基于本专业人才培养的经验，形成了人员结构相对合理，以青年教师为主，团结协作，富有朝气，勇于创新的科研和教学队伍；形成了以海洋地震勘探、综合地球物理、地球信息处理、海洋电磁法勘探、地球动力学 5 个海洋特色鲜明的实践教学团队（表 1），为工程实践人才的培养提供了良好的师资队伍。

表 1　5 个理工融合的实践教学团队

实践教学团队名称	团队带头人	团队成员	教授人数（人）	承担本科生课程
海洋地震勘探	李庆忠	刘怀山、童思友、张进、王林飞、徐秀刚、邢磊	3	地震勘探数据处理、勘探地震学、地震勘探原理、海洋物探测量、岩石物理学基础
综合地球物理	周华伟	张建中、邹志辉、黄忠来	2	专业系列讲座、重力勘探、地球物理反演、Matlab 应用、地球物理测井
地球信息处理	王修田	李金山、夏东明、谭军、宋鹏	2	地球物理新进展、地震波动力学、数字信号分析
海洋电磁法勘探	李予国	张晶、刘颖、罗鸣、裴建新	1	专业系列讲座、电法勘探、磁法勘探、计算方法、重磁电法勘探
地球动力学	姜效典	邢军辉、李德勇	1	专业系列讲座、工程与环境物探、石油地质学、应用地球物理学

3. 建成了初步的工程实践平台

专业所在的海洋地球科学学院，目前拥有国家级虚拟仿真实验教学示范中心、教育部重点实验室、省级实验教学示范中心各 1 个，加上海底探测技术、工程物探等30多个学院实验室组成的实验教学平台，满足了现今人才培养的校内实践课程的实验授课和科技创新的需要。

目前专业和单位共建有山东桃村综合地球物理教学实习、山东桃村地质认识实习、辽宁兴城地质教学实习、中国石油大学（华东）校内综合地球物理实习、“海大号”和“东方红2”号科考船海洋学实习、青岛金星矿业股份有限公司6个校内与校外实习基地（图1），配套了相关的政策与制度，组建了实习教学平台，确保了该专业4年不断线的实践教学。

图1 校内外实习基地

此外，勘查技术与工程专业高度重视学生课外学术科技创新活动，以“国家大学生创新创业训练计划”“挑战杯”“科技三下乡”等科技类活动为引导，以国家级创新杯全国大学生地球物理知识竞赛、校级应用地球物理技能竞赛、测量技能竞赛、地质技能竞赛等以赛代练等，激发学生的创新思维、实践意识、动手能力以及团队合作意识，提高了本科生的工程实践水平。

各个平台除设备、场地满足实践教学外，还出台了一系列的配套制度、体制以及管理措施，搭建了一个由专业工程实践的实验教学平台、实习教学平台、创新试验平台组成的初步实践平台，满足了专业的工程实践要求。

4. 科研反馈到实践教学中，提高了实践教学水平

作为老牌工科专业，教育过程中始终注重实践环节的加强，以实践能力的培养和产—学—研—用一体化为办学方向，坚持野外教学实践贯穿本科教育的始终。本专业教师先后主持承担了国家“863”计划、科技部海洋专项、国家海洋局海洋专项、国家自然科学基金重大重点项目及面上项目等科研项目50多项，累

计经费1.3亿元，先后获得“国家科技进步奖”“教育部科技进步奖”等30多项重要成果奖。多年来，专业始终坚持产—学—研—用密切结合，将典型的科研成果凝练进教学案例、实验、设计和课程，作为优质资源服务于教学，形成了一套分层次、多模块、相互衔接的实验实践教学体系。

三、新工科背景下，专业工程实践教学改革方案设计

专业前期虽然在工程实践方面积累了丰富的成果，但是在实践教学、人才培养、实践平台等方面的储备，仍不足以满足对于和专业密切相关的深海、深地“两深”的人才培养需求。因此，在新工科背景下，如何做好专业的工程实践教学改革，[①]构建新兴工科和传统工科相结合的工程实践课程“新结构”，打造具有国际竞争力的工程实践教育“新质量”，实现对于工程实践平台的“新升级”，完善专业工程实践教学的“新体系”成了今后的努力方向。[②]

（一）专业工程实践教学的改革思路

围绕深海、深地“两深”探测的国家科技战略和国家对海洋资源、环境保护等的重大需求，深入分析本专业国内外的办学现状，科学地改革完善勘查技术与工程专业人才工程实践教育体系。以“两深”探测和国家战略需求为导向，制定新工科建设下的人才培养体系；围绕新的人才培养体系，加强实践类课程、实践教师队伍、人才培养模式等的建设；升级改造实验教学平台、实习教学平台、创新试验平台三位一体的工程实践平台，实现理论教学与工程实践的有效结合，提高学生的动手能力、创新能力以及团队协作能力。基于上述研究内容，最终形成一套新工科背景下较完善的勘查技术与工程专业的工程实践教学体系。

（二）专业工程实践教学的具体改革措施

1. 完善人才培养体系和实践教学体系

以深海、深地“两深”探测和国家重大战略需求为导向，制定新工科建设下的人才培养体系。培养体系中的人才培养目标与毕业要求要以工程教育认证的标准和卓越工程师人才培养要求为基础，以新工科建设培养适应新兴产业技术和新经济发展需要的复合型人才为落脚点。实践课程体系，要加大与大海洋类学科、地质类学科、工程类学科等的课程交叉，发挥学科交叉的优势，培养复合型人才。针对学生工程实践能力的培养，总结之前工程实践的经验与认识，建立一套分

---

① 龚晓嘉. 综合性高校在实践教学中培养新工科创新型人才的探索. 高教学刊，2017(12)：141-142.

② 叶民，钱辉. 新业态之新与新工科之新. 高等工程教育，2017(4)：5-9.

阶段、分层次的实践教学体系，以多元化的工程训练项目满足学生的实践要求。

2. 工程实践课程建设

专业层面的工程实践课程建设。根据人才培养目标和毕业要求，制定专业层面的工程实践课程教学大纲，教学内容设置上，为适应科技创新战略的需要，增加针对“两深”探测的新方法技术、探测设备等相关内容的授课，加强重、磁、电、震等方法的综合应用；教学内容设计上要体现学生的创新能力、职业素养、工程实践能力和工程素质等的培养要求，并注重知识交叉和与时俱进；加强课程相配套的网站建设与教材建设；优选 4～5 门工程实践类核心课程，搭建课程的学习网站和建设课程的配套教材。

通识类的工程实践课程建设。围绕着深海和深地的大数据、云计算、可视化等新经济领域的发展需要，与信息学院、工程学院等联合增开 2～3 门与大海洋类学科、工程类学科、信息工程类学科交叉的通识类课程。

数学、物理等基础课程融入专业性实践内容，激发学生学习兴趣和专业兴趣。加强本专业老师与数学、物理等基础课老师的沟通交流，联合进行课程设计，适当切入与基础课学习相关的专业实例的实践教学环节，让同学们明晰学习基础课在专业中的美妙应用，有落地生根、开花结果的喜感，而不至于只局限于枯燥乏味的理论学习。

3. 工程实践师资队伍建设

坚持“走出去”和“请进来”相结合的师资队伍建设原则，建设几支校级、省级的工程实践教学团队。

加强对于青年教师的培养。通过老教师的传、帮、带作用，提升青年教师的授课水平；加强青年教师与国外的国际合作和交流，有目的、分期、分批派往国外学习、访问、合作研究；鼓励青年教师申请教学课题与科研课题，指导大学生科技创新竞赛等。

聘请国外专家、外籍教师等来校交流或作为高层次人才引进；要求出国做访问学者的老师，除了与国外教授进行科研合作外，还要至少“听一门课程、带回一本教材”，自觉培养国际化教学能力；鼓励参加“国家建设高水平大学公派研究生项目”出国攻读博士学位的我院研究生与学院签署后备师资协议。

4. 工程实践平台的升级和改造

整合和优化前期的实践平台，加强已有科研团队对于平台的支持力度，从经费投入、政策、机制、管理、企业深度合作、人员等方面加强对于实践平台硬件与软件的升级改造。

实验教学平台的升级改造：重视日常实验的经费投入和仪器设备的维护费用；设计综合性、探索性和设计性项目，减少验证、检验的实验内容，加强学生实验的自主性，提倡学生的实验创新；从政策、机制等方面鼓励实验教学，重视实验课教师的引导作用。

实习教学平台的升级改造：发挥学科教学团队的优势，联合青岛海洋地质研究所、胜利油田分公司物探研究院和青岛金星矿业股份有限公司等大型企业，新建2～3个服务于蓝色海洋、深地探测的海陆联合校外实习基地，同时吸纳企事业单位专家壮大实践教师队伍。建设的蓝色海洋基地，能够具备利用海洋地震、电磁法、磁法、重力等设备进行单一方法和多方法联合勘探的能力。一直以来，受到科考船日租赁费高昂的限制，专业一直未有专门的海洋地球物理实习基地，而蓝色海洋基地建成后，必将提升专业的海洋地球物理实习水平，通过走航式调查的方式让学生在掌握各种调查方法基本原理的基础上，学会如何用好这些设备开展海洋地质调查与勘探，增加学生的海洋地球物理实践知识，真正突出学科的海洋实践特色。建设深地基地，配套深地探测的基本设备，让学生能够接触到深地探测的相关处理、解释技术；学生通过深地基地学习，能够对于深地探测设备有所了解，对深地探测技术有所掌握。实现基地的良好建设，从经费、政策以及机制上确保校企合作的广度与深度，让学生在企业既能够锻炼自己，又能够将企业的新方法、新技术与新理念带回到高校，实现真正意义上的校企"双赢"。

创新试验平台的改造：在科技创新类活动和竞赛的设计上，应设计让学生自主发挥的题目和综合性的题目，加大对于学生实践创新能力以及团队合作意识的培养；同时，从学校的政策、机制与管理上，进一步鼓励和规范大学生的科技创新，提高他们的工程实践水平。

四、结论与认识

新工科建设是当前新一轮科技革命和产业变革的需要，同时也是专业适应时代发展的需要。我校的勘查技术与工程专业，应该抓住当前新经济发展的契机，以"两深"战略发展需要为出发点，利用好专业多年发展积累的丰硕成果，制定一套以成果为导向的实践教学人才培养体系，在实践课程建设、师资队伍建设、实践平台建设等方面，能够推陈出新，培养出工程实践能力与创新能力强、具备国际竞争力的高素质复合型"新工科"人才。更重要的是，形成一套新工科背景下较为完善的勘查技术与工程专业的工程实践教学体系和一批可推广的实践教学平台，为我国提高新工科工程实践教学的质量提出建议和借鉴。

新闻教育校企合作模式与机制探讨

欧阳霞*

摘　要：本文对我国新闻教育校企合作的模式、存在的问题进行了分析，提出了新闻院系、政府宣传部门、新闻机构三方联动，建立健全共同培养人才、共同管理教学过程、共同承担教学责任、共同分享教学和科研成果的深层次合作办学体制机制。认为新闻院系与新闻机构能否实现长期紧密的合作，在于双方是否能够找到激励持续合作的利益平衡点，而合作能否切实实施并产生最大效益，则取决于合作的管理体制和运行机制的建立，通过制度的建设与执行来保障新闻教育校企合作的科学有效运行。

关键词：新闻教育；校企合作；合作模式；运行机制

新闻教育的诞生建立在新闻实践不断丰富和发展的基础上，也就是说极具活力的新闻事业是新闻教育的本源。美国是世界上最早开创新闻教育的国家，并以 1908 年沃尔特·威廉姆斯（Walter Williams）在密苏里大学创建的世界上第一所新闻学院，作为美国新闻教育，也是世界新闻教育开端的正式标志。[①] 但早在南北战争之际，时任华盛顿学院（现在的华盛顿和李大学）院长罗伯特·E·李（Robert Eduard Lee），看到报纸在南北战争中所具有的强大的舆论功能以及在政治经济等方面愈加深远的影响之后，提出在大学设置新闻学课程。[②] 从此，美国的新闻教育紧紧依附新闻业界实践，并从中汲取营养，获得发展的动力。中国的新闻教育自 1918 年北京大学新闻学研究会成立，并在政治系开设新闻学课程开启，建立之初沿袭的就是美国模式，之后中国的新闻教育不断追随新闻业界的变化而变化，一个世纪以来新闻教育事业的发展历程，正是新闻教育与新闻业界互动发展的过程，它决定了新闻教育从其起源到其本质都具有强烈的社会性和实践性，新闻学科是具有职业教育特点的实践学科。新闻教育的动因，

---

* 欧阳霞，中国海洋大学文学与新闻传播学院教授，主要研究领域为应用新闻学。

① 吴信训. 世界新闻传播教育百年流变. 新闻与传播研究，2009(6)：26-37.

② 李晓灵. 当代中国新闻教育的集体无意识症候及其对策——以美国新闻教育为参照. 全国新闻学研究会首届中国新闻学学术年会，2008：149-156.

从根本上看，是与报业的兴起与发展需要相适应的，正是报纸这样的大众传媒对社会发展的影响日显强烈，尤其是舆论引导作用凸显的时代对新闻教育有着强烈的需求。新闻学从源头及学理建构特征来看，从起始的本质上也可称为“报学”①。然而，从 21 世纪初开始，随着教育产业化的蓬勃发展，规模急速扩张的大学新闻教育却因为观念影响和实际情况的局限，使得很多新闻院系逐步脱离新闻业界的客观实际，进入关门办学的发展模式。在这一封闭模式下培养的学生其基础理论、新闻操作能力甚至新闻理念与媒体实际需要之间有着相当大的距离。这样的新闻教育不仅难以成就新鲜的观念和优秀人才，也在逐渐磨灭新闻业界对新闻教育的信任。

这一现状迫使新闻教育教学不得不进行深刻的改革，深入探索和建立与新闻业界的合作模式和机制，促使新闻教育与新闻实践紧密结合显得尤为迫切。

强调理论与实践的结合是新闻传播学科的内在属性，也是高校培养人才和服务社会的客观要求。新闻院系引入与新闻机构携手共建的机制，开拓性地展开与传媒业界的合作，构建合作培养人才模式，是新闻教育实现校企合作的基础。

一、新闻教育校企合作模式构建

近几年来，我国高校的新闻院系积极探索和构建与新闻机构的合作模式，挖掘合作潜力，促进新闻人才的培养质量。目前，新闻教育校企合作的模式主要有三种类型。

（一）“媒体配合”模式

这是浅层次的一种合作模式。表现为新闻院系制定培养目标、计划，承担主要的人才培养任务，新闻机构处于辅助地位，根据学校要求，提供相应条件，通过合作以建立校内实训基地，设立奖学金、奖教金等方式协助学校完成培养任务。

这一模式往往形成于校企双方初步合作阶段，合作的内容较单一，合作的持续性较差。但随着双方关系的发展，可能会有进一步深入合作的提升空间。这一模式有利于促进新闻院系内部资源和外部创新力量的有机融合。

2005 年 1 月，中国人民大学创办的“接力传媒”是首个由新闻专业的学生自主运营自负盈亏的校园多媒体平台。接力传媒在经营中摸索出整合社会资源的思路，如与校外的企业进行公关合作等。由于接力传媒旗下的《新闻周报》舆论监督的力度和风格颇受《南方周末》欣赏，所以《新闻周报》每年可以从《南方周

① 吴信训. 世界新闻传播教育百年流变. 新闻与传播研究，2009(6)：26-37.

末》获得部分注资。①

（二）“联合培养”模式

“联合培养”模式是学校和媒体共同为主体的培养人才的合作模式，新闻机构不仅参与研究和制定培养目标、教学计划、教学内容和培养方式，而且参与实施教育，共同承担教学任务。在这种模式的合作过程中通过媒体文化的熏陶增强学生对媒体的认同感、归属感，以实现学业与就业融通，专业与产业贴合，育人与用人双赢。②

“联合培养”模式的实施形式主要有以下两种。

（1）共建新闻实务教学体系。通过新闻实务课程教学计划、课程设置、培养方案、师资的共建，将新闻业界实践直接引入课堂，将媒体一线经验知识与课堂教学结合，打破囿于学校、囿于教室的教育空间概念，将课堂向社会延伸，向传媒延伸，以培养适应媒体融合的新型人才为主，课程开设上紧跟媒体发展潮流。

（2）共建实践教学基地。通过共建实习基地，为学生提供长期稳定的实习场所，不间断地将学生推荐到主流媒体学习和实践，让学生进入新闻传播工作的实际程序，完整地参与新闻采编工作的各个环节，切实了解媒体的运作，学到媒体实际工作的经验，进一步巩固所学理论知识，培养学生的实战能力。这一模式有利于突破新闻院系与新闻机构间的壁垒，有利于建设适应于新闻人才培养的协同创新模式。

这一模式近年来得到国内许多新闻院校的认可，一些高校在推行的过程中，也取得了令人瞩目的成绩。如成立于2003年的汕头大学长江新闻与传播学院秉承“国际本土化，本土国际化”的办学宗旨，从融合媒体实验室建设、融合媒体方向专业设置及课程建设到“密苏里方法”（the Missouri Method）这一美国经验的采用，充分利用其国际化教育资源提升办学质量。③ 关于“密苏里方法”，密苏里大学新闻学院在其网站介绍道：“如今，当今世界一些最优秀的记者通过‘密苏里方法’掌握他们的职业，此方法提供由真正的新闻媒体和战略传播机构营造出来的教学环境中的实用性实操培训（practical hands-on training）。资深的编辑、记者和其他一些高管们说，密苏里新闻学院的毕业生是那些为工作做好了充分准备，并且

① 王文丽. 人民大学接力传媒调研报告. 青年记者，2007(2)：77-78.

② 高澜. 新闻出版职业教育校企合作的现状与思考. 课程教育研究，2013(8)：77-78.

③ 汪海伦. 解析汕头大学长江新闻与传播学院人才培养路径. 人民网—传媒频道，2011-06-01，http://media.people.com.cn/GB/22114/44110/213990/14799571.html.

从入职的第一天就为新闻机构做出贡献的优异生。"[①]在实践体系方面，汕大强调了加大"校内实践、校外实习、新闻实战"三个实践教学环节所占的比例，并在香港、北京、上海、广州等地的不少新闻媒体都设有学生实习基地。

（三）"双向交流"模式

这是新闻院系和新闻机构在人力、物力、财力上相互渗透，资源和利益共享，开展多方位、多维度的深层次合作模式，是新闻院系多元、融合、动态、持续地与新闻机构协同创新的合作模式。

"互动"是实施"双向交流"模式的主要形式。通过交流与互动有效地解决理论与实践"脱节"的问题，让教学人员和媒体工作者产生知识与功能的互补，共同从理论抽象和基础学术层面来深入研究实践中遇到的问题。[②] 一方面新闻院系针对媒体的发展需要设定科研攻关和研究方向，并将研究成果转化为新闻业务操作和经营决策，提高整体效益。另一方面新闻机构向学校投资，建立利益共享关系，实现学界、业界在传媒人才培训、师资队伍建设、科研方面的深度合作。

"双向交流"模式的实施形式主要有以下三种。

(1)传媒人才培训互动合作。新闻院系利用学科、科研、教学资源，为媒体从业者提供进修交流的稳定平台。媒体也可通过设立专项奖学金等方式，激励在校学生，以达到既支持教育事业又扩大自身影响力的目的。

(2)师资队伍建设互动合作。构建学校聘请媒体资深人士担任兼职教师，新闻机构接受学校骨干教师去媒体挂职见习的互动模式。如与密苏里大学新闻学院有着良好合作关系的汕头大学长江新闻与传播学院聘请了诸多业界精英以加强师资队伍建设。如聘请的 Peter Herford 教授曾任哥伦比亚广播公司（CBS）新闻副总裁，也是世界著名电视新闻栏目《60 分钟》的前制作人。[③]

(3)科学研究互动合作。学界与业界整合资源，集中力量针对现存问题展开联合科研攻关，形成双方受惠的研究成果。

这一模式有利于转变高校新闻教育创新方式；有利于提升新闻专业人才、学科、科研三位一体的创新能力，增强创新资源和成果的开放、共享，提高使用效益；有利于充分释放人才、资本、信息、技术等创新要素的活力，推进高校新闻院

---

① A Brief History. 密苏里大学新闻学院历史简介，2013-06-27. http://journalism.missouri.edu/about/history.html.

② 黄芝晓. 回归本源与时俱进——关于共建新闻学院的理论思考. 新闻大学，2002(1)：7-11.

③ 杨媛. 只做不说的目标打造中国"密苏里". 羊城晚报，2007-05-29.

系与新闻传播媒体的深度合作;也有利于推动业界从理论层面提高新闻实践工作水平。

二、新闻教育校企合作存在的问题分析

近几年来,我国高校越来越清晰地认识到新闻学科的社会性、实践性、职业性的学科本质。新闻院系也积极地通过与媒体的合作加强办学基础、强化实践教学、提高师资队伍素质,致力提升人才培养质量。但是,目前我国新闻院系与媒体的合作在合作层次、合作深度、合作内涵上存在普遍的局限性。主要表现为:在合作层次上停留于"媒体配合"的较浅层次合作模式;在合作内容上,大多停留在共建实习基地等方面,而在人才培养过程中所涉及的课程体系共建、师资队伍共建、科学研究合作等内容较少;在合作态度上,新闻院系往往较为主动,而新闻机构往往处于被动状态,没有真正融入办学主体。那么,中国新闻教育校企合作的症结在哪里?

(一)校企合作的政府引导机制尚不健全

我国新闻教育校企合作的体系中,政府引导地位尚未确立,政府出面统筹协调校企合作、联合办学、制定人才规划的作用尚不到位。由于政府尚未建立专门的机构负责设计、监督、考核和推动校企合作,缺乏可操作的总体设计,导致校企合作的协调机制乏力;由于缺乏国家层面的财政预算投入,导致校企合作的运行机制不足;由于校企合作法律法规保障体系尚未形成,在国家的总体的政策法规框架下,没有具体化、细则化的内容明确各方职责,同时缺乏执法监督,导致校企合作的保障机制疲软;由于国家对于企业参与校企合作缺乏合理补偿机制,对参与校企合作的企业税收减免制度不完善执行不力,导致校企合作的激励机制缺乏。[①] 在新闻教育校企合作中,政府不能有效引导新闻机构参与新闻教育,是制约新闻教育校企合作发展的重要因素。

(二)新闻机构参与校企合作的动力缺乏

能否有效实现盈利是企业参与校企合作的动力源。虽然与新闻院系合作可以提高新闻机构的声誉,并为新闻机构储备后备人才,但在合作过程中,新闻机构需要投入人力、财力、物力,还须承担学生实习的安全风险。所以,新闻机构主动参与校企合作的动力不足。这一困境主要是由现行教育管理体制的束缚、媒

---

① 张翠玲,孔巧丽.职业教育校企合作政策的国际比较及理性检讨.中国职业技术教育,2012(24):92-94.

体自身认识的不足，双方缺乏互惠互利机制等因素造成的。

（三）新闻院系服务新闻机构的能力欠缺

在人才培养方面，一些新闻院校还没有从传统的教学体系中根本转变，在专业设置、课程体系建设上缺乏与新闻业界客观实际需求的必要论证，课程之间缺乏有机联系；在师资建设方面，高校对新闻教师普遍要求高学历，但对新闻实践经历几乎没有要求，致使教师普遍缺乏新闻实践经验，从而导致新闻院系的一些教师偏重理论研究，而忽视或没有能力重视其实践价值，从而使得新闻教学远离新闻实践，这样的新闻教育难以培养出媒体需要的高素质新闻人才。同时，在科研方面，很多研究成果远离新闻业界实际，新闻理论落后于实践，不能真正起到理论指导实践的作用。这一切使得新闻机构对新闻院系丧失信任，缺乏合作热情。

三、建立新闻教育校企合作机制对策建议

新闻院系与新闻机构能否实现长期紧密的合作，在于双方是否能够找到激励持续合作的利益平衡点，而合作能否切实实施并产生最大效益，则取决于合作的管理体制和运行机制的建立，通过制度的建设与执行来保障新闻教育校企合作科学有效运行。

我国现行的高校管理体系中尚未建立完善的新闻院系与新闻机构合作指导准则和管理评价条例，而只有建立新闻院系与新闻机构人才共育、过程共管、成果共享、责任共担的紧密型合作办学机制，才能保证新闻教育校企合作的有效运行。

（一）管理机制联动化，以保证新闻院系与新闻机构的深度合作

新闻教育校企合作不能仅仅依靠新闻院系和新闻机构，还需要借助政府的力量，以实现政府、学校、企业三方联动。

我国应借鉴国外的先进经验，尽快加强政府在校企合作中的顶层设计。例如在国家和各省分别设立专门的机构，负责对校企合作进行总体设计、监督、推动和考核，强化协调机制；建立和完善以政府财政为主导，企业投入为主体的校企合作经费投入体系，强化运行机制；以国家立法和地方法规形式明确政府、高校、企业在校企合作中的责任和权利，强化保障机制；制定企业参与校企合作的优惠政策或税收减免政策，强化激励机制；构建校企合作的评价体系，强化评价机制。① 而对于新闻教育校企合作，政府的职责主要集中在国家各级新闻宣传

① 高澜. 新闻出版职业教育校企合作的现状与思考. 课程教育研究，2013(8)：77-78.

部门激励、指导、支持、帮助开展新闻院系与新闻机构的深度合作。政府应该制定相关新闻教育校企合作政策法规，完善相关法律体系；保证自身对新闻教育的投资，或者通过制度建设来保证新闻机构或其他企业对新闻教育的投入。

作为企业的媒体机构，其重要职责则在于在校企合作中与新闻院系共同制定人才培养目标、构建课程体系、建设实训基地、建设师资队伍、提供人才需求信息与要求，确保新闻教育的实用性和现实性。

在三方联动机制中，学校处于主导地位，在合作过程中，新闻院系与政府宣传部门如何互动？形成怎样的合作主体多元关系？如何让新闻机构参与新闻人才培养并成为其工作的构成部分和分内之事，都需要新闻院系建立合理并具有操作性的合作管理体制、运行机制、合作模式等。现阶段，新闻机构主动参与或承担新闻教育的社会责任无论从理念还是认识上都远未建立起来，在相当长的一段时期内，新闻教育的人才培养还需要以学校为主体，需要新闻院校作为校企合作的发起者、组织者、策划者的角色去主动推动，加强宏观体制机制框架设计，明确新闻机构参与新闻教育的职责与权利。

（二）管理机制一体化，以获得多元的社会资源和支持

要实现新闻教育校企合作中政府、学校、企业“三方联动”，就需要在管理上实行一体化管理，通过制度的建设与执行进行保障。建立运行保障的管理办法和人才培养质量监督和评价管理办法。如建立“联合办学协议”“联合共建实践基地计划”“联合科研开发管理办法”“实践教学双导师制办法”“兼职教师管理办法”等。

2002年，复旦大学就和上海市委宣传部签订协议共建新闻学院，开创了新闻院系与政府部门合作的先河，这一得天独厚的合作资源，使复旦大学新闻学院进一步走向社会，获得了广泛、丰富的社会资源与支持。同时北大方正也为新闻学院提供了最新软件和技术支持，保证了学院的学生能接触到最新的媒介技术，保证了新闻学院的硬件建设，也使新闻学院获得丰富的社会资源。新闻学院的学生可以便捷地进入上海的新闻媒体实习，上海媒体提供设备供新闻学院学生进行办刊物、制作电视节目的实践；新闻学院的教师定期到媒体实践；资深记者编辑定期到新闻学院任教。这一切较好地保证了新闻教学与媒介前沿的紧密联系，使新闻教学更有方向目标，也更有针对性。① 复旦大学“共建”模式的成功，给新闻教育校企合作的启示是必须建立政府引导、媒体参与、学校主导的“三方

① 魏少华．密苏里模式与我国新闻学实践教学体系．编辑学刊，2013(1)：95-99.

联动”合作体制，通过“院务委员会制度”探行“三方联动”的运行机制，推进政府、企业、学院的深度合作；在管理运行上实现校企的利益交叉与共享，形成多元化的资金来源，实现投资主体多元化。

（三）管理机制法律化，使合作有章可循，有法可依

新闻院系在校企合作过程中，要建立健全学校主导、政府引导、媒体参与的三方联动的办学机制，必须在投入体制、管理运行机制上明确政府、企业、学校各方的责、权、利，并以法律的形式确定合作内容。如通过具有法律效应的合作协议，使合作各方的责任、权利、义务得到保障与确立，使得管理有章可循，有法可依。

（四）健全成果共享机制，维系合作良性运转

在校企合作中，要建立互惠共赢的共享机制，才能够激发企业参与校企合作的内在动力。新闻院系和新闻机构是两种不同的教育环境和教育资源，双方合作就是要整合不同资源，促使双方资源、技术、管理与文化互动、渗透，为社会培养高素质、高技能的应用型新闻人才。

建立健全新闻院系和新闻机构在人才培养、资源共享、职工培训、科学研究等领域的合作成果共享机制。通过共建专业、共同开发课程、共建共享实训基地、共享校企人才资源、共同开展应用研究等合作，一方面使新闻院系在分享新闻机构资源中，实现人才培养、科学研究、社会服务职能；另一方面也使新闻机构在分享新闻院系资源优势、实现其经济效益的同时，参与新闻院系的改革与发展。

利益是推动校企合作发展的动力和维系校企合作良性运转的纽带。因此，建立新闻院系、新闻机构双赢的利益驱动机制意义重大。

（五）健全评价机制，推进合作科学运行

评价机制的建立，有利于校企合作健康有效地运行。健全合作的创新教学质量监控体系与评价机制，其基础是如何让新闻机构参与课程标准的制定和质量监控，丰富评价体系，合作双方进行教育教学质量评估和考核，对教育教学活动的环节进行督察和评价，以“学”“术”并重的原则，将课程评价标准、教师教学评价标准、学生学业评价标准、科研评价标准与教育标准、媒体标准和行业标准统一起来，根据综合评价结果由合作双方给予相应奖励或处罚，以推进合作科学运行。

总之，通过新闻教育校企合作模式及存在的问题分析，结合我国现状，只有建立新闻教育校企合作的国家制度，建立健全校企合作的相关机制，形成校企合作共同体，才能真正推进新闻教育校企合作的建立和发展，才能对科研创新、人才培养以及形成产学研用融合发展起到积极的作用。

“互联网＋”时代的法学专业课程教学探索

——基于混合式教学的“国际私法学”课程互动学习机制的实践与思考

梅　宏*

摘　要：法学专业课程混合式教学互动学习机制，合理调整课堂内外的学习时间，融合传统学习方式的优势与 E-Learning 的优势，依托法学专业课程线上线下资源构建了一个融情景、交互、体验、反思为一体的深度学习场域，将“面授教学”与“网络教学”有机结合，既发挥教师引导、启发、监控教学过程的主导作用，又充分体现学生作为学习过程主体的主动性、积极性与创造性，唤醒学生学习的主体意识，实现法学专业课程教学方式方法的创新。

关键词：混合式教学互动学习机制；法学专业课程教学；法律话剧

以互联网为代表的信息技术迅速发展，推动人类进入了信息时代。在新的时代背景下，如何实现大学教学内容、方法、载体的创新与发展？

法学专业课程教学兼具理论性与实践性，要求学生及时了解法治发展中的新立法、新案件、新观点、新思路，故而其与互联网信息摄取手段密切关联。

“互联网＋”法学专业课程教学，会产生什么样的教学创新？这是时代提出的问题，也是本文作者在实践中不断思考、总结的问题。

一、“国际私法学”混合式教学改革的背景

法学专业课程面授教学课时有限，学生众多，保证教学进度与加强教学互动之间存在时间紧、空间少、学生多等现实困难。

法学专业课程的理论教学与实践演练，如何并重，还是应有所侧重？

---

* 梅宏，中国海洋大学法政学院法律系副教授，主要研究领域为环境法学、国际私法学。基金项目：山东省专业学位研究生教学案例库立项建设项目“《国际私法学》研究生教学案例库建设——以发展涉外法律服务业为目标”（SDYAL17012），中国海洋大学研究生教学案例库建设项目“法律硕士《国际私法学》研究生教学案例库建设”（HDYA17013），中国海洋大学重点教材建设基金项目（2016ZDJC07）。

上述问题在难度较大、综合性强的法学专业核心课程“国际私法学”教学中反映得尤为突出。这门课程位于法学专业课程体系的“金字塔”顶部，需要“民法学”“民事诉讼法学”“商法学”“仲裁法学”“国际法学”等多门专业课程作为学习的基础，通常在法学专业高年级开设，课堂授课时间有限，新旧知识点的联络较多，需要学生在课外学习，而线上教学无疑成为这门课程教学的有益补充。

笔者于 2015 年 9 月以“国际私法学”为试点课程，在历时两年多的混合式教学改革实践中，力求实现信息技术与大学教学的融合，并主创法律话剧，将抽象、深奥的国际私法知识寓于生动、形象的剧作与学生演绎之中，锐意编创扫码可视电子资源的交互式教材，实现法学专业课程教学内容、方法、载体的全面创新与发展。

在“国际私法学”教学中积累的经验、心得，笔者先后应用于 2015 年、2017 年秋季学期的“非诉讼纠纷解决机制”课程教学和 2017 年春季学期的“环境法学”课程教学中，收效良好。由此，本文对法学专业课程教学中的混合式教学互动学习机制进行总结，与大家共飨。

二、混合式教学互动学习机制的内涵

在“互联网＋”时代，混合式教学互动学习机制旨在实现信息技术与大学教学的深度融合，提高教学质量，改善教学成果，培育富有创新精神和终身学习能力的高素质人才。

其核心理念是翻转课堂，依托线上线下资源构建一个将情景、交互、体验、反思融为一体的深度学习场域，重在“线上导学”与“线下教学”的有机融合，让学生由原来的被动、机械式学习，转为主动、探究式学习，变“教师教为中心”为“学生学为中心”，进而唤醒学生学习的主体意识，实现对法学专业课程知识体系、技能训练的全面认知与体验。

“混合式教学”既不是把课堂迁移到网上，也不是“线上”与“线下”的机械相加，而是通过课前导学、线上自主学习、课堂重点难点讲解、线上线下深度讨论、过程性考核等方式，将以“教师教授为主”的模式转向以“学生自主学习为主”的模式，提高学生自主学习的能力和兴趣，锻炼学生独立思考能力，养成良好的学习习惯，提高学习效果。通过“线上导学”与“线下教学”相融合，让教师由“演员”变“导演”，学生成为教学过程中的主动探索者、实践者和反馈者。

三、混合式教学互动学习机制在“国际私法学”课程中的创新性实践

（一）构建课程网站线上教学平台

2015 年至 2017 年，笔者已建成以法学专业核心课程“国际私法学”为教学实践先导，“非诉讼纠纷解决机制”“环境法学”等多门课程为推广实践的法学专业课程混合式教学网站。

在已建成的法学专业课程混合式教学网站上，笔者以真实、生动的案例、时评作为教学案例库的导引，辅之以相关的课前导读，简单的知识点通过线上课件、视频让学生自学，难度大的知识点由教师在课堂上深入讲解，并安排小组讨论、模拟庭审等线下实训活动，教师编写配套使用的、可以扫码阅读电子课件的交互式电子教材，日益积累教学资料，完备教学体系，提升教学品质。

课前，学生通过点击阅读线上导学课件、回答预习问题、参与实训准备等方式进行线上学习；在学生对将要进行的教学活动有认知的情况下，线下教学进度不但能够顺畅进行，还可以激发学生创新性思考、学术批判性反思以及知识体系的融会贯通。

课后，导师将预留问题发布在教学平台（图 1、图 2），学生在 BBS 论坛总结反馈，发表学习心得，师生在论坛中就问题展开讨论，互动共进，教学相长。教师在开课之初公布过程性考核规则，网站系统自动统计学生在线时长和作业展评积分，有助于公平、高效地核算课程总评成绩。

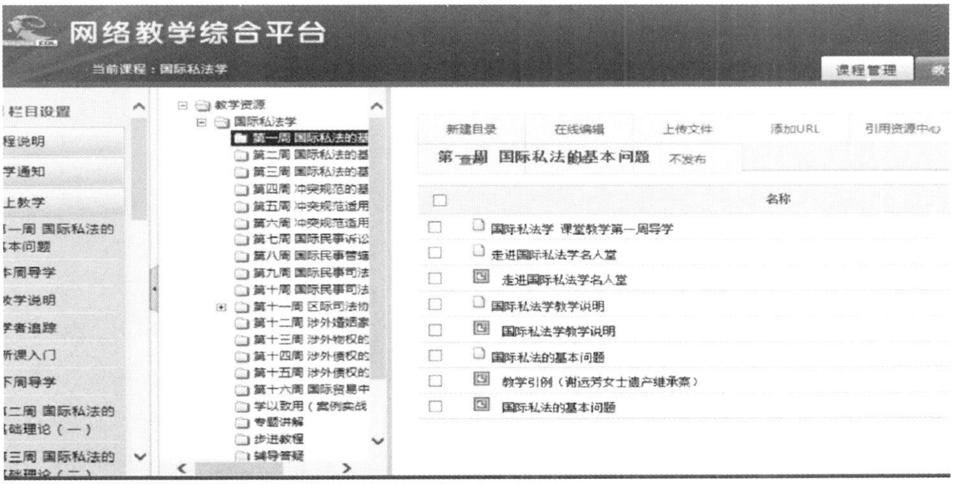

图 1　中国海洋大学“国际私法学”课程混合式教学网站的线上教学示例

图 2 中国海洋大学“国际私法学”课程混合式教学网站的原创教学资源示例

(二)法律话剧编排和演出

笔者主创法律话剧的剧本,将法学理论和司法实践相结合,使抽象、深奥的国际私法理论寓于生动、形象的学生演绎之中,先后有 430 位法学专业本科生、国际法学硕士生现场观摩,并受到中国国际私法学会专家、学者及司法实务工作者的认可与好评。

国际私法教学话剧《遗产归谁》已由中国海洋大学三届本科生课外排演,在国际私法学课堂上或中国海洋大学第十届研究生法律文化节闭幕式上展演。2017 年 11 月 4 日,在上海举办的第四届中国国际私法教学研讨会上,笔者独立原创的国际私法剧本《遗产归谁》受到承办方上海政法学院重视,该校法学专业本科生、国际法学专业研究生 20 余人在这一全国学术会议闭幕式上展演此剧,这一教学创新受到与会专家、学者、律师的一致好评。

法律剧的案例和剧本在学期初由任课教师发布在网络教学平台上,部分学生参与导演、演员工作,教师全程指导,全体选课学生观摩、评议。这一新颖的教学形式在上述两所高校实践后,已受到上海政法学院国际法学院、山东科技大学文法学院、福州大学法学院的关注、借鉴。

(三)扫码可视电子资源的交互式教材

电子交互式教材使用二维码对简单传统的纸面教材进行资源扩充,体现了“互联网+教材”的理念,是混合式教学的实践成果,也是进一步推行法学专业课程混合式教学互动学习机制的便利帮助。笔者主编的这一教材已与科学出版社正式签订出版合同,即将公开出版。

四、混合式教学互动学习机制的推广应用及其效果

笔者主创的《国际私法学》混合式教学课程网站和《国际私法学》研究生教学案例库建设日益完备,在教学实践中收效良好。山东科技大学文法学院法学专业单娟老师不仅在《国际私法学》课程教学中借鉴了“中国海洋大学法学专业课程混合式教学互动学习机制”,还参与了笔者主持的“‘国际私法学’研究生教学案例库建设——以发展涉外法律服务业为目标”教学项目建设。从所借鉴的中国海洋大学法学专业课程混合式教学互动学习机制和教学案例库建设中,山东科技大学文法学院有 200 人获益。[①]

① 《关于借鉴“中国海洋大学法学专业课程混合式教学互动学习机制”的证明》,由山东科技大学文法学院、教务处和学校签章、出具。

以习近平总书记系列重要讲话
充实“马克思主义基本原理概论”课程的教学内容

陆信礼*

摘　要：习近平总书记非常重视马克思主义基本原理的学习和运用。党的十八大以来，在他主持的中央政治局集体学习中，有三次关于马克思主义基本原理和方法论学习的，分别是历史唯物主义基本原理和方法论、辩证唯物主义基本原理和方法论、马克思主义政治经济学基本原理和方法论。不但如此，他还特别注重用马克思主义基本原理指导工作，这都体现在他的系列重要讲话中。这些内容将对“马克思主义基本原理概论”课程教学的丰富和完善具有重要的作用。

关键词：习近平总书记系列重要讲话；“马克思主义基本原理概论”课程；教学内容

习近平总书记高度重视高校思想政治理论课教学工作。党的十八大以来，他不仅就办好高校思想政治理论课问题作出批示，还在高校思想政治工作会议上发表专门讲话，对开展好高校思想政治理论课教学具有重要的指导性意义。习总书记的系列重要讲话，不仅有对做好高校思想政治理论课的方法指引，而且包含大量可供充实高校思想政治理论课教学的丰富内容。本文试图总结的，就是习近平总书记系列重要讲话中可支持“马克思主义基本原理概论”课程教学的思想资源。

一、可资马克思主义哲学教学的思想资源

习近平总书记非常重视马克思主义哲学这一科学的世界观和方法论的理论

* 陆信礼，中国海洋大学马克思主义学院副教授，主要从事马克思主义中国化研究。本文系中国海洋大学2017年度本科教育教学研究项目“哲学通识教育课程团队建设”阶段性成果。

指导意义。在他主持的中央政治局集体学习中，有两次是关于马克思主义哲学的：一次是2013年12月4日的第11次集体学习，内容是历史唯物主义基本原理和方法论；一次是2015年1月23日，内容是辩证唯物主义基本原理和方法论。他本人就是运用马克思主义哲学指导工作的模范。正像有学者指出的，习总书记的系列重要讲话“自始至终贯穿着一条脉系相承的主线”，那就是“马克思主义哲学世界观和方法论，也就是我们通常说的辩证唯物主义和历史唯物主义”①。

（一）关于辩证唯物主义基本原理的运用

在辩证唯物主义基本原理的思想体系中，主要包含了（辩证）唯物论、（唯物）辩证法、（辩证唯物论的）认识论三方面的内容。这些方面的内容在习近平总书记的系列重要讲话中都有突出表现。

就唯物论的内容来说，习总书记主要运用世界的物质统一性原理来认识和分析问题，坚持从中国的客观实际出发制定政策，使主观世界符合客观实际。就当代中国而言，最大实际就是社会主义初级阶段，这是我们规划未来、制定政策、推进事业的客观基点。因此，“我们推进改革发展、制定方针政策，都要牢牢立足社会主义初级阶段这个最大实际，都要充分体现这个基本国情的必然要求，坚持一切从这个基本国情出发。任何超越现实、超越阶段而急于求成的倾向都要努力避免，任何落后于实际、无视深刻变化着的客观事实而因循守旧、故步自封的观念和做法都要坚决纠正。”②

就辩证法的内容来说，习总书记在党的十八大以后的治国理政中运用得更为纯熟。运用辩证思维开展工作，基本要求是“坚持发展地而不是静止地、全面地而不是片面地、系统地而不是零散地、普遍联系地而不是单一孤立地观察事物”③。发展的观点、全面的观点、系统的观点、普遍联系的观点在习近平总书记的系列重要讲话中都有突出表现。笔者以为，以上观点皆可概括为“全面的观点”。“四个全面”的发展布局可以说是最突出的体现。就像习总书记强调的：“我们提出要协调推进全面建成小康社会、全面深化改革、全面依法治国、全面从

① 王伟光. 科学运用马克思主义世界观和方法论的典范//何毅亭. 学习《干在实处 走在前列》. 北京：中共中央党校出版社，2014：5-6.

② 习近平. 习近平谈治国理政. 北京：外文出版社，2014：26.

③ 新华网. 习近平在中共中央政治局第二十次集体学习时强调：坚持运用辩证唯物主义世界观方法论 提高解决我国改革发展基本问题本领. http://news.xinhuanet.com/politics/2015-01/24/c_1114116751.htm.

严治党，是当前党和国家事业发展中必须解决好的主要矛盾。我们既要注重总体谋划，又要注重牵住‘牛鼻子’。在任何工作中，我们既要讲两点论，又要讲重点论，没有主次，不加区别，眉毛胡子一把抓，是做不好工作的。”①

就认识论的内容来说，习近平提出要学习掌握认识和实践辩证关系的原理，坚持实践第一的观点，不断推进实践基础上的理论创新。他提出要加强调查研究，准确把握客观实际，真正掌握规律。在讲到改革开放时，他指出：“改革开放是前无古人的事业，必须坚持正确的方法论，在不断实践探索中推进。摸着石头过河，是富有中国特色、符合中国国情的改革方法。摸着石头过河就是摸规律，从实践中获得真知。”②这体现的就是实践第一的观点。

（二）关于历史唯物主义基本原理的运用

历史唯物主义是马克思一生的两个伟大发现之一。它的基本内容就是恩格斯在马克思墓前讲话中所说的：马克思发现了人类历史的发展规律。其主要包含两个原理：一是社会存在决定社会意识，二是人民群众是历史的创造者。对于这两个原理，习近平总书记在他的系列重要讲话中都有颇多运用。

社会存在决定社会意识的基本原理可以说是辩证唯物主义基本原理中物质决定意识基本原理在社会历史领域中的体现。习近平指出：“我们党现阶段提出和实施的理论和路线方针政策，之所以正确，就是因为它们都是以我国现时代的社会存在为基础的。党的十八届三中全会对我国全面深化改革作出了总体部署，是从我国现在的社会存在出发的，即从我国现在的社会物质条件的总和出发的，也就是从我国基本国情和发展要求出发的。”③

人民群众是历史的创造者的基本原理也是习总书记始终坚持的。他在十八届中央政治局常委同中外记者见面时的讲话中说：“人民是历史的创造者，群众是真正的英雄。人民群众是我们力量的源泉。”“人民对美好生活的向往，就是我们的目标。”“责任重于泰山，事业任重道远。我们一定要始终与人民心心相印、与人民同甘共苦、与人民团结奋斗。”④他在纪念毛泽东同志诞辰 120 周年座谈

---

① 新华网. 习近平在中共中央政治局第二十次集体学习时强调：坚持运用辩证唯物主义世界观方法论 提高解决我国改革发展基本问题本领. http://news.xinhuanet.com/politics/2015-01/24/c_1114116751.htm.

② 习近平. 习近平谈治国理政. 北京：外文出版社，2014：67-68.

③ 新华网. 习近平在中共中央政治局第十一次集体学习时强调：推动全党学习和掌握历史唯物主义 更好认识规律更加能动地推进工作. http://news.xinhuanet.com/politics/2013-12/04/c_118421164.htm.

④ 习近平. 习近平谈治国理政. 北京：外文出版社，2014：4-5.

会上的讲话中指出："群众路线本质上体现的是马克思主义关于人民群众是历史的创造者这一基本原理。只有坚持这一基本原理，我们才能把握历史前进的基本规律。只有按历史规律办事，我们才能无往而不胜。历史反复证明，人民群众是历史发展和社会进步的主体力量。"①这些都是他坚持人民群众是历史创造者基本原理的体现。

二、可资马克思主义政治经济学教学的思想资源

马克思主义政治经济学是马克思主义理论体系的重要组成部分。马克思主义的创始人马克思、恩格斯以及马克思主义的重要发展者列宁和中国共产党人在不同的历史时期，立足具体实际，在学习、研究和运用马克思主义政治经济学的基本原理的过程中，提出了颇多观点和理论成果，实现了马克思主义政治经济学的创造性发展。习近平总书记作为党的新一代领导核心，也非常重视马克思主义政治经济学的学习、研究和运用。在他 2015 年 11 月 24 日主持的中共中央政治局第 28 次集体学习中，学习的内容就是马克思主义政治经济学基本原理和方法论。

习近平认为，马克思主义政治经济学是我们坚持和发展马克思主义的必修课。学习马克思主义政治经济学，目的是为了更好指导我国经济发展实践，因此既要坚持其基本原理和方法论，同时更要同我国经济发展实际相结合，不断形成新的理论成果。在此方面，以习近平为核心的党中央取得的成果是极其丰硕的，比如关于树立和落实创新、协调、绿色、开放、共享的发展理念的理论，关于发展社会主义市场经济、使市场在资源配置中起决定性作用和更好发挥政府作用的理论，关于我国经济发展进入新常态的理论，关于推动新型工业化、信息化、城镇化、农业现代化相互协调的理论，关于用好国际国内两个市场、两种资源的理论，关于促进社会公平正义、逐步实现全体人民共同富裕的理论，等等。这些理论成果，是适应当代中国国情和时代特点的政治经济学，不仅有力指导了我国经济发展实践，而且开拓了马克思主义政治经济学新境界。

习近平总书记关于马克思主义政治经济学的论述中的一些内容，对于丰富"马克思主义基本原理概论"课程的政治经济学部分的教学具有重要的借鉴意义。在坚持和完善社会主义基本经济制度方面，他主张要毫不动摇巩固和发展公有制经济，毫不动摇鼓励、支持、引导非公有制经济发展，以推动各种所有制取

① 习近平. 习近平谈治国理政. 北京：外文出版社，2014：27.

长补短、相互促进、共同发展，但他同时又提出不能动摇公有制主体地位和国有经济主导作用，这不仅是我国各族人民共享发展成果的制度性保证，也是巩固党的执政地位、坚持我国社会主义制度的重要保证。在坚持和完善社会主义基本分配制度方面，他提出要努力推动居民收入增长和经济增长同步、劳动报酬提高和劳动生产率提高同步，不断健全体制机制和具体政策，调整国民收入分配格局，持续增加城乡居民收入，不断缩小收入差距。

在习总书记关于社会主义经济建设的论述中，最有特色的内容当属供给侧结构性改革的部分。在他看来，当前和今后一个时期，我国经济发展面临的问题，供给和需求两侧都有，其中主要的方面在供给侧。大量事实表明，中国不是需求不足，而是需求变了，供给的产品没有变，质量和服务都跟不上，有效供给能力不足带来大量“需求外溢”，消费能力严重外流。要解决这个问题，必须从供给侧发力，把改善供给侧结构作为主攻方向，实现由低水平供需平衡向高水平供需平衡提升。这项改革的目的，就是通过一系列政策举措，去产能、去库存、去杠杆、降成本、补短板，解决我国经济供给侧方面存在的问题，为经济持续健康发展提供不断的内生动力。这方面内容可以作为说明“马克思主义基本原理概论”中价值规律的最为鲜活的理论资源。

三、可资科学社会主义教学的思想资源

科学社会主义是马克思主义理论体系的核心和理论归结。就内容来说，它包括社会主义原理和共产主义原理两部分。从习总书记的系列重要讲话看，有些是可以补充到相关内容的教学中。

（一）关于社会主义

从“马克思主义基本原理概论”课程的教材看，讲社会主义需要讲社会主义发展史、科学社会主义的基本原则、社会主义发展规律的探索三部分。习总书记的系列重要讲话对此三部分都有相关论述。

就社会主义发展史来说，在2013年1月5日，习近平总书记在新进中央委员会的委员、候补委员学习贯彻党的十八大精神研讨班上的讲话中对社会主义从空想到科学、从理论到实践、从一国实践到多国发展的500年历史进行了总结，其中分6个时间段，分别是：空想社会主义产生和发展，马克思、恩格斯创立科学社会主义理论体系，列宁领导十月革命胜利并实践社会主义，苏联模式逐步形成，新中国成立后我们党对社会主义的探索和实践，我们党做出进行改革开放的历史性决策、开创和发展中国特色社会主义。

就科学社会主义的基本原则来说，习总书记认为必须要牢固地坚持这些原则，指出："中国特色社会主义是社会主义而不是其他什么主义，科学社会主义基本原则不能丢，丢了就不是社会主义。"①还提出："近些年来，国内外有些舆论提出中国现在搞的究竟还是不是社会主义的疑问，有人说是'资本社会主义'，还有人干脆说是'国家资本主义''新官僚资本主义'。这些都是完全错误的。"②他在领导推进全面深化改革的实践中，始终强调要坚定社会主义的方向。

关于社会主义发展规律的探索方面，习总书记特别强调坚持走适合自己国情的发展道路——中国特色社会主义的发展道路。他指出："道路问题是关系党的事业兴衰成败第一位的问题，道路就是党的生命。中国特色社会主义，是科学社会主义理论逻辑和这个社会发展历史逻辑的辩证统一。"③另外，就全党同志来说，还需要"毫不动摇坚持和发展中国特色社会主义"。

（二）关于共产主义

共产主义是共产党人的远大理想。在现实生活中，有不少人对此观念感到淡漠，甚至认为是虚无缥缈的空想。习总书记在讲话中对此有所回应，他提出："共产主义决不是'土豆烧牛肉'那么简单，不可能唾手可得、一蹴而就，但我们不能因为实现共产主义理想是一个漫长的过程，就认为那是虚无缥缈的海市蜃楼，就不去做一个忠诚的共产党员。革命理想高于天。实现共产主义是我们中国共产党人的最高理想，而这个最高理想是需要一代又一代人接力奋斗的。如果大家都觉得这是看不见摸不着的东西，没有必要为之奋斗和牺牲，那共产主义就真的永远实现不了了。我们现在坚持和发展中国特色社会主义，就是向着最高理想所进行的实实在在的努力。"④在这段论述中，习总书记既指出了实现共产主义的艰巨性又指出其现实性，有力地回应了共产主义虚无缥缈论的错误观点。

不难看出，习总书记的系列重要讲话涉及马克思主义基本原理的内容有很多。这需要广大从事高校"马克思主义基本原理概论"课程教学的教师认真学习，并进行系统的总结，以期在教学实践中加以运用，切实提高教学效果。

---

① 习近平. 习近平谈治国理政. 北京：外文出版社，2014：22.

② 中共中央宣传部. 习近平总书记系列重要讲话读本（2016 年版）. 北京：学习出版社，人民出版社，2016：29.

③ 习近平. 习近平谈治国理政. 北京：外文出版社，2014：21.

④ 习近平. 做焦裕禄式的县委书记. 北京：中央文献出版社，2015：5.

“毛泽东思想和中国特色社会主义理论体系概论”课程教学团队建设的思考

李艳霞*

摘　要:教学团队建设是落实教育部“本科教育质量工程”建设的有效途径。“毛泽东思想和中国特色社会主义理论体系概论”课程因其在我国高校思想政治理论课中的核心地位,其团队建设尤其受到关注。然而概论课程教学团队建设也存在一定难度,需要着重从转变和创新教学理念、加强团队制度建设、创新教学模式、改革教学方法、教研互动互促等方面着手加强建设。

关键词:“毛泽东思想和中国特色社会主义理论体系概论”课程;教学团队;建设

教学团队是指一些专业互补、(年龄、学历、职称)结构合理、承担共同教学任务的教师,通过相互间的沟通与协作,着眼于推动教学改革、提高教学质量、完成共同教学目标的教学组织共同体。这一教学组织共同体具有如下基本特征:第一,以教学名师作为带头人,这是团队建设的核心;第二,具有严格的组织管理制度,这也是教学团队与教研室、课题组、学术团队等最根本的区别;第三,具有明确的教学改革和教学研究的目标;第四,组织目的是通过推动教学改革、提高教学质量、完成共同的教学目标;第五,教学团队的主体是一线教师,团队成员不仅专业互补,而且在年龄、学历、职称等方面的结构合理;第六,团队成员具有良好的沟通能力与协作精神。

国内关于教学团队的研究起步较晚,尚处于初始阶段。我国教学团队的雏形可以被认为是高校中的教研室,教研室成员因为共同上一门课程,因而有保持一个教学进度和相互交流的必要,但教师间的联系较为松散,还谈不上积极的和自觉的合作。20 世纪 90 年代开始,一些高校开始自发地建立教学团队,从事合作性和互补性的教学与研究。我国对教学团队的重视始于 2007 年,教育部、财

---

* 李艳霞,中国海洋大学马克思主义学院中国化马克思主义教研部主任、教授,主要研究领域为马克思主义理论。此文由中国海洋大学公共基础课程建设项目(2011GG03)资助。

政部颁布《关于实施高等学校本科教学质量与教学改革工程(简称“质量工程”)的意见》(教高〔2007〕1 号)、《教育部关于进一步深化本科教学改革提高教学质量的若干意见》(教高〔2007〕2 号)等文件,提出要进行“本科教育质量工程”建设,“加强本科教学团队建设,重点遴选和建设一批教学质量高、结构合理的教学团队,建立有效的团队合作机制,推动教学内容与教学方法的改革和研究,促进教学研讨和教学经验交流,开发教学资源,推进教学工作的老中青相结合”。在上述思想的指导下,2007 年至 2010 年,教育部共遴选出北京大学姜伯驹“基础数学教学团队”、清华大学艾四林“思想政治课教学团队”等 1013 支国家级教学团队。教育部的高度重视不仅对我国高校教学团队的建设起到了一定的推动作用,而且在我国也掀起了一场关于教学团队的理论研究热潮。

在这 1013 支教学团队中包括安徽师范大学、福建农林大学、西藏民族学院 3 支“毛泽东思想和中国特色社会主义理论体系概论”课(以下简称“概论”课)教学团队,占比约为 0.3%,仅为“中国近现代史纲要”的 6 个国家级教学团队的一半。这种状况与“概论”课在整个高校思想政治理论课中的核心地位是不相称的。这一方面说明构建“概论”课教学团队存在一定的难度,另一方面也说明“概论”课教学团队建设有待于进一步加强。

一、“毛泽东思想和中国特色社会主义理论体系概论”课程教学团队建设的重要意义

1. 有利于落实教育部教学团队建设精神,提高高校教学团队建设的整体水平

教学团队建设不仅是落实 2007 年初教育部提出的“加强本科教学团队建设”精神,也是实现《国家中长期教育改革和发展规划纲要(2010—2020 年)》提出的“把提高质量作为教育改革发展的核心任务”这一目标的重要举措和有效途径。正是在这一精神的指导下,高校对于教学团队建设,特别是本科教学团队的建设开始日益重视,并逐渐将其作为一项系统工程来抓,在教学团队的理论和实践方面取得了一定的进展。思想政治理论课是高校公共基础课的重要组成部分,思想政治理论课教学团队建设也是高校教学团队建设的重要内容,其建立和优化必然会提高我国高校教学团队建设的整体水平。

2. 有利于改变政治理论课长期存在的顽疾,进一步探索教学改革、提高教学质量、转变教学方式、增强教学实效性、培养教师的团队意识和合作精神、优化教师队伍

政治理论课作为高校公共基础课的重要组成部分,承担着对本科生进行系

统的马克思主义理论教育的任务，对于大学生在现今纷繁复杂的国际、国内环境中提高明辨是非的能力，坚定正确的政治立场，树立正确的世界观、人生观、价值观以及中国特色社会主义的共同理想，具有重要意义，这也是党和国家高度重视、常抓不懈的教育任务。然而长期以来，高校政治理论课一直存在着诸如教师队伍数量不足、工作量大；教师缺少进修学习的机会、素质参差不齐；教师在主观上不重视本职工作，教学只是为完成任务，缺少必要的责任心和使命感；教师与教师之间、教师与学生之间缺乏必要的沟通；教学形式和教学手段单一、实效性不足；学生不感兴趣、教学效果不理想等难以克服的顽疾。组建一支高水平的政治理论课教学团队，是解决上述问题的有效途径。

3. 有利于形成以教促研、以研促教的互动机制，实现政治理论课教师科研与教学的双丰收

政治理论课教师与其他专业院系的教师相比普遍重教学、轻科研，"教"与"研"的双向互动钝化。这种不强的科研意识、不高的科研能力、不足的科研成果也会在一定程度上阻碍教学水平的提高。通过教学团队建设，可以共享并整合团队资源，鼓励团队成员积极思考教学改革、培养创新意识、在课堂教学的基础上鼓励教师较多地开展应用型的合作研究，并把研究结果应用于课堂，探索并增强研究成果的可行性，实现"教"与"研"的良性互动。

4. 有利于促进思想政治理论课的学科专业建设和教师专业发展

具有较强教学和科研能力的团队以及蓬勃进取、积极向上的具有创新能力的团队是学科建设的基础，也是提高学科专业水平的重要保证；教学团队是教师教学研究和学术交流的平台，通过团队合作，在资源共享、共同学习的基础上教师可以实现专业互补，共同发展。

5. "概论"课教学队伍的建设与优化会对其他思想政治理论课教学团队的建设与优化起到较强的示范、带动和辐射作用

中宣部、教育部于 2006 年开始对全国高等学校政治理论课进行改革。这次改革在高校思想政治理论课的科目设置上做出了重要调整，本科学生必修的思想政治理论课由原来的六门合并为四门，即"思想道德修养和法律基础""马克思主义基本原理""中国近现代史纲要""毛泽东思想和中国特色社会主义理论体系概论"。"概论"课因其课时多，所占学分比重高，成为四门思想政治理论课的核心课程。"概论"课教学团队的建设与优化必然会对其他思想政治理论课教学团队的建设与优化起到较强的示范、带动和辐射作用。

二、"毛泽东思想和中国特色社会主义理论体系概论"课程教学团队建设的困境

1."概论"课缺少必要的本科专业支撑,普遍缺乏教学名师

与思想政治理论课的其他三门课程(马克思主义基本原理、中国近现代史纲要、思想道德修养与法律基础)相比,"概论"课缺少必要的本科专业支撑(图1)。这种状况使得"概论"课教师往往来自其他专业领域,在讲授"概论"课之前缺少必要的专业背景和专业基础,需要在进一步的教学实践中培养教学骨干、教学带头人和教学名师。

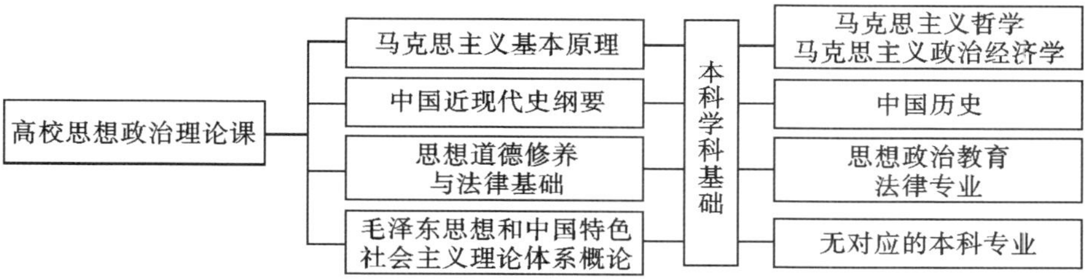

图1　高校思想政治理论课的本科学科基础

2."概论"课课程内容涉及面广,对教学团队成员的专业知识的互补性要求较高

"概论"课的授课内容时间跨度大,涉及面广。从时间跨度来看,从1840年的鸦片战争一直讲到当前我国改革开放的社会主义实践;从授课内容来看涉及政治、经济、文化、社会四位一体的布局,涵盖了经济、政治、科技、教育、文化、民族、军事、外交、统战、党建等领域;从学科领域来看,涉及马克思主义哲学、政治经济学、科学社会主义;从授课特点来看,是历史与现实、理论与实践的紧密结合。"概论"课授课内容的这一特点对授课教师的专业知识结构提出了很高的要求,不仅要求授课教师具有广阔的知识面,而且要求在理论研究上也要具有一定的深度。以上特点对"概论"课教学团队的建设提出了严峻的挑战,要求"概论"课教学团队的成员在学科知识结构上不能局限于一两门学科,要求该教学团队在增补团队成员时要有别于其他专业课教学团队,更多地考虑团队对于学科知识结构互补性的需要。

3."概论"课的教学体系和教学内容相对固定,不能由教师随意更改和调整

"概论"课作为政治理论课较之于专业基础课的特殊性之一在于:不能由教

师自编教材，只能使用教育部统编教材；教师不能擅自更改和调整教学内容和教学体系。这种状况使得“概论”课教师在探索教学改革时要尊重教材和教学体系，不能像其他专业课教师那样有很高的自由度。因而如何在现有的和既定的教材和教学体系之下探索更有效率、更具实效性的教学改革模式、方法和手段以提高教学质量和效果是“概论”课教学团队建设的难点之一。

4. 在社会主义市场经济和实用主义背景下，“概论”课教学团队建设的重大挑战之一是如何保证教学队伍的稳定与可持续发展

“概论”课作为高校思想政治理论课的重要组成部分，同其他的思想政治理论课一样面临着如何建设一支责任心强、踏实肯干、政治和业务素质高、积极向上的、稳定的教学队伍。尤其是受到社会主义市场经济和实用主义的冲击，使得一些“概论”课教师把“概论”课当成跳板，伺机跳槽；有的认为讲授“概论”课没有发展前途，不重视本职工作，从而不思进取，消极完成任务；有的课堂授课时毫无热情和激情，课堂死气沉沉，课堂效果差；有的只把讲课当己任，不注重教学研究等。于是，一些高校便出现了“概论”课教学队伍人员不稳定，一些教学能力较高的教师转向其他专业领域或者另谋高就，在引进人才时一些学历较高、素质较高的人员不愿来，从而造成“概论”课教学队伍成员素质不高，可持续发展能力较低。

三、“毛泽东思想和中国特色社会主义理论体系概论”课程教学团队建设的几个着力点

建立和优化一支结构合理、教学和科研水平较高的“毛泽东思想和中国特色社会主义理论体系概论”课教学团队应从以下几方面着手。

1. 转变和创新教育思想及教育理念，着眼于提高教师队伍的整体素质，树立和培养团队精神

改变以往工作中各自为政的局面，树立团队意识。可以考虑建立“一对一”或“一对几”的帮扶制度，如评估优秀的与教学方面较弱的教师结成对子，科研能力强的与弱的结成对子等；在引进团队成员时注意“概论”课对教师专业的互补要求，建立良好的专业结构和学缘结构，鼓励教师间取长补短，互相学习，共同发展，积极协作，树立团队意识和培养团队合作精神。

2. 加强团队制度建设

建立包括集体备课、听课制度、教学观摩、交流、沟通与研讨、帮扶、奖惩等制度，通过制度构建明确的团队建设目标，并对目标进行分解，细化与落实团队成

员各自的分工与职责，保证团队正常运转，保持教学团队的长期稳定。通过制度建设可以增强教师的定位意识，有效地培养教师的职业责任感和使命感。

3. 完备教学资料建设

此建设包括教学日历、教学大纲、教案、教学课件需要、试题库、案例库、视频库、课题库等方面的授课资料建设。完备的教学资料由团队成员共建并共享。

4. 创新教学模式，改进教学方法、整合教学资源、推进教学改革、提高教学质量

团队建设应以教学质量的提高为核心，不断探索教学改革，建立教学改革的长效机制，明确阶段性改革重点。如每个学年末，团队成员根据一年的教学实践研讨并确定下一年教学改革重点，并讨论教学改革的具体实施步骤。围绕和整合现有的教学资源，通过推动教学改革，提高教学质量，以增强思想政治理论课的教学实效性。

5. 鼓励教研互动

教学团队也是教研和科研团队，通过建立有效的制度，鼓励教师以团队为基础积极主动地申报各级各类教研和科研课题，将教学实践上升为理论，实现教学与研究的互动，提高“概论”课教师的研究能力和水平，在培养教学能手的同时培养学术骨干和团队带头人。

6. 鼓励教师对外交流，参加短期培训或访问

利用假期时间尽量多地参加一些有意义的教学和学术研讨会，多与外界的同行、专家进行交流和沟通，可以及时地了解本领域内的教学改革和科研动向，向兄弟院校取经，打造一支高水平的教学团队。

通识核心课程“日常物理”的建设与实践

马　君*　钱致榕　马丽珍　师玉荣　李丽萍　魏如慧

摘　要：作为通识教育载体的通识教育课程建设十分重要。“日常物理”是中国海洋大学行远书院通识核心课程，不同于传统的物理课程，“日常物理”从生活中的实例出发，以问题为导向，将物理概念和原理融入实践中，使学生在日常生活中看到科学、了解身边的器件是如何工作的、了解宇宙是可预料的而并非魔术。通过课前导读、课后反思、讨论环节引导学生强化问题意识和理性思考模式，增强以宏观的思维分析问题、微观的思维解决问题的能力。

关键词：通识教育；日常物理；教学方法；讨论式学习；“小助教”制

通识教育是指一种使学生通过对知识的广博的普遍意义的了解，形成内心统一的认识观和世界观，并通过理性和感性均衡发展，使之形成完善的人格，以适应现代社会生活所必需的解决问题能力、生活态度、道德和政治修养等广泛的教养要求的具体教育形式。① 密西根大学原校长詹姆斯·杜德斯达说：尽管难以给通识教育下定义，它的实现极具挑战性，但这难以捉摸的通识教育的目标可能依然是使学生为终身学习和变化的世界做好准备的最好途径。②

行远书院是中国海洋大学通识教育的实验区和本科教学改革的“特区”，通过开展通识核心课程教学，旨在帮助学生拓宽人生视野，在人格培养和能力训练上打好基础，培育能够适应未来30～50年社会需求的“博雅”人才，让“博雅”推动终身学习，以应对瞬息万变的未来。“日常物理”作为书院的核心课程之一，在博雅教育过程中起着独到的作用，通过“日常物理”的学习，使学生感知身边的物质世界，强化问题意识和理性思考模式，增强以宏观的思维分析问题、微观的思

---

* 马君，中国海洋大学信息科学与工程学院教授，主要研究领域为海洋物理、教育教学研究。基金项目：中国海洋大学通识核心课程建设项目“日常物理”，中国海洋大学通识教育核心课程培育项目“探究物理现象”(2015HX06)。

① 刘华初.我国高校通识教育的理论探索与教学实践.海南师范大学学报(社会科学版)，2016(10)：134-139；常洁，袁爱雪.高等学校通识教育存在的问题与思考.文史博览(理论)，2011(12)：85-87.

② 詹姆斯·杜德斯达.21世纪的大学.北京：北京大学出版社，2005(1)：66.

维解决问题的能力。

一、课程目标

行远书院的学生来自全校不同专业，学科背景不同。在目前教育体制下，文、理科学生的物理基础存在显著差距。面对信心十足的理科生，如何引导他们跳出学习物理惯于背公式、解难题的怪圈，学会用自己已有的物理知识解决生活中的实际问题；而对于物理基础匮乏的文科生，如何带领他们树立学习自然科学的信心，使他们了解科学、喜欢科学，这对于课程目标的设计提出了极大的挑战。

作为通识课程，“日常物理”的教学目标是使学生在日常生活中看到科学、了解身边的器件是如何工作的、了解宇宙是可预料的而并非魔术，发展并扩展他们的视野和物理直觉、学会用理性思考去解决问题并具有对一些问题进行估算的能力。同时，课程注重从宇宙观、环境问题、能源问题、安全问题等方面，培养学生的社会责任感，使其能在未来各自的工作岗位上成为一名文理兼通的领导者和决策者。

二、教学设计与实施

（一）教学环节的设计与创新

“日常物理”课程打破了课程教师讲课、学生听课、作业、期末考试的传统教与学的模式，设计了包括：①预习导读（2 小时/周）环节，教师通过学习引导提出该节课的教学目的、学习重点、思考问题。学生在此引导下阅读课程材料，查阅相关资料，思考提出的问题；②课堂教学（含实验课程）（2 小时/周）环节，从日常生活的现象出发提出问题、演示物理现象、引出基本物理原理、启发式地分析实际中的物理问题；③课程反思与作业（3～4 小时/周）环节，课后反思日志要清楚描述当日课程学习的内容，并针对课程内容，反思与自我提问，并试着回答所提问题；④讨论学习（1 小时/周）环节，在上一周课程及反思与作业的基础上，小组同学在小助教的带领下提出自己的疑惑和问题，各抒己见，共同探究问题的答案。这个过程激发了同学们的物理灵感，拓展了思维的广度，从中学会了阐述自己的观点、倾听和借鉴别人的想法；⑤小助教恳谈（1 小时/周）环节，教师通过与小助教面对面交流，解答小助教提出的问题，了解其他学生学习状态，共同设计讨论课程中的话题。这样一周下来，课时与学时比例大约为 2∶9，每位同学付出了远高于其他课程的学习的时间和努力。同时，实施月考制，加入课程大论文与答辩环节。对学生的考查与考核体现在学习的每个环节，贯穿于整个学期。

（二）教学内容的设计与改革

教学目标是通过教学内容来实现的，日常物理课程注重日常生活中的实际问题，每节课总是从生活中的现象出发，从现象中提出问题，启发引导学生一步步思考，用所学的物理基本原理，解决生活中的实际问题，注重理性思维的训练和培养，打破了传统物理课中以讲题做题为主要目的的教学内容设计。课程分为以下部分：

运动学与动力学部分：通过滑冰、球落体、斜坡、风车、车轮、碰碰车了解物体运动规律；探讨了弹簧秤、球弹跳、旋转木马、过山车、自行车、火箭、宇宙飞船是如何工作的；通过时钟运行和乐器演奏过程，了解振动与波动的规律。

热力学部分：以空调热泵和汽车热引擎作为制冷机和热机的典型事例，引出热力学第一定律和第二定律（即熵的定律），了解自然界遵守的能量守恒和转换定律。

电磁场与电磁波部分：从静电起电机、静电复印机、手电筒、电力系统、电磁炉、微波炉、收音机、手机中了解电磁场及其相互作用的规律，电磁波形成与发射，解开电和磁的神秘面纱。

光学与近代物理部分：通过彩虹、雾霾、肥皂泡、立体电影、全息，对光的特性和本质有所了解，并感知多彩的世界。从原子模型、氢原子半径及基态能级估算到元素周期表，从爱因斯坦到波尔，触摸神奇的量子世界。

趣味物理实验：包含近百个以演示现象为主的物理演示实验和部分设计性探究性试验。

（三）教学方式的设计与改革

众所周知，课程的教学效果很大程度取决于课堂教学的实施过程，要打破照本宣科满堂灌的授课方式，教学方法和方式的改革是关键环节，也是课程建设的重点和难点。“日常物理”课堂教学中以身边的物理问题为主线，引入估算法、量纲分析法和推理演变法，从对具体问题的分析中，加强对物理原理和自然规律的了解和认识。并通过应答器系统、演示实验、开放性自主实验让学生参与其中。

在解决实际问题中，引入估算法。估算是一种基本的能力，每一个受过适当教育的人都应该有能力将一个问题估算到两三倍。简单说来就是如何思考！是一种理性思维模式的训练，强调“建立模型”“化整为零”“各个击破”的科学估算三部曲。同学们从估算“你头上有多少根头发”开始，到“估计青岛市的私家车每年排放的 CO_2 量”“在你洗一个长达半小时的热水澡的过程中会产生多少 CO_2”

“地球平均的年降雨量是多少”。当一个个看似无从下手、无法预测的问题在老师的引导下“剥茧抽丝，终现端倪”，同学们深深体会到“你所知道的其实比你意识到的多”的道理。打破了传统意义上物理学习过程中死记硬背公式、机械套用公式、只求答案对错的惯用学习模式，鼓励同学们快速估算生活中工作中遇到的实际问题和社会问题。

在物理原理讲授中引入量纲分析法和推理演变法，量纲分析是研究物理问题的重要方法之一①，可以从基本物理量长度(L)、时间(T)、质量(M)、电流(I)出发，进行单位换算，推知某些物理规律。如有关“苹果下落”的时间问题，从古希腊哲学家亚里士多德的“物体越重，去向自然位置的倾向性越大，所以下降速度越大”“下落时间与质量大小有关”的经验推断，到 1590 年伽利略通过落体实验证明“下落时间与物理质量无关”，历经 2000 年的认知过程。而运用量纲分析很容易得到时间，即时间仅与落体高度 H 及重力加速度 g 有关。在“原子物理学”课程中求解氢原子的半径和能量要用到牛顿定律和量子化条件，推导过程烦琐，在“日常物理”课程中难以实施。而利用量纲分析法能非常简洁地推出氢原子半径 α_0 与电子电量 e、电子质量 m_e 和普朗克常数 h 三者的关系，即 $\alpha_0 \propto hm_e^{-1}e^{-2}$。同样可以推知，氢原子的能量 $E_0 \propto e^2\alpha_0^{-1}$。估算出氢原子半径的数量级为 10^{-10} m、基态能量为 14 eV，与实验得到的原子半径数量级一致，基态能量也非常接近实验结果的 13.6 eV。量纲分析的方法使学生对物理量之间的关系有了更深刻的理解，打消了文科同学对物理公式记忆与推演的恐惧感。

在对自然界物理现象剖析和日常生活中常用器件工作机理的教学中，应用问题导向法，从学生的实践经验和观察现象出发，提出问题，引发思考。如在热力学讲解中②，通过对于空调热泵(制冷机)的观察和思考，引出问题：为什么热流会从冷温流到热温？空调为什么需要耗电？空调如何冷却房间？可否加热室内空气？空调如何节能？对于汽车引擎(热机)引出问题：汽车如何能使热转换成功？汽车的引擎如何工作的？汽车引擎的效率如何？汽车的污染问题如何减少？在分析问题过程中引出热力学第一定律、热力学第二定律(即熵的定律)，并利用“热隔离的系统熵不能减少(熵的定律)”巧妙地定性解释了空调热泵和汽车引擎的工作原理。估算了夏天空调温度调高一度，可以节约 6%～8%用电；一

① 严导淦. 量纲分析及其应用. 物理与工程，2012(6)：22-26.

② Louis A. Bloomfield. How Things Work: The Physics of Everyday Life. Wiley Press，2013(1)：261-288.

升汽油约可产生 3 千克的 CO_2，降低 30%的行车速度可以降低 50%的污染。同学们明白了遵守客观规律的重要性，学会了运用科学规范自己的日常行为。

课堂教授中增加了趣味物理实验课时，引入了大量的演示实验，让学生在可视的有趣的实验现象中学习其中的道理，"滑板车""弹跳球""飞转酒杯""饮水鸟""水火箭""空调制冷机""汽车热引擎""微波炉""电磁炉""会唱歌的酒杯""单弦琴"等一批课堂演示实验，①极大地激发了学生学习物理的兴趣，养成关心身边物理问题的习惯。

同时，在课堂教学中引入了应答系统，随时监测学生学习过程中的情况和问题。应答系统是一套多媒体互动教学软件与设备，上课前给每位学生配一个表决器，在课堂教学中教师把相关问题设计为选择题的形式，在限定的时间内学生通过表决器提交自己的答案，只需短短十几秒的时间学生提交答案的结果统计便非常直观地显示在屏幕上。应答系统的引入首先改变了学生回答问题的方式，使传统课堂上个别学生的回答转变为集体反馈，激发了学生的参与度。其次，教师可以从反馈信息中掌握学生整体的学习状态，及时调整授课进度和方向，有效提高了课堂教学的效率和质量。另外，教师课后通过应答系统生成的数据能够掌握每位学生的学习情况，有针对性地进行个体答疑，使学生的问题得到及时解决。

物理学的根源是现象，我们将同学带进了"趣味物理实验室"，通过观察有趣的实验现象，启发学生思考、探究实验原理，加深对课堂所学物理知识的理解。同时，设计了探究性的实验，如有趣的"水果电池制作电磁铁"实验，指导教师只提供一些实验材料和实验目标要求，需要学生团队合作，自主设计实验方案、实验步骤，提出研究问题，得出实验结果，并形成研究报告，培养了学生的发散性思维和发现问题解决问题的能力。

三、"小助教"团队的建设

课程创新性地建设了一支学生助教团队，建立了"小助教"制，在教与学环节中发挥了重要的作用，承担教师与同学之间的桥梁，及时反馈同学学习情况，引导讨论课中的小组讨论，批改学习小组同学作业，帮助学习困难生学习。"小助教"制培养了一批德才兼备，有高度责任感和使命感的优秀学生。

---

① 师玉荣，马君，马丽珍. 探究物理现象——演示实验教程. 北京：清华大学出版社，2015(9)：88-109.

四、教与学的效果和收获

(一)教学中的感悟

“日常物理”课程的实施和改革得到学校的大力支持和鼓励,教学团队中的每位教师都全身心地投入,集体学习研讨教学内容、研发各种教具、探索新的授课方式、与同学面对面地讨论问题,教学效果显著。教师们体会到:“‘日常物理’是我20多年教学中最难讲、付出最多的物理课程,彻底打破了以往的教学模式和熟悉的课程体系,并在与同学之间的互动中不断地反思和改进,收获颇丰。”“我在批改作业以及和小助教讨论的过程中也受益匪浅,在思考和分析他们的问题的过程中,我们更深入地思考了很多问题。”“学生讨论中,虽然有些小助教已经知道答案,讨论也不会演化成讲解,他们会各抒己见,小助教会在关键时刻拉回组员的思路。我作为一位老师,经常感叹他们思维的活跃。”“反思环节,是帮助学生成长的一个很必要的手段,反思内容主要是上节课所学内容,哪些内容对自己有触动。反思还有个很重要的板块是反思他们的讨论课,从很多助教的反思中,感觉到他们很关注组内每个组员的情况,对学习中吃力的组员他们列了计划如何帮助他们,感觉到他们的真诚和付出。”

(二)学习中的收获

2014级文化产业管理专业齐玉雪:“我认为这门课的突出之处在于从日常生活的现象出发去研究身边的物理现象,这样的内容设置相比大学物理这样的课程更容易让像我这样的文科同学接受,我觉得是很好的。举一个例子,老师在讲热学的时候,就是以空调和汽车这两个身边随处可见的事物入手,最后用课堂上学到的知识解释空调和汽车是怎样运行的基本原理,那一堂课我听得津津有味。”“这门课程以身边的物理现象为切入口学习基本的物理知识,学习的很多内容都是引导性的,和高中时不停讲题的方式有很大的区别,我觉得对文科生来说拉近了和物理之间的距离。”

2014级数学与应用数学专业许乃成:“作为助教,我的收获更多。我开始站在课程的角度而不是个人的角度看问题,这实际上也是对我们今后踏上社会处理事情的一种锻炼。我们不能只是顾及自己学到了什么,我们要看到这门课程的开设中、这些事情的进展中有无数人付出了很大的心血。在这里尤其感谢老师们的付出,同学们可能看不见你们为了讲好一节课付出了多少,但是我们都看在眼里,实际上也正是有老师们为榜样,助教们才能坚持下来,谢谢老师们! 如今最艰难的时刻已经过去，反而对这学期的忙碌有一些怀念。”

2015级物理学专业李鹤宁：“对于一个理科生，传统的物理题抹杀了我们解决实际问题的能力，所解的题中‘应用题’越来越少，可是实际生活中的物理并不是一个个绝对理想的小滑块和带电质子。日常物理恰恰就弥补了这一点，让我们从一个个理论家逐渐变成实践家，把抽象的物理具体化形象化。当然，形成这种思维习惯需要一个漫长的过程，而这门课为我指出了这条康庄大道。我想，对于一个以后四年离不开物理的人，这尤其重要。”

五、结语

在建设创新型国家时期，我们应该培养具有丰富的科学知识、良好的道德情操、强烈的责任感和使命感，以及高涨的创新能力和创业能力全面发展的创新型人才。而通识教育作为一种教育理念，对近代高等教育产生了重大的影响，它的最终目的是促进学生智力、体力、道德、情感诸多方面的全面发展，是培养高素质创新型人才的奠基石。

关于提高“细胞工程”双语课程教学效果的体会

郭华荣*

摘　要：提高双语教学的教学效果，是双语教学改革成功的关键。本文立足于目前大部分本科生的英文听说读写能力还是很有限的实际情况，通过编撰合适的“细胞工程”双语教材、改进英文课件内容的撰写和组织方式、提高自身英文表达水平、同时开设中文课和双语课、准备详尽的英文习题和作业题、逐步提高英文授课的比例以及提高学生参与双语教学的成就感等方式，对有效提高“细胞工程”双语课程的教学效果进行了有益的探索。作者希望通过师生的共同努力，最终实现学生愿意学双语课，轻松学双语课的目标，学生们既提高了专业英语听说读写能力，又掌握了专业知识，提高了科研素质，并早日成长为国际化优秀创新人才。

关键词：双语教学；教学效果；细胞工程；国际化课程建设

为提高教学质量和人才培养质量，使高等教育与国际接轨，培养国际化人才，适应经济全球化和科技革命的挑战，教育部高教司于2001年提出，本科教育5％～10％的课程必须进行双语教学。目前，双语教学正成为我国教育改革的热点，但是在双语教学改革的实践过程中，各个学校都遇到了一系列深层次的棘手问题，包括双语师资力量不足，缺乏合适的双语教材，教学管理和评价机制不完善，学生英语水平低、理解和消化双语课堂内容能力差等，并最终导致双语教学的教学效果差。因而，关于是否应该提倡本科双语教学，出现了很多的质疑之声。但是，作者在“细胞工程”双语课程的开设和建设过程中，通过不断提高自己的双语教学水平和编撰合适的双语教材，从当前本科学生英文能力有限的现实出发，以学生为本，改进教学方式和方法，在不断提高教学效果的探索过程中，发现在师资力量允许的前提下，双语教学还是应该大力鼓励和提倡的一种优势教学资源，处理好教与学的关系，必将受到大学生们的热烈欢迎。

---

* 郭华荣，中国海洋大学海洋生命学院教授，主要研究领域为海洋动物分子细胞生物学。本文是由中国海洋大学本科教育教学研究项目资助（2009JY18和2012JY34）。

一、合适的双语教材是提高双语教学效果的保证

作者自2001年开始讲授本科生“细胞工程”课程，并于2003年参与编撰出版了《细胞工程学》中文教材（王蒂主编，中国农业出版社，2008年），因此对该课程的讲授内容非常熟悉。2005年又得到国家留学基金委中青年骨干教师出国研修计划的资助，到美国伊利诺伊香槟分校进行了一个学期的英语语言和教学能力的培训。在培训期间，作者在大量查阅了细胞工程相关的英文资料后发现，根本找不到与国内细胞工程教材相对应的英文原版教材。国内细胞工程教材的内容多而全，包含了细胞水平上的所有生物技术，如动物和植物的细胞、组织和器官的体外培养，动物和植物染色体工程，动物和植物细胞的融合和冻存，转基因动物和植物以及克隆动物的制备等。而在美国，这些内容分别由不同的教材和课程来讲授。因此，在国内开设“细胞工程”双语课，首先要解决教材的问题，而且只能重新编撰。作者于是收集了所有与细胞工程教学内容相关的英文原版教材和著作，经过5年的精心挑选和编撰，主编出版了《细胞工程技术》（*Cytotechnology*）这一双语教材（中国海洋大学出版社，2011年）。

作者在教学中发现，与中文教材不同，学生在阅读完一段英文文字后，往往抓不住这段文字所表达的主题，脑子里一片空白，完全不知所云。分析认为原因有二：一是英文阅读能力有待提高，因为同样的内容用中文表达出来，他们很容易就记住了相关内容；二是学生不适应英文的思维和表达方式，因而不能对知识融会贯通。因此，作者所编撰的双语教材全部用英文，以训练和提高学生阅读和理解英文专业文献的能力；同时，在文中难解词汇的后边用括号标出其中文意思，以减轻学生阅读负担。另外，内容的撰写方式也很重要。每个段落的开头或结尾，都有概括性或总结性的文字，即“中心句”；而每一部分内容的结尾，也增加一段小结性的文字，对本部分的主要内容进行总结，可以有效帮助学生把握教材内容。作者曾组织学生阅读以上2种不同撰写风格的英文材料，然后给出问题，让学生回答，并与之讨论。实践发现，学生对具有中心句的英文材料的把握程度明显高于无中心句的材料。

二、英文课件的撰写和组织方式影响学生对知识的把握

作者在双语教学的实践中还发现，英文课件内容的组织和撰写方式也影响学生对知识的把握。每一张幻灯片的讲授内容都应该包含主题和子题，分出层次。主题为这张幻灯片的题目，概括所阐述的主要内容。子题为其中的关键知

识点。每一章节的最后,用一段小结性的文字,对本部分的主要内容进行总结,以帮助学生把握和强化本章节内容。随时与学生交流和互动,了解教学效果,并尊重和采纳学生的合理化建议,不断改进课件的组织和撰写方式。

三、教师的英文表达水平是学生选修双语课程的最大吸引力

一个成功的双语教学不仅要有地道的英文教材和英文课件,教师的英文表达水平也至关重要,这也是学生选修双语课程的最大吸引力。作者通过大量阅读英文原版教材和著作,编撰《细胞工程技术》(*Cytotechnology*)双语教材,有效提高了自己的英文表达水平。另外,作者还选修了美国伊利诺伊大学的4门本科生课程和南卡罗来纳大学1门研究生课程,通过一个学期的系统学习,有针对性地掌握了大量课堂常用语,并留意美国教授英文的发音和抑扬顿挫,努力纠正自己的中国式口语;同时,作者还领略了国外教授灵活多变的讲授风格、严谨细致的考试制度和教学管理模式,开阔了眼界,提高了自身素质,从而为学生创造一个尽可能准确和地道的英文学习和交流的平台,受到学生们的欢迎。

四、同时开设“细胞工程”中文课和双语课是以学生为本的最好体现

在本科生中开设双语教学是否能获得满意的教学效果,一直以来就是许多老师、学生和教学管理人员议论的焦点。现状是大部分本科生的英文听说读写能力还很有限,即使他们的英语四、六级考试的分数很高,但他们尚没有在国外留学的经历,没有机会使其听说能力得到很好的锻炼;他们基本上没有读过英文的学术论文,专业外语的基础也不行,英文答题的能力基本上没有。所以选修双语课程的学生普遍感觉要比中文课程累,大多数人只能停留在听懂和读懂老师的授课内容,还达不到随堂掌握和消化老师所讲授的专业知识的程度。因此,作者在开设“细胞工程”双语课的同时,由院里的其他同事同时开设了“细胞工程”中文课程。这样一来,那些英文确实不好,且又不能在短时间内快速提高英文水平的学生,就可以选修中文课,从而顺利完成该门课程的理论知识的学习;对于那些英文表达能力较好,尤其是有出国深造计划的学生,则可以选修双语课程,这保证了选修双语课学生的英文水平和学习动力,有利于这些学生实现其提高专业外语表达水平、尽快适应国外学习生活的目的。同时,由于这些学生对双语课的学习积极性很高,因而师生之间的教学互动也更顺畅,使他们能够很好地掌握专业知识,提高科研素质,为成为国际化创新人才打下良好基础。作者的双语教学实践也充分证明,同时开设“细胞工程”中文课和双语课,给学生以最大的选

择权，是符合以学生为本的教学模式，同时也是保证双语课程教学效果，达到学生愿意学双语课、轻松学双语课的最直接有效的方式。

五、英文习题和作业是学生掌握知识和提高英文答题能力的最好帮手

由于英语不是学生的母语，他们虽然读懂了英文教材和英文课件，但是记不住知识点，也不能很好地用英文归纳总结所学到的专业知识。作者在双语教学实践中发现，通过设计详尽的英文习题和作业，可以有效帮助学生掌握和巩固课堂知识，提高英文答题能力。英文习题的设计要尽可能地详尽，最好覆盖讲授的所有知识点。作者针对每一章的讲授内容，设计了英文习题。题型包括名词解释、填空、判断对错、简答题和问答题，对所有知识点进行考核。作者每次都提前将每章的习题发给学生，然后定期对讲授过的习题进行讲解。讲解时，由学生们读出自己的答案，然后老师给予点评。作者发现，学生通过完成习题，可以很好地掌握和巩固所学内容，锻炼和提高英文答题能力。另外，学生参与答案的讲解，也给老师提供了一个纠正学生英文错误发音的机会，锻炼和提高了学生们的英语口头表达能力。

六、逐步提高英文授课的比例

关于英文授课的比例，作者在每学期的第一节课上都要征求每一位学生的意愿。调查发现，只有 5%～10%的学生愿意挑战全英文授课，而 90%的同学表示欢迎英文教材和英文课件，但是担心听不懂全英文授课。鉴于此，作者在双语教学实践中采用了逐步提高英文授课比例的折中策略。在每学期最初几周的授课中，用中文讲授，以便于学生理解该课程的专业知识。在学生逐步掌握越来越多的专业外语词汇后，讲课时逐渐增加英文授课的内容，并随时关注学生的理解和接受能力，做适时的调整。进展顺利的话，争取能在学期末用英文授课。创造机会，邀请留学生和外国专家参与讲授课程的相关内容，也是一个不错的全英文授课的方式，效果会更好。

七、提高学生参与双语教学的成就感

作者设计了课堂讨论问题，以引导学生张口说英语，训练其英文表达能力。由于学生在双语教学中有所得，因而可以提高学生的参与感和成就感，大大提高学生学习双语课的兴趣。

选修双语课的学生一般都比较在意考试成绩，因为成绩的高低会影响其留

学申请的质量。如果考卷很难,学生的成绩不理想,就往往会大大挫伤学生选修双语课的积极性,导致双语课的选修人数越来越少,越来越不景气。学生不选修双语课的话,双语教学的优势就无法惠及学生。因此,如何在不改变英文试题难易程度的情况下,保证学生取得较满意的期末考试成绩,也是双语教学中必须顾及的重要问题。作者在双语教学实践中,发现将平时的习题、作业和课堂讨论与试题挂钩,可激励学生学习的积极性,提高学生学习双语课的自信心,是解决双语教学考试成绩偏低的有效方法。

八、结束语

提高双语课的教学效果,是提高学生选修双语课积极性的关键。作者希望通过师生的共同努力,最终实现学生愿意学双语课,轻松学双语课,学生们既提高了专业英语听说读写能力,又掌握了专业知识,提高了科研素质,并早日成长为国际化优秀创新人才。

“可视化技术”课程改革探讨

解　翠* 董军宇

摘　要：本文分析了“可视化技术”课程的现状和趋势，确立了大数据时代可视化技术课程的定位，融合复杂海洋时空数据可视分析的特色案例课程设计，采用案例驱动—项目实战的教、学、做一体化“全程链式”教学模式，使学生掌握可视化基本理论和方法的同时，形成“基础理论和专业技能”的实时对接融合与迸发提升，培养学生真正利用这些交互可视化技术辅助进行复杂数据处理、计算、挖掘分析的能力，以发现数据中蕴含的规律或价值，并辅助决策。

关键词：可视化技术；案例驱动—项目实战；“全程链式”教学模式；海洋特色

一、引言

“可视化技术”是中国海洋大学信息学院计算机系计算机应用技术方向的主干课程，它基于计算机图形学、数字图像处理、数据结构与算法等课程为基础。可视化技术，通过将各种复杂的数据转换为直观的图形图像，帮助用户经由视觉这一最有效的感知手段了解数据的内在规律，从而取得新的发现。[①] “可视化技术”是一门同时强调理论和技术技能的综合性强的课程。[②] 随着社会信息化的推进和网络应用的日益广泛，信息源越来越庞大，理解和利用复杂庞大的数据是信息技术发展的迫切需求，社会对可视化技术辅助进行复杂数据分析的人才需求也越来越大，据不完全统计，仅信息可视化和大数据可视化行业未来3～5年内，我国可视化人才的缺口将超过80万人，因此，面向大数据时代的可视化技术人才培养刻不容缓。

---

* 解翠，中国海洋大学信息科学与工程学院讲师，主要研究领域为可视化、虚拟现实。基金项目：中国海洋大学重点专业综合改革项目——计算机科学与技术（2015JYZ02），中国海洋大学研究生教育优质课程建设项目——“虚拟现实与可视化”课程案例库建设（2017YC056）。

① 陈为，沈则潜，陶煜波. 数据可视化. 北京：电子工业出版社，2013：19-42.

② 孙立博，张哲，秦文虎. “虚拟现实与数据可视化”课程改革实践. 电气电子教学学报，2014(3)：33-35.

二、“可视化”课程教学现状

我国“可视化”课程的开设始于20世纪80年代初的浙大、清华、北大、国科大等高水平的大学。随着PC功能的提高、各种图形显卡以及可视化软件的发展，可视化技术已扩展到科学研究、工程、军事、医学、经济等各个领域，不少高校也在逐步开设以科学计算可视化为主的相关课程。随着互联网、物联网、云计算等信息技术的迅猛发展，信息可视化技术发展迅速，浙大和北大等高校相继开设“信息可视化”和“可视分析”相关内容的课程，以满足社会对可视化人才的需要。中国海洋大学是较早设立可视化课程的高校，在2005年之前以科学可视化技术为主，2008年开始引入信息可视化的介绍。通过前几年的教学实践发现，单单从考虑可视化基础理论介绍和如何使用的角度来教学是远远不够的，尤其是随着大数据时代的到来，“可视化技术”课程的教授内容及教学模式发展滞后，有效地实践训练和学生的工程实践能力有待强化，学生独立思考、探索和个性化解决问题的空间有待拓宽，可视化技术人才培养目标无法适应现阶段的人才需求和经济社会发展，不能满足培养高素质实用型创新人才的培养目标。

本教学改革研究瞄准专业发展前沿，面向大数据时代经济社会发展需求，侧重于理论教学跟专业技术能力和实践能力的整合，借鉴国内外课程改革成果，从课程性质与定位以及课程设计、教学实践环节及考核等多个方面，面向应用型和实干型可视化技术人才培养，并结合海洋特色，优化教学内容和教学模式，使得本门课程的教学更加具有时代特征和有针对性，提高应用型实干型可视化人才培养质量和提升就业率。

三、“可视化技术”课程性质与定位

“可视化技术”是运用计算机图形学和图像处理技术，将数据转换为图形或图像在屏幕上显示出来，并进行交互处理的理论、方法和技术。新媒体时代和大数据时代的可视分析技术更拓展了其技术和意义，[①]不再局限于传统的科学数据可视化，交互可视化分析技术将人的视觉认知功能与高性能计算联合起来，利用交互式可视化界面来辅助用户从海量、动态、不确定甚至包含相互冲突的数据中整合信息，从而可以实现对大规模复杂数据集的有效分析、推理，帮助研究人员探寻未知数据中隐含的新模式和进行有效预测。可视化技术正在更多的行业

---

① 陈明.大数据可视化分析.计算机教育，2015(5)：94-97.

和领域发挥积极的作用。①

因而，新时代下"可视化技术"的课程定位是在掌握可视化的基本概念基础上，引入支持复杂数据分析的可视分析技术，培养学生能利用交互的可视化方法挖掘复杂数据中隐藏的价值，注重实干能力和素质综合培养，这对于缓解目前社会对数据分析和智能信息处理人才的紧缺现状，培养应用型实干型人才都有着重要的作用和实际意义。为此，课程的设计和实践也围绕该目标，结合海洋特色实施，具体内容如下。

四、教、学、做一体化教学模式

使用传统的可视化技术教学方法是老师先讲授相关的理论知识，然后学生进行相应的实验。这种教学模式虽然能针对某个知识点起到强化巩固的目的，然而这种方式的训练比较分散，不利于系统化的知识体系的建立，并且这些相对独立的训练使得学生在面对新的问题的时候，不容易给出一个系统性和完整的解决方案。为此，我们在 2017 年的本科和研究生教学中，尝试采用案例驱动—项目实战教学模式，并取得了较好的教学效果。

开课之初，以海洋复杂时空数据的可视分析为案例，讲解这中间涉及的各种可视化和可视分析的技术及理论方法，而且让不同的学生自己确定所要实施的具体可视分析设计，并以此课程设计的完成贯穿整个学习过程。每周 3 节课中的 1 节课讲理论，2 节课进行随堂实践。针对学生所遇到的困难，随时反馈意见和指导学生完成相应设计的方法。围绕课程设计过程中的各个环节组织课堂讨论，学生查阅各种中英文资料，整理归纳资料并口头表达出来，锻炼了学生的沟通表达和自学能力。同时，建立课程专属讨论群组，对某些重要的知识点，上传参考案例和参考文献资料供学生课下自主学习和讨论，有效补充和延伸了课堂教学的知识面。学期末，学生宣讲和展示其课程设计项目来进行评分考核。这种教、学、做一体化的教学模式，学生不仅学习目标非常明确、有足够多的个人发挥创作的空间、能激发学生的学习兴趣和提升实践能力，并且有利于教师从理论和应用两个层面提升和评估学生的能力。

五、融合海洋特色的"可视化技术"课程设计

"可视化技术"共 2 个学分，48 个学时，16 周完成。从 2017 年开始，采用案

---

① Keim D, Konlhammer J, Ellis G, Mansmann F. Mastering the Information Age: Solving Problems with Visual Analytics. Goslar: Eruographics Association, 2010: 1-168.

例驱动—项目实战的教学模式，我们选取海洋—大气领域的再分析时空数据为例（包含了海温、盐度、密度、流场、海表风场、海面气压、相对湿度、降水等多个维度的时空数据）。这些数据本身是耦合和相关的，而且一种海洋现象（比如涡流、海洋锋等）往往跟风、流、温度、盐度等多个维度的时空数据密切相关，这就为复杂数据可视分析的任务设计和实现方案提供了丰富多样的可能性，同时课程也会融合其他常见数据可视分析案例的介绍，这样一来，除了涉及必要的交互可视化工具的学习和使用外，16 周的课程设计涵盖以下非常丰富的知识点的学习：

第 1～2 周：数据的获取、清洗、组织、分析与挖掘技术；

第 3 周：可视化/可视分析的概念和应用案例及工具软件的介绍；

第 4 周：人的视觉感知与认知特性；

第 5～7 周：不同类型（标量/矢量/张量）数据的特点及其常见可视化方法；

第 8～10 周：时空数据的可视化技术；

第 11～12 周：高维多变元数据可视化技术；

第 13 周：可视化中的交互技术；

第 14 周：可视化评测技术；

第 15～16 周：非时空数据可视化技术。

六、“可视化技术”实践教学

采用案例驱动—项目实战的教学方式，这是单个学生或一组学生从理论学习到实践能力提升的一个循序渐进的教学方式。随着课程的推进，学生们自己确定可视分析的具体任务，并细化形成阶段性的目标，老师跟进反馈指导和及时评估考核。其间，针对学生们在项目实施过程中遇到的实际问题或需要用到的方法实施补充讲解或专题讨论讲解，形成教、学和做一体化的迭代往复的教学模式。课程开课之初就建立专门的课程讨论群组，将课程相关的所有课件、参考资料等学习材料上传至课程讨论群组，供同学们下载预习和复习。具体步骤如下：

第 1～2 周：了解数据和数据类型，以海洋高维时空数据为基础，学生根据课堂讲解，利用 python 或 matlab 等工具软件进行相应的数据获取、清洗、处理和分析挖掘方法的学习。老师对学生提交的实验进行评阅并具体指导其不断完善。

第 3 周：学习可视化及可视分析的基础理论，并学习基本的交互可视化工具软件的使用，老师对学生提交的实验进行评阅并具体指导，学生修改后再提交和指导。

第 4 周:学习人的视觉感知与认知特性和不同视觉编码的排序。总结自己感兴趣的数据的特征,思考如何根据不同的数据类型,选择正确的视觉编码方法来突显数据的某些属性或特征,并结合交互可视化工具软件测试和理解不同可视化编码的效果。老师对学生提交的实验进行评阅并具体指导,学生改进后再提交和指导。

第 5～7 周:学习不同类型数据的常用可视化方法,并选择合适的可视分析工具进行编程实现,设计和实现多维度的数据可视化编码展示;老师对学生提交的设计报告进行评阅并具体指导,学生完善后再提交,老师再指导。

第 8～10 周:时空数据的可视化学习,学生们自由选择感兴趣的数据的多个维度,并设计出 2～3 个可视分析任务及其相应的可视分析界面,提交课程群组供老师审核合理性和给出指导意见。这期间每周反馈并优化分析任务和完善界面。

第 11～12 周:针对每个可视分析任务,测试和确定合适的数据分析和挖掘方法,进行多视图联动式多角度探索分析或解释性分析的相关学习与实验,老师对学生提交的实验进展报告进行评阅并具体指导,学生改进后再提交指导。

第 13 周:可视分析系统中的交互设计和探索机制的学习和实验,老师对学生提交的实验进展报告进行评阅并具体指导,学生优化交互后再提交指导。

第 14 周:可视化评测的学习,进行可视分析系统的评估和测试,老师对学生提交的实验进展报告进行评阅并具体指导,学生优化可视分析系统后再提交指导。

第 15～16 周:针对评测结果,改进和完善可视分析系统。老师对学生提交的实验进展报告进行评阅并具体指导,学生改进相应部分后再提交指导。

七、结论与讨论

本文通过对现阶段数据可视化技术人才特点和市场需求的调研,确立适应现阶段的人才需求和经济社会发展的可视化技术人才培养目标,培养学生能利用交互的可视化分析方法挖掘数据中隐藏的价值,注重能力和素质培养,更新教学内容、改进教学方法和教学手段,培养具有扎实的数据可视化基础理论与专业技能的人才。

从课程设计来看,围绕案例来开展教学的各项活动,体现了知识的连贯性和系统性的学习,而且设计复杂海洋时空数据的案例教学也突现了海洋特色。学生处理数据和分析数据的实干能力得到较好地锻炼和提升,可以直接服务于海洋科学研究，这本身就很有意义。该课程设计方法还可以推广到其他应用性和综合性较强的类似课程中去。

从案例驱动—项目实战教学方法来看，学生们能够把课堂学到的理论方法直接应用到自己选定的项目中去，并以主人翁的角色主动推动项目进展，从被动地学习，转变为主动的求知欲和发现问题、分析问题及解决问题的积极性，达到提高学习效率和综合素质培养的目的。学生们所做的课程设计成果基本上达到了工程专业认证对学生的基本要求。

另外从课程考核的方式来看，我们以项目阶段性和最终完成情况作为考核标准，评估学生们平时实际运用课堂所学知识可视分析复杂数据的能力，并且鼓励学生们用课堂以外的知识和方法进行数据可视分析和挖掘，更能激发学生自身学习的原动力和创作力。跟传统的试卷考试方法相比，避免了学生在短时间内突击考试和知识点的死记硬背，不能达到灵活运用所学知识分析和解决实际问题的境况。

另外，在期末组织了学生对课程改革的讨论和反馈，学生普遍反映通过该课程的学习掌握了可视化基础知识和较为丰富的可视分析实践经验与一定的设计开发技能，基本能够胜任在复杂数据分析和智能信息处理方面的工作。同时，在“可视化技术”教学改革和实践中，仍然存在不少问题：比如课程学时量不足，导致没有足够的时间讲解和练习更多类型数据处理和分析方法；数据处理和可视化要用到不少新的软件工具的学习，学生仅仅利用课堂时间学习，很难保证有效方法的高质量实现。因此需要课下花费大量时间来补充相关的工具软件的学习。针对这些问题，需要跟学院和学校的教务部门讨论之后，适当修订教学计划，并且不断改进后面的课程内容和优化实践环节，增加更多层次的练习和给学生更多的选择，设计灵活的授课模式提高课程内容的整合度和学生的知识获取密度。

"新媒体产业导论"课程多元化教学模式探索与实践

王　璇* 李　磊

摘　要：新媒体产业作为一门新兴的交叉学科，理论与实践环节都较薄弱。本文以"新媒体产业"课程教学模式为研究对象，首先，探讨了该课程教学的发展特色与方向；其次，分析了该课程教学过程中存在的问题；再次，针对这些问题从教学设计、教学方式、考核形式、创新实践等环节提出多元化模式改革与实践的思路，通过构建系统、整体、科学、多样的课程教学体系，不断提高学生自主学习、思考、创新、实践以及与社会对接的综合素质和技能。

关键词：新媒体产业；课程；教学改革；多元化模式

高校开设新媒体产业课程是顺应国家文化发展战略需要的体现，也是对新媒体人才需求的强力表现。新媒体产业课程具有跨专业、跨学科、实践性强等特性，学生需要了解并学习与新媒体产业密切关联的"核心"内容，如文化学、社会学、传播学等，也需要涉猎与新媒体产业关联的"关联"内容，如管理学、经济学、艺术学、计算机技术、心理学等。学生在课程学习中不仅要学习并掌握一定新媒体产业基本素养，而且应该熟练运用新媒体实践过程中的相关软件，如 Photoshop、Premiere、AE、3D Max 等图像与视频制作软件，具有新媒介经营、运营与管理软件的使用技能。这些需求都与高等教育改革发展方向之一的"培养、生产、服务一线应用型、技能型人才"的理念相契合。

移动互联网、物联网和大数据时代，学生获取资源和信息的途径更加方便快捷，传统的课堂注重知识点传授、理论框架构建，一对多自上而下的单一教学授课模式已难以满足在互联网环境中成长起来的"网生代"们的多层需求。将物联网、大数据等思维引入到课堂教学中，探索多元化、多形式、多手段的教学模式，

---

* 王璇，中国海洋大学文学与新闻传播学院讲师，主要从事新媒体产业和文化产业研究。基金项目：山东省社会科学规划研究项目"移动社交游戏对大学生社会行为的影响及对策研究"（16CQXJ19）和中国海洋大学本科教育教学研究项目"新媒体产业课程实践改革"（2017JY87）。

已经成为未来高等教育教学的必经之路。“新媒体产业”课程可以尝试将媒体创意、创新实践、自发设计与创作、数字化学习、游戏化学习等新型教学方式注入教学过程中，引导学生借助社交应用、富媒体交互等新技术积极主动参与到教学活动中来，并要求学生完成诸如产业调查报告、产业策划案、项目或产品策划等具有实践性和创意性的课程作业，响应国家文化战略号召、完善文化产业学科体系、提高学生学习兴趣、丰富学生知识结构、提高学生就业竞争力正是本研究意义之所在。

一、课程的发展特色和方向

（一）突出应用能力

实践应用能力是衡量应用型人才的重要指标，“新媒体产业”课程实行“三段式”培养，即从理论到实践再到理论的螺旋式上升，并根据行业和市场需求设置相应的实战环节和内容，如构想并策划如何将一个微信公众号的推文做到“100000＋”，运用何种渠道、手段推广互联网企业广告等。同时要把理论教学与企业实训实习相结合，如在教学计划中植入企业真实项目策划与营销、互联网企业商业模式运营、盈利模式管理等。课程强调学生实践应用能力与未来就业的“无缝”对接，目标是为了让学生日后在新媒体工作环境下快速适应各种新语境、新思维、新环境。

（二）注重全球化和国际化视野

互联网、物联网的产生加速实现了麦克卢汉的“地球村”预言，移动互联网、大数据、虚拟现实、增强现实、人工智能等新媒体产业往往都是先从欧美、日韩等国家发端。① 这就要求“新媒体产业”课程的理论研究，也必须紧跟时代的步伐，时刻关注国内外最新发展动向，对前沿国家的新媒体产业历史和趋势有全面系统地把握，也有助于国内新媒体研究者更好地认识当下的产业业态与动态，在不断加速的产业融合中找到自己的一席之地。

（三）强调复合型人才培养

新时代的高等教育教学发展理念中，培养复合型人才就是为学生架构多元的、复合的智能结构，使学生在语言、逻辑、认知等方面的不同智能优势得到更加

---

① 金姝．“新媒体艺术”课程教学模式探索．中国大学教学，2010(6)：31-33．

充分地显现。[①] 课程的人才培养目的是既要让学生对专业学科层面(产业经济学、管理学、市场营销学等)的课程学以致用，又要让学生对实践技能层面(艺术设计、毕业设计等)的课程活学活用。如在课程设置中，既要重视文案、设计、审美等社会科学知识的传授，又要重视数据、统计、模型等自然科学思维的传授。

二、当前教学与课程设置中存在的问题

(一)理论联系实践少，知识联系技能少

新媒体产业行业是实践性较强的一门课程，要求学生真正能够深入到企业，体验行业的上、中、下游产业链环节。不过，受到教学学时限制，目前的教学与课程设置仍然是以传统的课堂讲授为主才能完成知识的完整系统传达，这就压缩了实践环节的学时，易导致学生难以将理论运用到实践过程中。同时，课堂所授知识往往都以概念性、特征性、代表性的知识为主，学生较难从知识中抽取应用技巧，并将其转化为真实可用的技能。

(二)教材内容时效性较弱

新媒体产业讲求新媒体事件、现象和时间的时效性，一般产业数据需选用近五年的，事件需选用近三年的。本课程选用的教材是中国广播电视出版社出版、宫承波主编的《新媒体产业论》，同时还参考了殷俊的《新媒体产业导论》和曾静平的《中外新媒体产业论》。不过成书时间都是十年左右，产业数据、产业政策、发展现状、行业术语、新兴与新型媒体的产生都不能做到及时更新和完善，参考书目难以使学生整体把握现下新媒体产业发展的最新动向状况，也与学生获取最前沿新媒体资讯的迫切需求相左。

(三)课程考核形式单一

新媒体产业讲求产业生产过程中的创意性和创新性。本课程的考核虽然已有调查报告、新媒体项目策划案等具有一定创新性和创造性的形式，但仍然缺乏启发性、原创性环节的加入，如让学生自主设计一款软件或 APP、尝试运用新媒体手段结合自己所长运营一个公众号、设计一个在线问答平台、利用本院创客空间的现有设备设计一款新媒体交互装置等，这些创意性的实践活动会加强学生与社会的联系和对接。此外，课堂风采展示部分缺乏一定的学生自评和小组互评，教师不容易把控展示内容，往往只能偏向积极性点评，难以实现灵活有效的

① 桂万保. 颠覆与重建：新媒体专业的教育理念与课程设置. 现代传播，2015，37(1)：143-145.

课堂评估与互动机制。

（四）缺乏富媒体手段辅助

随着在线学习、自主学习和终身学习思想的不断普及，学生更倾向于接受互动性强、可视化强、参与性强的动态学习环境，目前的授课形式与环境仍然是以较传统的“一对多，自上而下”模式展开，学生在这种相对被动的学习环境中很难全神贯注地学习课程。此外，由于教学环境和现有教具的限制，学生难以获得视、听、触等多维度、多层次、多感官的富媒体学习体验，导致学生在课堂中对问题互动的积极性不高、自主学习的能动性较差、课后拓展学习的主动性较弱等。

三、“新媒体产业”课程教学模式改革与实践

（一）多元化的复合式教学模式改革

1. 虚拟项目教学法

项目教学法是由加德纳提出的，以多元智能教学理论、建构主义教学理论和活动建构教学理论指导。① 项目教学法是一种“以学生为中心、以项目为中心、以实践应用为中心”的教学方法。虚拟项目教学法是在课堂授课过程中构拟或模拟一个新媒体公司或事件，要求学生通过财务数据、运营状况、组织管理结构分析公司在经营和管理过程中存在的问题，并尝试解决这些问题。新媒体事件则是构拟一个紧急或突发的新媒体事件，该事件中往往隐藏了对技术、伦理、隐私等方面的知识点，要求学生对该事件进行分析，并做出相应的公关处理并防止再次发生事件的预警机制。项目教学法顺应了现代化教学改革的潮流，能够极大地发掘学生的综合研究能力、问题发掘能力、突发事件应急能力，从而提升媒体处理意识和能力，全面培养学生未来的综合从业能力。

2. Workshop 工作室模式

Workshop 可翻译为“工作室”或“工作坊”，此处可理解为工作小组或工作团队。② 该模式常见于小组形式的互动，小组成员需要结合自己的兴趣所长合作完成某一特定的课堂展示作业。课堂展示能够体现学生的前期文献收集能力、归纳能力、PPT 制作能力、演讲能力。该环节能实现学生之间充分利用彼此的长处，发挥优势，取长补短，相互学习。这也为日后学生进入工作岗位快速适应团队合作制的工作方式奠定了良好的基础。更重要的是，师生能够完成双向

① 赵胜利. 多元智能理论对综合艺术课程建构的启示. 装饰，2006(5)：88-89.

② 吴瑕，朱登胜. 基于 workshop 的工作室实训教学改革. 课程教育研究，2016(33).

交流互动，降低了消息不对称、不透明的情况，使老师能够及时了解学生的想法、知识掌握能力和执行能力，也可通过互联网的无缝链接，实现超越空间地点限制的交流、沟通与合作。

3. 新媒体技术辅助智慧教学

目前，课程中正在尝试使用"雨课堂"和电子黑板两种智慧教学方法。"雨课堂"可实现课堂前、课堂中、课堂后的完整立体教学过程。比如，上课前教师可以把MOOC视频、习题和问题等需要预习的课件提前推送给学生，上课过程中可实现实时答题、弹幕互动、随机点名等互动环节；课堂结束后，学生可以针对授课内容提出问题，教师回答问题以巩固知识点。此外"雨课堂"可以生成个性化标签、报表、题库，学习进度与自动任务提醒，通过学生的答题、问答和作业等大数据参数精准掌握每一位学生的个性化学习需求。同时，授课过程中还尝试使用了教学白板，用数位笔代替粉笔，将一些晦涩难懂的产业知识以图文并茂的形式实时展示给学生。

4. 微型学习同步课堂学习

随着移动互联网的发展，学生能够随时随地访问手机网站和应用获取相关知识，慕课、微课等基于互联网的新型学习模式应运而生。因为微课学习能够有效化解单一课堂教学环境的局限性，对课堂资源进行整合、关联，形成一个内容完整、重点突出的资源包。[①] 因此，本课程中主要使用了微信、QQ两大即时通讯软件同步完成了部分课堂内容的在线学习，微型学习主要试行了在线课堂、课件上传、练习测试、学生提问、教师回答等环节。

（二）加强教学内容的时效性与国际视野

"新媒体产业"课程的时效性、热点性和前瞻性都很强，一个新媒体事件的流行时效可能也就几个月甚至只有几天，对具有代表性和特征性的新媒体事件的筛选和解读就显得尤为重要。同时，这些数据的变化对传统媒体和新媒体的发展都提出了更高的要求，且这些新媒体行业的变动与变迁往往都是跟随国外媒体行业发展而来，这就要求教师需要具备较强的英文文献查阅能力和前瞻的国际学术视野，能够及时研究国内外最新的新媒体产业发展趋势，审时度势地更新、设计与制作课堂授课课件。

（三）考核学生学习成果的多形式、多样化

以往考核学生学习成果的唯一标准往往是论文或读书笔记，但是仅凭一份

---

① 胡铁生."微课"：区域教育信息资源发展的新趋势.电化教育研究，2011(10)：61-65.

简单的论文不足以检验学生对该学期知识点和知识结构的掌握程度；再加上学期末作业往往会大量集中完成，严重降低了论文的质量和学生的写作积极性。因此，要平衡期中与期末考核量化的比重，保持学生的学习热情和动力，比如，加大期中考核力度，将读书笔记、产业调查报告、项目策划案按一定的时间段分别提交，减少期末论文成绩比重，通过控制各类型考核成果的百分比，真正提高学生的积极性。

（四）增加实践与实习的应用环节比重

目前，已经通过产业调查报告的方式为学生深入新媒体企业或公司考察调研提供了良好的机会，学生通过调研公司、发放问卷、访谈人物等方式加强与社会的对接。但是考虑到签约公司、实习经费、人身安全等多种因素，老师能带领学生外出实习的机会较少，不过大三、大四的实习阶段，老师都会为学生联系相关新媒体公司，如网易青岛、凤凰青岛、青岛广电中视文化有限公司。一方面，学生可以进入这些公司学习新媒体产业运营等知识；另一方面，公司可以组织相关专业从业者来我院进行新媒体短期实训与培训，通过行业实战模拟让学生完成实践与实习环节。此外，学院还具备自主创新和设计的“海创空间”创客实验室，拥有 3D 打印机、热转印机和激光切割机等产品制造设备，能够帮助学生将自己的新媒体创意付诸实践。

四、改革成效与思考

通过对“新媒体产业”课程多元化教学模式的探索，学生对整体学科和知识点的把握有了较大的提升，课堂上以及在线提出问题时回答与回复的积极性也有所提高，课下能够结合课件中的拓展内容自主学习一些相关知识，并能够利用创客空间设备和手边现有材料创造一些具有本校海洋发展特色的新媒体产品。教师通过与学生交流互动，及时补充了教案与课件内容，达到了教学相长的目的。

SWOT 分析法下的“企业经营沙盘模拟与对抗”课程教学模式研究

张竞元*

摘　要：“企业经营沙盘模拟与对抗”课程是一种全新的体验式课程，论文在借鉴各高校开设此类课程的经验基础上，结合自身特点及优势，设计出一套更具实践意义及普及性的教学方案，主要介绍中国海洋大学该授课体系的具体授课方式与过程，并利用 SWOT 分析理论，深层次剖析这种教学方案的特色，以期为各大高校此门课程的开设与优化提供借鉴与参考。

关键词：企业经营；沙盘模拟；实验教学

“企业经营沙盘模拟与对抗”及相关课程近几年在各大高校及高职院校管理院系相继普及开来，仅几年时间与该课程相关的教学研究、教学内容探讨的文章便如雨后春笋般出现在各大期刊文献中，这种大讨论的出现也恰恰说明了开展此类课程的重要性与紧迫性。

一、“企业经营沙盘模拟与对抗”课程简介

“企业经营沙盘模拟与对抗”是讲授企业经营管理的实训课程①，采用的是一种全新的体验式授课方法②，其通过直观的企业经营沙盘来模拟企业运行状况，让学生在分析市场、制定战略、组织生产、整体营销和财务结算等一系列活动中体会企业经营运作全过程、认识企业资源有限性，从而深刻理解管理思想、领悟科学管理规范，进而提升相应的管理能力。

具体而言，沙盘课程是在物理沙盘或电子沙盘实验教学环境下，将学生分成

---

* 张竞元，中国海洋大学经济管理实验中心实验师，主要研究领域为企业经营沙盘模拟、会计信息化研究。该研究为 2018 年度中国海洋大学中央高校基本科研业务费实验室研究基金项目“创新创业背景下管理专业学科概览实验课建设与实践”阶段性成果。

① 程培岩，续慧泓，严建渊. 基于 ERP 构建经管类高校综合实训基地. 实验室研究与探索，2009，28(3)：145-147.

② 沈炜，王宁宁. ERP 沙盘模拟实验课程初探. 中国管理信息化（综合版），2007，10(1)：73-74.

6～8组，每组5～8人，组员分别担任CEO、财务总监、营销总监、运营总监等职务[①]，并以每一团队为单位经营一个初始状况相同的公司，在连续从事6～8个会计年度的经营活动后，根据最后团队所有者权益等综合经营状况来做出综合评判的一门以实验操作为基础的综合性实战课程。

二、“企业经营沙盘模拟与对抗”课程的特点及优势

近两年来促使各高校相继开展此类课程的根本原因就是它相对于传统的授课式教学方法，具有了无可比拟的课程优势。

1. 沙盘模拟具有的跨学科、跨领域的特点，使其成为一门综合性实训课程

学生在进行角色扮演的同时，面对不同的市场环境，分析产品的市场容量、市场份额、竞争对手的发展方向，并结合自身的情况，如市场需求、原料采购、生产能力、资金状况等各种可变因素，制订企业的市场发展规划、产品开发规划、销售计划、投资战略等。该过程需要学生综合运用多门学科的理论知识去分析问题、发现机遇、制定决策、组织实施，才能最终达到在连续从事6～8个财务年度的经营活动之后，仍能保持企业持续发展的目的。

2. 沙盘模拟课程生动形象，能够极大地激发学生的学习热情和参与热情

沙盘模拟集参与性、互动性、竞争性于一体，寓教于乐，真正实现了体验式教学的理念：在激烈的市场竞单中，各小组针锋相对，靠着各自的技巧与策略逐鹿群雄；当某个小组因为特殊原因不能按时交货时，也必定会有他人通过转让订单来雪中送炭；“我们是对手，我们是朋友”，在竞争中互相朝着积极向上的目标发展，从而使学生摆脱了枯燥的理论教学，让其产生兴奋的、充实的成就感，这也正是体验式教学的最终目的。

3. 沙盘模拟在授予学生管理方面的知识与技能的同时，加强学生综合素质的全面发展

整个模拟经营的过程需要学生具备沟通谈判的能力，树立共赢理念，坚持诚实守信的原则，发扬团队合作精神，这正是传统式非实践教学中最欠缺的部分，而这也正是当代大学生需要且最亟待培养的品质的集合。

综上所述，沙盘模拟课程之所以这么受高校管理院系青睐的缘由是显而易见的了。

① 陈朝晖. ERP沙盘模拟对抗教学方式探索与实践. 实验室研究与探索，2009，28(1)：173-176.

三、“企业经营沙盘模拟与对抗”课程的授课方式

让我们来概览一下部分高校开展该类课程最普遍的授课方式：

课程授课方式一般是利用周末或者小学期的时间，通常设置为两天共计16个学时的连续性教学。教学过程一般分为三个阶段：

第一阶段：课程概览，讲解整个模拟经营的流程及相关管理类理论基础知识，约4学时。

第二阶段：进行分组，根据实验室具体条件来进行物理或电子沙盘模拟经营，约10学时。

第三阶段：总结分析，包括教师的点评及学生感悟，约2学时。

这样操作的原因是考虑到了利用相对比较集中的时间，能够保证课程的连续性，与企业经营的环境更相似，从而达到更好的教学效果。

下面将介绍中国海洋大学“企业经营沙盘模拟与对抗”课程的体系及具体授课方式：

课程面向的是不以文理、专业及年级为限制的中国海洋大学全日制本科生。

课程性质属于通识限选课，课程安排在正常教学周，共52课时，分13周进行，每周集中教学一次，为4课时。

课程的开展地点为经济管理实验中心的企业经营决策模拟实验室。该实验室具备所有开展物理沙盘、电子沙盘等必需的软硬件环境，并可容纳36人同时上课。

整个课程分为四个阶段(图1)：

第一阶段(第1～8周)：以物理沙盘为依托的指导教学阶段。

在第1周课进行简单的课程介绍后对学生进行分组，因物理沙盘盘面的限制，将36人分为6组，每组6人，主要目的是增进组员之间的了解，并对课程内容进行整体的把握。

第2周课，将进行引导年的经营。

第3～8周课将进行为期6年的企业模拟经营。

从引导年开始，每次课程结束后，教师会对当年各组的经营状况进行点评与分析。这种分析是教师针对每一年学生在那个阶段可能出现的问题，有的放矢地讲述一些经营管理的理论，以便让学生渡过难关；作为学生，则在每次经营完毕后，整理出课堂小结，上传到中国海洋大学网络教学平台(Blackboard平台)上进行组内交流。这一阶段每次课后的小结也是课程的一个延续，学生只有权限

登录自己团队的讨论版进行战略规划和组内资源的共享而无权窥探其他团队的商业机密，有助于学生团队意识的培养，最后由每组的 CEO 进行管理和评级。每次课教师都会拿出一定时间，对于每个团队上周在 Blackboard 平台上的具体表现，进行综合评价。

在以平均每次课经营一个会计年度的情况下，完成 6 年的物理沙盘经营，教师进行综合点评，并为进入下一课程阶段进行铺垫式引导。

第二阶段(第 9～10 周)：以电子沙盘为依托的体验式教学阶段。

在物理沙盘向电子沙盘的转换过程中，同时对学生进行角色互换与重新分组，由原来的 6 组转换成 9 组，每组 4 人。

此阶段课程的重点在于熟悉电子沙盘的操作规则与流程，由于采用了电子沙盘，经营的整体进度会大幅度提高，而且避免了物理沙盘的舞弊行为，更具公平公正性；为了让学生能够进一步体会经营中各种数据的来源、去向，仍需要各小组在每年经营结束后自行完成报表。

学生在此阶段需要提交主题作品，可以尽情发挥其想象力和创造力，制作出譬如课程宣传片、原创 Rap、电子杂志、报纸、MV 等丰富多彩的与课程相关的主题作品。这进一步激发了学生课下自主学习的热情，把多种技能与沙盘课相结合，多元立体化地展示了课程的学习成果。

同时，教师引导学生学习套表的制作，为第三阶段的实战对抗打下基础。

第三阶段(第 11～12 周)：以电子沙盘为依托的实战对抗阶段。

在此阶段，将两次的课程合并为一整天，进行为期 8 年的模拟经营对抗实战，可以再对学生进行角色互换与重新分组，将原来的 9 组分为 12 组，每组 3 人。这样做的目的是为了避免学生对订单模式的惯性，从而培养学生依据市场环境随机应变的能力；同时学生经过了前两轮的训练，对于各个角色的职能和经营的规则有了更深刻的把握，3 人的配合足以完成整个经营流程。在实战对抗过程中，完全由各小组成员规划并最终完成整个 8 年的经营，教师由引导者身份正式退居幕后，同时设置一些突发事件(例如随机订单，原料延迟等)，来模拟现实商战的真实性，增强实战对抗的激烈程度。

此阶段学生对抗结束后，要求各团队提交含有 8 年数据的各部门经营分析的 Excel 套表，这对学生的数据分析和整合能力又提出了新的考验。

第四阶段(第 13 周)：分享总结。

此阶段为本门课程的升华部分。教师会对课程作画龙点睛的点评，同时与学生一起进行开放式交流。而交流的最终成果将以论文、实验报告、本科生研究发展计划(SRDP)或者国创的项目申请书等形式体现。这进一步锻炼了学生的综合能力,使其把课程中的所有感性体验上升为理性认识。

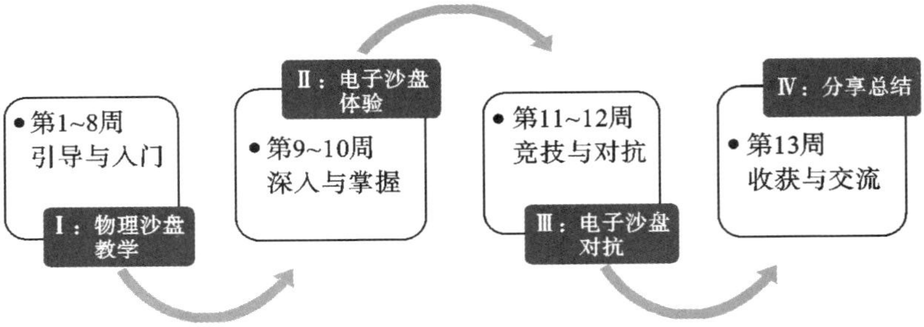

图 1　“四阶段”教学法简单图示

四、“企业经营沙盘模拟与对抗”课程的特色

以下笔者将借用 SWOT[优势(strength)、劣势(weakness)、机会(opportunity)、威胁(threat)]分析法来具体剖析该课程体系:

(一)优势

物理沙盘与电子沙盘相结合,授课时间为整个学期,优质的软硬件教学环境,多专业、多学科同学共同参与。

物理沙盘与电子沙盘有其各自的优势,但当只设置 16 学时的集中教学时,由于学时的限制,只能选择其中一种进行。

物理沙盘操作复杂,时间长,因刚接触,报表及各方面数据计算难度大,易出错且不易做平,监控性差,易出现违规情形。但也正因为物理沙盘操作的复杂性,才能逐步培养出耐心、细心等优良品格,为以后电子沙盘操作奠定基础。填写报表的过程能够让学生运用管理学基础知识及锻炼他们的逻辑思维能力,找出错误原因的过程也正是深刻理解整个模拟经营流程的过程。一些操作违规现象:如原料订单下晚了,且没有按订单上要求而采用电子沙盘中的“紧急原料采购”方案进行“正当”使用及生产,直接用现金购买原料而忽略了在途的过程,原则上违规,但这种违规会让学生更深刻地意识到提前做好原料采购计划的重要性,进一步理解“以产定料”的管理思想。

物理沙盘真正的优势体现在:从管理、经济的基本原理入手,熟悉整个经营过程的同时,能够逐步体会到基本原理在决策中的作用,一是为下阶段电子沙盘顺利进行做准备,二是从更深层的理论出发,真真正正地清楚每个数据是通过怎样的计算一步步得到的。

相对于物理沙盘，电子沙盘的最大特点就是使用者所考虑的变量增多，挑战性增强。① 电子沙盘在结合物理沙盘的基础上更具其优势：

此阶段主要目的是让大家了解电子沙盘的操作步骤（操作流程与物理沙盘大同小异），以物理沙盘阶段积累的经验为基础，自行设计出现金流预测表及与现金流量表直接挂钩的生产线改造计划表、原料预订表、市场预测分析与广告投单表等，在经营中逐步完善各种表格的同时，学会长远战略决策与规划及锻炼学生面对突发事件时的应变能力。因为有物理沙盘的基础，比起直接接触电子沙盘而言省去了熟悉整体经营方式的过程，从而使大家更容易进入角色。更具创新性之处是电子沙盘阶段重新分配角色，学员能够切身体验到不同角色分工，这样在一门课中能够让每位学生了解多个岗位的职责，学到多个岗位的专业知识，与此同时，也让学生学会设身处地为他人着想，考虑问题也会更加注重全局性。

上课所在的企业经营模拟实验室是经济管理实验中心最具特色的实验室之一，正是这样优质的环境为教学提供了重要的物质保障，从而能够为进一步实现教学效果的优化提供基础。

最后，我们的课程针对的是不以文理、专业及年级为限制的中国海洋大学全日制本科生。虽然大部分学生在接触沙盘前没有良好的经管类学科基础，但正因为来自不同专业，每个人都有各自思维的优势，这样交叉组成团队，打破了学科的专业壁垒，拓展了学生的知识体系，也更利于各专业学生交流，拓宽知识面，从而向既专又博的复合型人才的培养目标迈进一步。

（二）劣势

非连续性教学，没有固定的指导教材。② 因为安排在正常教学周教学，每周只进行一次课，难免削弱了企业经营模拟中要求的连续性，但我们通过 Blackboard 平台可以解决非连续性造成的遗忘问题。在远离实验室的时候，学生正是通过在 Blackboard 平台上的讨论沟通来强化对于课上知识的记忆，无论是物理沙盘时期的复盘，还是电子沙盘时期的战略规划，正是利用课下充裕的时间一步步完成的，也正因此，对于大部分非经管专业的学生来说，可以有充足的时间学习、吸收、消化相应知识，以达到更好的教学效果。但如果以小学期或周末集

---

① 张娟. 沙盘模拟形式的对比. 技术与市场，2009(12)：27.

② 刘勇，郭科，彭蓉. 把“市场”建在实验室把“企业”交给学生. 实验室研究与探索，2010，29(3)：174-175.

中式教学模式来进行，对非经管专业的学生来说，学好这门课程是比较吃力的，也很难发挥其思维的优势。而我们在课程的第三部分也加入了电子沙盘实战，这也是为弥补非连续性而设置的关键环节，在先前物理沙盘与电子沙盘学习的基础上再进行的实战，相比进行基础知识讲解后直接进行的实战，更有其现实意义。

没有固定的教材的确有很多不便之处，适合企业经营用的专业书籍大多深奥晦涩，不适于初学者使用，而专门针对课程的简单入门级书籍目前还只是停留在培训手册的层次，为了应对这些问题，就需要任课教师具备更高的素质，如何在实践中摸索出更好的教学方案，怎样使案例与实践教学更好地结合，如何随时掌握好变换角色的时机，对教师来说着实是个严峻的考验。

（三）机会

全国各高校开展此类课程的热情持续攀高，各高校都加大了支持力度，全国沙盘大赛正如火如荼地进行着，这些都是我们的机会。

对于所谓的机遇，就是环境带来的优势，正如文章开始所描述的，各高校管理专业对企业经营沙盘模拟课程的重视度正在逐步升高，国内的大环境促进了该种开放性实验课程的开展；在分享各高校教学经验的同时，真正摸索出适合本校自身发展情况的教学模式变得相对轻松，再加以学校的大力支持，加快课程建设的步伐也是必然趋势。

现在全国针对大学及高职院校的竞赛多种多样，借助比赛的推动力，学生参与的热情大幅升高，无论是从管理专业本身出发还是从学校整体出发，面向全校学生开展并发展好这样一门课程是十分必要的。

（四）威胁

我们的课程才刚刚起步，学生对其了解甚少，相比其他高校多年的教学经验，有待提高的地方很多。

在中国海洋大学经济管理实验中心面向全校第一次开设“企业经营沙盘模拟与对抗”课程的时候，面对生疏的课程名，很多同学都持一种观望态度，只有少数勇于大胆尝试的学生选择了这门通识限选课。由于实验室课堂人数的限制，一学期的课程也只能让不到 50 名学生有机会了解接触沙盘模拟。

基于这点，课程所在的经济管理实验中心积极联系校外企业及校内的协会与社团，定期举办全校范围内的“企业经营沙盘模拟大赛”，将其影响力扩至校内外；建立了“沙竞之元”俱乐部并拥有自己的公共主页，经过 9 届成员的不懈努力，目前粉丝数已超过 2000 人；我校经济管理实验中心多次组织并参加“金蝶杯”教育部全国大学生创业大赛、“用友杯”创业设计暨沙盘模拟经营大赛；无数有着高昂斗志与思想的学生借助这些赛事，正准备参与到更具体系化的课程学习中来，而我们也准备将这种课外比赛继续普及下去，将沙盘这门课程普及成校园文化，在有效利用比赛与教学相结合的培养模式下，提高我校在全国比赛中的核心竞争力，更要促使学生把在沙盘模拟过程中培养的竞争进取的精神带到各学科的学习中去。

综上所述，中国海洋大学经济管理实验中心开展“企业经营沙盘模拟与对抗”课程的自身优势明显，劣势则可以通过改进弥补。大环境的机会正在向好的一方面继续发展，校内小环境中面向所有专业推广企业经营模拟的过程虽有困难，却是一项支持我们不断改进的挑战。

关于地球科学类通识课程建设的探讨

——以“科学认识天气”课程为例

赵传湖[*]　盛立芳

摘　要：通识教育是现代高等教育的发展趋势，地球科学类通识课程建设是构建通识教育体系的重要内容之一。地学类通识课程建设中要重视科学与人文精神相结合，知识体系与学生的兴趣相契合，形成文理贯通的课程思想，并依托于教材的编著和多样化的教学形式，在课程中充分实现教学互动。本文以一门地球科学类通识课程的建设过程为例，对目前通识课程体系建设问题进行讨论。

关键词：通识教育；课程设置；大学；地球科学

一、引言

通识教育是现代高等教育的发展趋势。西方大学教育从古代文雅教育（或称博雅教育、自由教育）历经共同科目教育而后发展至当前的通识教育。[①] 在中国，则经历了由古典“君子”教育[②]，到近现代全力发展专业教育，再到目前推广通识教育的阶段。不同的文明在同一个时代背景下对高等教育有着同样的需求。

在当前“世界历史的中国时刻”背景下，中国要在一个漫长的时期内重建自己的文明，并承担其历史责任。[③] 大学教育应给予学生全面的教育和训练，关注学生“作为一个负责任的人和公民的生活需要”，关注各个领域的知识和技能的教育。[④] 因此，国内高校需要改变目前以传授技术和灌输意识形态为主的教育体系，在大学里逐步建立和完善通识教育制度，构建通识教育体系，使学生既具备专业知识和技能，又是一个有教养的人，在科学与人文、功用与理念、专业与通

---

* 赵传湖，中国海洋大学海洋与大气学院副教授，主要研究领域为海气相互作用与短期气候预测。

① 黄坤锦. 大学通识教育的基本理念和课程规划. 北京大学教育评论，2006，4(3)：26-38.

② 姚中秋，李强，丛日云等. 通识教育与文明复兴. 学海，2013(4)：120-144.

③ 高全喜，姚中秋，许章润等. 世界历史的中国时刻. 开放时代，2013(2)：5-69.

④ 李曼丽，汪永铨. 关于“通识教育”概念内涵的讨论. 清华大学教育研究，1999(1)：96-101.

识、知识与人格等方面取得平衡与和谐。①

虽然通识教育的理念现在已被国内高校所广泛接受，但对建立什么样的通识教育体系尚无定论。通识教育可以通过分类必修课、核心课程、经典名著课程等多种途径实施。② 强调与西方高校现有做法接轨的同时，也倡导利用国内资源，关注中国高等教育的传统与实际。③

经过十多年的经验积累，国内高校在通识课程体系建设上取得了显著成果，但也存在许多亟待解决的问题，尤其是对通识教育思想的理解还不够充分和深入。例如，将通识教育片面地理解为人文教育；将通识教育等同于各学科知识的简单堆积；把通识教育和专业教育对立起来；把通识教育看作专业教育的简单基础等。④ 通识教育的理念和模式体现于通识课程的教学中，但现有课程在面对不同生源地、不同学科、不同兴趣、不同教育背景的学生时，还不能满足他们多样化学习的需求。在课程内容上，许多课程仍然以专业化教学的模式进行。

通识教育的目的在于培养完整的人，这就要求在建设通识课程时，需要综合考虑到授课对象知识结构的多样性，启发和培养学生的积极性和主动性，在知识交流的过程中，完成高等教育对学生世界观、人生观和价值观的培养。另外，不同类型、层次和特色的学校，在课程的组织、开课门类、教学方法以及课程配置方面，都有很大差异。因此，各类学校需要在通识教育一般原则的指导下，根据自身特点，在确定通识课程的分量、门类上有所侧重，组织独特的通识课程体系和管理通识课程的教学过程等。⑤ 在通识课程建设时要充分考虑学生需求，并结合课程特点，采取恰当的学习模式，以达到最佳的学习效果。

二、开设地学类通识课程是时代的需求

在全球化的时代背景下，建设人类命运共同体，高等教育全球化是历史的必然。现代通信技术的发展和全球性问题的涌现加快了全球化的进程。⑥ 地学教育在高等教育中承担了基础而关键的作用，应对全球化是新时代赋予高等教育的责任，一个非常重要的方面即是需要开设高质量的地学类通识课程。

---

① 季诚钧.试论大学专业教育与通识教育的关系.中国高教研究，2002(3)：48-50.

② 潘懋元，高新发.高等教育的素质教育与通识教育.煤炭高等教育，2002(1)：1-5.

③ 李曼丽.中国大学通识教育理念及制度的构建反思：1995～2005.北京大学教育评论，2006，4(3)：86-99.

④ 蒋香仙，洪大用.创新通识教育促进学生全面发展.中国大学教学，2012(12)：22-24.

⑤ 王义遒.大学通识教育与文化素质教育.北京大学教育评论，2006，4(3)：2-9.

⑥ 蔡宗模.全球化视野下的未来大学.高等教育研究，2015，36(9)：18-25.

当前地球科学发展的特点是各学科相互交叉、相互融合，推行地学类通识课程的建设，对培养学生的科学思维和科学精神，学会用科学的方法分析、解决问题，了解科技前沿、科学发展过程，培养创新实践能力具有重要意义。① 地学类通识课程通过训练受教育者的地学思维，建立“人类只有一个地球，各国共处一个世界”理念，实现整体化地球观的主观构建。②

三、地学类通识课程建设方案

地学类课程的认识对象具有巨大的空间尺度和时间尺度，并具有很强的实践性。地学类通识课以训练系统性、整体性和联系性的思维方式为目的，以认识人与地球的关系为主线，与专业课程讲授系统性的专业知识、培养专业性人才为目标有着根本的不同。在这样的背景下，我们开设了面对非大气科学专业学生的通识课程——“科学认识天气”，通过讲解基础的天气知识和热点事件，引导学生理性看待极端天气和气候现象，思考现象背后的问题，增强对传媒信息的分辨力。在此基础上建立社会主义核心价值观，具备理性思考问题的能力。

（一）科学与人文相结合的课程内容

在地球数亿年的进化中，地球大气与其他圈层相互作用，形成了独特的气候类型，孕育了丰富多彩的地球生物圈，是人类赖以生存的最重要的环境，与人类社会的形成和发展密不可分。地球环境的变化严重影响着人类的生存环境，对于人类社会的和谐发展具有重要意义。近年来频发的极端天气、气候事件，更是引起了社会的急切关注与讨论。因此，地球科学类课程建设包含浓厚的人文色彩，离不开继承及发展人类认识自然的勇气和精神。

人文精神的关注贯穿于课程实践。我们引用2012年的“北京721大暴雨”例子介绍气旋天气，搜集了媒体和市民对此次暴雨过程的描述和体会，引起学生对于重大天气灾害的关注。然后，通过降水等级的定义及暴雨形成的条件，结合北京市气象台发布的六次降水预警，详细分析此次降水的过程和影响降水的天气系统。接下来，用多媒体资料展现北京人民在面对暴雨灾害时的巨大勇气与自强关爱的精神。最后，对这次暴雨过程造成的灾害进行反思，引导学生对解决城市规划与建设中存在问题的长效之道进行思考。

---

① 徐继山，隋旺华，董青红. 试论地学教育中通识课程的“里”与“面”. 高等教育研究，2017，40(3)：12-17.

② 伍荣生. 对地球科学通识课程的一些看法. 中国大学教学，2012(6)：4-6.

（二）一线贯穿的知识体系

学习的过程是新、旧知识结合的过程，需要有纵向和横向的脉络，并能够熟练地综合运用。通识教育强调了学生对知识系统的自我构建，但这种构建也需要系统性的课程体系为基础。否则容易造成知识内容脱节，结构散乱，学生不易把握课程的主线，难以取得良好的教学效果。因此，通识课程的建设需要具有系统性。

学生的兴趣是通识课程建设的出发点。选修通识课程的学生知识背景差异很大，只有抓住了他们共同的兴趣点，才有可能营造良好的学习氛围，架起能够让学生深层次讨论的桥梁。现代生活离不开天气与气候。以本课程的章节设置为例，将主要内容分成了四个部分：首先，“走近大气”介绍大气科学的基础知识；第二，“认识天气”了解基本的天气现象及其发生的原理；第三，“预报天气”交流天气预报的用语、基本方法与技术；最后，“保护大气”针对当前全球变化的热点问题进行讨论。在实际的授课中，以讲座的形式进行课程建设，结合实际问题展开，增强了课程的趣味性。

（三）文理贯通的课程思想

通识教育的目的是促进学生对不同学科原理的融通与理解，强调基础理论、基础知识的思想精髓及其在实际中的应用。现代高校中，专业的设置越来越广，各学科之间存在思维方式的显著差异。因此，在面对不同专业的学生时，要从认识世界的方法论层面，以某个或某些实际现象为纽带，寻找不同学科之间的内在关联，提取各个学科解决问题的思想精髓，以此来丰富学生的思维，提高思考问题的能力。

大致而言，文科生感性，对事物的变化敏感，易提出问题；而理工科学生思维逻辑性和动手能力强，善解决问题。在认识地球系统概念的过程中，本课程从中国古典哲学的“天人合一”思想入手，以《黄帝内经》中“四气调神大论”的内容为引，结合“盖娅假说”，培养学生从整体上认识地球系统的思想。这样的内容安排既能激发理工科背景学生对生活的兴趣，又可给予人文社科类学生从整体上进行思考的锻炼，通过细节把不同学科联系起来。

（四）自主实践的教学过程

通识课程需要给予学生更大程度的自由。从根本上讲，所有课程内容的设置都是为学生服务的，尤其在通识课程的建设方面，更要给予学生主动权，锻炼其动手能力、合作能力、判断能力等。需要从传统教学中的以教师为中心的灌输式向启发、阅读与交流为主要方式的研究式课程转变，培养学生的学习能力、激发学习兴趣，完成知识架构的自我建立。

本课程在教学中应注意与生活密切相关的题目做交流和讨论，引导学生做研究性的题目。学生分小组讨论交流和讲解课件占了1/4的课时。例如，在认识天气现象的内容部分，同学讲解家乡常见天气现象的特点、产生条件及其影响，实例举证并相互探讨区域差异，学生兴趣浓厚。在"保护大气"部分，以影视作品《难以忽视的真相》为主题，结合所见、所闻，针对全球变化问题展开小组讨论，从不同角度认识当前气候变化的热点问题。

（五）多样化的教学方式

教学理念与教学内容需要多样化的教学材料的支撑，并通过多种形式的教学方式实现。但是适合于通识教育的地学类教材匮乏。一方面，专业课程教材专业性太强，充满了专业术语而显得枯燥难懂；另一方面，科普类的书籍往往又缺乏科学的系统性，不能满足学生构建系统地球观的需求。因此，课程建设中迫切需要编著兼具趣味性和知识性的教材。在本课程授课中，我们编著了适合于通识教育的教材《天气和气候的变化与预测》，收到了较好的教学效果。

地学类通识课程建设需要综合多种教学形式。从传统的以教师讲授为主，到以学生自学为主的网络课堂，再到教学结合较好的翻转课堂，不同的课程或者一门课程的不同内容需要找到合适的实现方式。在课程建设中，不拘于固定的模式，通过尝试多种教学方式方法，结合教材的编写，录制在线视频材料等，提高学生的兴趣和对课程的认同感，才能更好地提高教学效率。

四、通识课程建设中的问题讨论

因为授课对象的多样性和授课形式的灵活性，传统意义上的期末考试的形式不能满足学生学习评价的需要，在评定课程效果及成绩给定上要综合考虑各种因素，改革现有的评价体系。① 我们在对课程学习的评价中，试着综合考虑学生参与到教学活动中的所有行为，比如普查文献、网络资料搜索、课程报告、演讲课件等给予成绩评定，但对这些工作给出定量判断并不容易。

目前的通识教育体系在丰富课程的实现形式、多渠道展开通识教育方面还需要进一步努力。与课程相关的讲座、论坛、考察、社团活动、社会实践等，都可以用来丰富课程内容的建设，这样既能营造良好的氛围，又可最大限度地调动学

---

① 蒋莱，王颖. 研讨型课程：大学通识教育的有效途径. 中国大学教学，2007(9)：29-31.

生的积极性，实现学生自由、充分、全面地发展。

通识教育的有效实施，离不开健全完善的保障体系。[①] 除了充足的师资力量和丰富的图书资源之外，还需要高校的职能部门进一步转变认识，以服务者的姿态，提供详细的课程统计和评价分析，并让广大师生参与课程管理和评估体制的改进，总结和更新课程内容直至完善整个课程体系。[②] 从根本上为通识教育的开展提供软硬件支持和保障，推进通识教育不断向前发展。

爱因斯坦说"教育就是当一个人忘了在学校所学的一切之后还留下来的"，思想传承和创新的意义远大于具体的教育形式。信息化的时代背景给了高等教育重大的发展机遇。不断积累实践经验，构建符合时代要求的通识教育体系，丰富大学教育的思想内涵，培养能站立在"中国时刻"的人才，我们任重道远。

① 梁秀梅，孟蕾，李军等. 高校实施通识教育面临的问题及对策研究. 高等教育研究，2014，31(3)：1-2.
② 唐燕，高昊. 提升大学通识教育质量的路径选择. 教育评论，2014(2)：120-122.

针对“理论力学”课程的教改实践

宋　梅[*]

摘　要:“理论力学”是理科专业基础课程,课程涉及概念多、定理多、公式多,在传统教学中需要72课时来安排课堂教学。随着高等教育改革的推进和教学方案的调整,其课时被大幅削减,如何在有限时间内上好这门课是给授课教师提出的新课题。本文结合笔者多年的教学实践,针对少课时情况下的理论力学,从有效整合课程内容、积极激发学生学习兴趣、有机运用新式教学手段、尽量拓展课外学习交流渠道等方面阐述了课程的教学改革实践。

关键词:“理论力学”;内容整合;“雨课堂”;教改实践

“理论力学”是一门理科专业基础课程,是学生首次综合运用高等数学方法处理物理问题,在本科生课程体系中起着承前启后的作用。课程注重逻辑推理和数学演绎,理论性强,系统性强。课程涉及概念多,定理多,公式多,学生接受起来有一定难度,还需要配合一定数量的习题来强化对课程知识的理解和应用。随着高等教育改革的推进和本科教学方案的调整,理论力学课程的课时先是由72课时缩减到64课时,后来又改为48课时。课时大幅压缩,但课程在知识体系中的作用并没有改变。在“课时少,任务重”的情况下,如何提高和保证教学效果,这不得不说是对授课教师的一大挑战。李俊峰等人对于少课时下的工科理论力学教学模式做过探索,提出的改革思路和措施是值得借鉴的。[①] 但理科理论力学毕竟与工科差别甚大,不可照搬。况且当时所谓的少课时还是64课时,我们的现状更为严峻,仅有48课时。随着科技发展和多媒体的普及,教学手段越来越丰富。多媒体教学方便快捷,利于丰富课堂教学内容,提高课堂教学效率,但也存在不易掌控教学节奏和突出教学重点等弊端。如何将其与传统板书有机结合,充分发挥各自优势,让课堂教学效果最优化是教学设计中必须考虑的

---

* 宋梅,中国海洋大学海洋与大气学院副教授,主要研究领域为海面风场遥感与海冰遥感。

① 李俊峰.理论力学课程体系改革探索与实践.中国大学教学,2008(4):10-13;杨冠声,尚绪芝.少学时理论力学教学初探——精简理论.教学研究,2002(2):155-159;刘百来.少课时理论力学课程教学模式的探索.高等建筑教育,2010(4):81-83.

问题。

在此，我结合多年的课堂教学经验，谈谈自己采取的几项教学改革措施。

一、有效整合课程内容

在课时偏少的情况下，提高课堂教学效果和效率是必须的。为此，首先要梳理课程内容结构及其内在联系，将课程体系加以优化。

（一）重构章节次序，增加课程吸引力

目前，理科理论力学教材的编排顺序是质点力学、质点组力学、刚体力学、转动参照系、分析力学。① 教师讲授也基本参照教材的顺序来，先从牛顿矢量力学入手，质点、质点组、刚体各个模型依次讲完后，才开始讲授分析力学部分。课时紧张时，分析力学中的部分内容就会成为牺牲品。

牛顿矢量力学和分析力学是经典力学的两大理论体系，两者的研究对象都是宏观物体的机械运动。牛顿矢量力学基于牛顿运动定律，主要运用矢量分析的方法来处理力学问题。其中许多物理概念和部分定理在大学物理力学中接触过，接受起来相对容易。分析力学则是引入广义坐标概念，以虚位移原理和达朗贝尔原理为理论基础，运用数学分析方法研究力学问题。其中涉及的物理概念（如广义坐标、自由度、虚位移等）和采用的数学方法（如变分等）都是全新的，接受起来难度更大。

随着计算机技术的发展，分析力学在复杂动力学问题处理中，尤其是计算机辅助分析中的优势凸显出来。分析力学的学习可以为学生们打开一个全新的视野，提供一种不同于以往的分析解决问题的途径。因此，分析力学部分的教学不应当成为课时削减的牺牲品，而应当想办法予以加强。

我们基于课堂教学经验和学生们的反馈做了如下调整：将分析力学中的虚功原理和拉格朗日方程部分提到质点组力学之前来讲。这样做的好处有：①增加课程吸引力，提高学生的重视程度。分析力学概念新，思想新，具有一定挑战性，学生们吃力学老本的心态消失，学习积极性提高。②增加分析力学方法的应用机会。传统讲授中将分析力学后置，在课程的大部分时间里只讲牛顿矢量力学。现在将分析力学提前，那么在讲刚体力学和转动参照系时，我们就可以将经典力学的这两大理论体系融合在一起。这有助于加深学生对基本概念的理解和

① 周衍柏. 理论力学教程（第三版）. 北京：高等教育出版社，2009：1-277；赵德林. 理论力学（第一版）. 北京：科学出版社，2013：1-317.

对两大理论体系的认识。

(二)利用好大学物理基础来节省课时

牛顿矢量力学的有些概念对学生们来讲并不陌生,他们在大学物理力学中、甚至在高中物理中就有所接触。不同之处在于,大学物理力学侧重的是物理现象和物理过程,是通过分析归纳的方法,由现象找规律,从现象抽象出理论。而现在的理论力学则是构建逻辑框架,通过逻辑演绎方法来推导机械运动的基本规律,揭示其根本性质,强调概念的确切性和逻辑的严谨性以及高等数学工具的运用。

在课时紧张的情况下,利用好力学和理论力学的关系也很重要。首先要避免内容的重复讲解,还要运用好理论力学的逻辑性和系统性,突出它与力学的区别。这样既可以节省课时,又给学生以新鲜感,可谓一举两得。

具体的做法如下:①质心的确定,转动惯量的计算等这类与力学重复的内容,可以课前布置给学生们自学完成,不必占用课堂时间。②以牛顿运动定律为主线,将质点、质点组、刚体的动力学联系起来讲解,并将静力平衡作为其特殊情况。这样知识脉络清晰,凸显理论体系的系统性。③在讲转动参照系部分时,通常的做法是先讲平面转动系,再讲空间转动系。其实,在讲清楚矢量转动会引起矢量随时间的变化这一前提下,可以直接讲空间转动系,而把平面转动系作为其特例来推演即可。④力系的简化部分也可以利用类似的演绎法,由一般到特殊来进行讲解。这样逻辑清晰,内容紧凑,节省课时。

二、积极激发学生学习兴趣

教学效果不仅关乎课程内容安排是否合理,教师有无充分利用课时,还取决于学生对课程学习的态度和重视程度。有言道"兴趣是最好的老师"。因此,少课时的教学改革中我们还需要积极激发学生的学习兴趣,提高他们对课程学习的积极性和主动性。对此,我们主要从以下四个方面入手。

(一)借助课堂教学渗透人生理念,帮助学生端正学习态度

在讲坐标系部分时,涉及同一物体运动在不同坐标系下的描述,描述形式不同但并不影响运动本身及其规律的揭示。我会借机引导学生:不同的人对于你的看法、评价不尽相同,就如同在不同坐标系下看你。不论别人眼中的你是怎样的,你都依然是你。所以不要在别人的评价中迷失自己,明确人生目标,做好自己才是最关键的。在讲最速下滑曲线时,我们求证出用时最短的轨道是圆滚线

而不是想当然的直线。我会引申一下：那些看上去的捷径也许未必是最佳选择。

（二）由身边熟悉的事例引入课题，激发学生深入学习探究的欲望

在刚体定点转动部分，将大家熟悉的陀螺带入课堂。通过演示陀螺转动，介绍刚体进动、章动、自转的概念，进而引出欧拉描述。演示陀螺抗干扰能力，激发对回转效应的思考和分析。在讲相对运动这一部分时，先让同学们思考：为什么水中救人失败的案例那么多？困难有哪些？从物理上如何去解释？怎样降低风险？设问的提出可以引发思考，激发求知欲，然后再引导他们去做严谨分析和定量描述，效果会事半功倍。

（三）引入新例题，让学生保持新鲜感

现在信息传播渠道多，学期之初有些学生就从往届生那里拿到了课程的电子课件和课堂笔记等资料。假如教师一成不变地去讲授一门课，学生很容易失去兴趣。我的做法是，每年都外选一批典型例题来做替换，原本的例题仅留作自学参考。这样既丰富了课程学习资料，又可以让课堂保持对学生的吸引力。

我的教学对象主要是海洋科学类专业和大气科学类专业。这些专业的研究领域都关系到地球表面海水和大气的运动，都会涉及地球转动效应的考虑。为此，我会通过引入相关例题来加强转动参照系这一部分的讲解。

（四）鼓励学生自主学习和独立思考

授人以鱼，不如授人以渔。教学要传授学生知识，更要引导学生学会思考和自主学习。在理论力学教学中，我们提倡学生对于感兴趣的物理问题进行自主探索，并给他们提供向全班同学展示成果和交流讨论的机会。比如，在我们讲相对运动部分时，有同学对追线问题进行探究，并用计算机模拟运动过程，给出了形象的动图演示。有同学对高空坠落过程感兴趣，针对高空坠机生还案例进行力学建模，分析坠落者受力情况，论证生还可能性及其影响因素。在分析力学部分，我们需要利用勒让德变换由拉格朗日函数得到哈密顿函数，由于课时限制，课堂上只是简单介绍了勒让德变换这一数学工具的原理，鼓励学生课下继续探索这一变换及其应用。有同学给出了勒让德变换在热力学中的应用，自己都感叹说：假如当时学热力学时能意识到这些联系就好了。

这些做法有效激发了学生的学习热情，他们在这些过程中不仅拓宽了知识面，还加强了学习和思考的主动性，分析问题的能力和语言组织表达能力也得到了锻炼。

三、有机运用新式教学手段

如今，随着科学技术的发展和教学条件的改善，教师可用的教学手段越来越多。多媒体教学具有操作方便、生动形象、信息量大等优势，被教师们普遍认可和采纳，甚至有取代传统板书之势。传统板书费时费力，也很难做到生动形象，但它具有独特的优势。教师在黑板上书写的过程学生们能够一步步看清楚，有足够的时间去思考，可以紧跟教师思路。这种师生同步是教学效果的有力保障。理论力学教学离不开传统板书，也需要引入新的多媒体教学手段来丰富课堂教学，加快教学节奏。有机的组合运用多种教学手段，扬长避短才是提高课堂效率和改善教学效果的合理做法。

（一）传统板书和电子课件相结合

对于一些具体的物理定义、相对明确的知识框架、简单的公式推导、复杂受力分析图等，我们通常利用电子课件来呈现，这比板书节约时间。另外，利用电子课件引入一些视频和运动动图等，可以将抽象问题生动直观地表现出来，有助于理解。

在理论推导和例题讲解环节，我们采用传统板书形式来进行，以便学生理清思路，看清步骤，加强印象。即使在采用电子课件授课的过程中，我们也随时借助板书对一些重点难点进行单列或进一步细致讲解，以起到强调或补充作用。

（二）利用“雨课堂”随时检测学习效果

“雨课堂”是学堂在线与清华大学在线教育办公室共同研发的智慧教学工具。“雨课堂”的引入可以有效地加强课堂互动，提升学生注意力。比如将事先设计好的一些小题目推送给学生，很方便地通过在线检测考查学生对于问题的理解程度，检验课堂教学效果，便于及时发现共性问题。利用“雨课堂”还可以方便地将课前预习课件推送到学生手机上，督促学生做好课前预习，掌握学生课前基础情况。

“雨课堂”的应用我们也刚刚起步，还有许多功能值得我们去尝试和推广。

四、尽量拓展课外学习交流渠道

理论力学向来有“理论好懂题难做”的说法，要想学好理论力学，必须配合一定数量的习题。通过习题练习可以巩固课堂所学知识，提高分析解决问题的能力。但由于课时的减少，目前习题课的数量难以达到要求。为了弥补这一缺憾，我们采取了如下措施。

（一）编写了《理论力学典型问题解析》，供学生课后参考

理论力学的习题形式多样，解题方法灵活多变，严谨的物理分析和规范的解题步骤是完成一个题目所必需的。我们编撰出版《理论力学典型问题解析》的初衷就是配合课程教学，引导学生规范处理理论力学题目。书中收录了与课程相关的几十个思考题和几百道练习题，给出这些题目分析解答过程的同时，对于常见错误进行了标注和分析。

在习题课配置不足、教师答疑时间有限的情况下，这一教学辅助材料是学生在进行课后练习时便捷的求助对象。

（二）整理印发理论力学数学基础，强化学生的数学运用能力

“理论力学”是首次需要学生综合运用高等数学方法来处理物理问题的课程。其中涉及矢量运算、微分方程求解、行列式计算、矩阵运算、变分等。数学工具的熟练掌握和运用对分析解决理论力学问题至关重要。尽管前期修读过高等数学和线性代数等课程，但由于疏于应用或遗忘等原因，在理论力学学习过程中数学处理仍是一些学生的障碍。为此，我们专门将课程中常用的一些数学知识进行归纳整理，作为必备数学知识印发给学生，以方便他们复习巩固，强化其数学运用能力。

（三）设置课程交流群，方便学生交流及师生互动

每次开课我们都会建立一个专门的课程交流群，师生全部实名加入。课程相关的电子课件、单元小结、典型例题等资料都会在群中共享。学生有问题可以随时在群里提问和讨论，教师则定期登录浏览群聊记录，集中回复提问或纠错。这个交流平台相当于课堂的拓展，既加强了同学间的讨论交流，又方便了教师答疑，起到了很好的教学辅助作用。

本人在教授本科生理论力学期间，面对课时大量削减的客观事实，考虑到新教学手段的应用，本着充分利用课时和教学资源来提高课堂教学效果的目的，对于理论力学教学进行了一些改革实践。“学”无止境，其实“教”更无止境。对教师来讲，教学改革任重道远，是一个需要不断思考和努力探索的征程。

面向系统能力培养的“计算机组成原理”核心课程建设

蒋永国* 洪 锋 董军宇 徐惠敏

摘 要:分析系统能力培养在国内外计算机专业教学中所处的核心地位;指出以“计算机组成原理”为核心课程的专业基础课程群存在的主要问题;提出面向系统能力培养的计算机组成原理核心课程改革的主要内容、关键问题;针对科学型、工程型和应用型不同类型的计算机人才培养需求,从兴趣引导、授课内容、教学方法、系统能力创新实践教学等方面提出改革思路,为我国涉海类高校计算机专业综合课程改革提供参考。

关键词:系统能力培养;计算机组成原理;核心课程;课程群

一、背景

作为高新技术产业的支柱学科,计算机科学的发展速度、与其他学科相互渗透的速度是其他任何学科所不能比的。计算机专业理论与实验教学内容的更新频率越来越快,课堂上“填鸭式”的授课教学远远满足不了对科学型、工程型和应用型不同类型计算机专业人才的需求,因此必须重视计算机专业学生的系统能力培养①,CS 2013(Computer Science Curricula 2013,ACM&IEEE)以及教育部高等学校计算机科学与技术专业教学指导分委员会②均要求进行学生系统能力培养(总能力包括计算思维能力、算法分析与设计能力、程序分析与设计能力以及系统能力四大专业基本能力,系统能力占总能力的75%)。系统能力主要包括系统认知、系统设计、系统开发和系统应用能力。具体来讲,就是要求学生掌

---

* 蒋永国,中国海洋大学信息科学与工程学院副教授,主要研究领域为海洋传感网与海洋大数据。

① 王志英,周兴社,袁春风等.计算机专业学生系统能力培养和系统课程体系设置研究.计算机教育,2013(9):1-6.

② 刘卫东,张悠慧,向勇等.面向系统能力培养的计算机专业课程体系建设实践.中国大学教学,2014(8):48-52;高小鹏.计算机专业系统能力培养的技术途径.中国大学教学,2014(8):53-57,34;施青松,陈文智.强化计算机课程贯通教学 深入面向系统能力培养.中国大学教学,2014(12):61-65;施青松,陈文智.强化计算机课程贯通教学 深入面向系统能力培养.中国大学教学,2014(12):61-65.

握计算机系统硬件/软件部分的关联关系与逻辑层次，从系统层面上把强调“程序”设计变为强调“系统”设计，培养学生有效地构造正确系统的能力，使他们成为能够进行软、硬件协同设计的计算机专业人才。让学生从程序员角度深入理解计算机系统，理解高级语言程序转换为机器代码的过程，深刻理解底层机器的系统结构，从而提高编制高效程序和调试程序的系统能力。

目前南京大学、清华大学、北京航空航天大学、浙江大学、西北工业大学、国防科技大学、上海交通大学等在不同程度上进行了系统能力培养的实践与探索。① 其中清华大学刘卫东老师设计开发了支持 50 条左右 MIPS32 指令的教学实验支撑平台 THINPAD，并且提出系统能力培养是提高计算机专业本科教学水平的重要内容，其中重要的是教师能转变观念，提高认识，并设计出适合本校学生的课程体系和实验内容。北京航空航天大学的高小鹏老师认为计算机专业学生的“系统能力”，是能够开发一个包括 CPU、操作系统和编译器在内的计算机系统，提出了本科生自主开发“一个 CPU、一个操作系统、一个编译器”的教学目标，从而完成计算机系统设计与实验；确定了“三工”准则为教学定位，即工业标准、工程规模和工程方法。北航将数字逻辑、汇编语言、计算机组成原理与微机原理合并为一门学科基础大课，主要是在 UC-Berkeley EECS 系的课程 Great Ideas in Computer Architecture (Machine Structures)(CS61C)基础上进行教学内容的裁剪。

南京大学袁春风老师编写了为加强学生“系统观”的计算机类专业系统能力的培养系列教材《计算机系统基础》，并且所授课程已在 Coursera 平台上线。课程从程序员视角出发，重点介绍如何利用计算机系统知识来编写更有效的程序，以高级语言程序开发和运行过程为主线，将该过程中每个环节所涉及的硬件和软件的基本概念关联起来，使学生初步理解计算机系统中的每一个抽象层及相互转换关系，为后续课程打下基础。

另外，为帮助提高中国计算机高等教育质量，引导任课教师致力于教学内容的更新与改革，促进计算机专业高等教育内涵式发展，中国计算机学会(CCF)于 2013 年发起了“CCF 计算机课程改革导教班”系列活动，面向全国高校计算机院系，邀请在课程改革方面有心得、有经验的资深教师进行引导讲授，组织切磋交

---

① 刘卫东，张悠慧，向勇等. 面向系统能力培养的计算机专业课程体系建设实践. 中国大学教学，2014(8)：48-52；高小鹏. 计算机专业系统能力培养的技术途径. 中国大学教学，2014(8)：53-57，34；施青松，陈文智. 强化计算机课程贯通教学 深入面向系统能力培养. 中国大学教学，2014(12)：61-65；袁春风，杨若瑜，王帅等. 计算机组成与其他课程之间的关联内容分析. 计算机教育，2015(17)：35-38，87.

流，并在2013～2015年间连续成功举办了3届计算机课程导教班，为全国高校计算机专业骨干教师提供了研修平台。其中，2015年CCF计算机课程改革导教班邀请了上海交通大学臧斌宇老师讲授计算机系统，该课程在CMU《深入理解计算机系统》的教材基础上以程序员的视角全面讲解了计算机系统，深入浅出地介绍了处理器、编译器、操作系统和网络环境，主要介绍如何培养计算机专业学生的系统思维能力。

“计算机组成原理”是计算机专业系统能力培养系列课程中的核心课程，主要介绍计算机各部件的功能、组成和工作原理，其主要任务是培养学生对计算机硬件结构的分析、应用、设计和开发能力，它也是编写高质量程序代码的专业基础课，在计算机专业课程中起着承上启下的作用。一般都把计算机系统基础、计算机组成原理、操作系统和编译原理这4门课程作为计算机系统能力培养最基本的核心课程。① 有了计算机组成原理核心课程的基础，学生将更容易从计算机系统整体的角度理解操作系统、编译原理等后续课程。这些后续课程在系统能力培养方面不需要大的改动，但是操作系统和编译器的实验要以先行课程实现的计算机硬件系统为基础，这样才能形成一致的、完整的计算机“系统观”概念。

对计算机系统观的全面理解是建立在计算机软件与硬件体系有效衔接的基础之上，由于硬件实验与课程设计连接实验难度大，对实验室硬件要求高，目前很难一步到位，因此，必须研究现阶段软硬件课程有效的衔接方式。核心课程衔接内容以及核心课程系统性实验设计内容的实施方式尤为重要，是计算机专业系统能力培养教学目标“落地”的保证。如何在有限的课时内，从培养科学型、工程型和应用型人才出发，使学生掌握计算机系统各部分的工作原理，具有较强的系统能力，改变当前计算机专业学生“重理论、轻实践、重软件、轻硬件”的现象，成为计算机组成原理课程改革的目的。

二、建设现状及问题分析

中国海洋大学作为涉海类“211工程”“985工程”重点院校，注重海洋信息交

---

① 常瑞，何红旗，黄浩炜等. 面向系统能力的计算机系统结构课程教学内容设计. 计算机教育，2014(10)：58-61；李山山，刘卫东. 面向系统能力的计算机组成原理实验实施. 计算机教育，2014(15)：107-110；桂小林，夏新文，姜欣宁. 面向工程能力培养的计算机硬件系统实验体系. 杭州电子科技大学学报(自然科学版)，2014(6)：84-87；杨泽雪，闵莉，王建伟. 计算机组成原理课程实验教学探讨. 计算机教育，2015(4)：107-110；纪禄平，陈爱国，张建等. 基于分组策略的计算机组成原理课程设计. 计算机教育，2015(13)：12-14；黄岚，袁钢，程新荣等. 基于SPOC理念的计算机组成原理课程互动教学研究. 计算机教育，2015(13)：15-18.

叉学科的发展。目前海洋观测已进入了立体观测时代，以遥感卫星组成的天基海洋环境观测平台，以海洋巡航飞机、有人/无人航空遥感飞机组成的空基观测平台，以固定海洋环境监测站和高频地波雷达站组成的岸基观测平台，以浮标、潜标、漂流浮标、水下移动潜器、船舶等组成的海基观测平台，以水下固定监测站、水下水声探测阵列等组成的海床基观测平台等，构成了多平台、长时序的海洋立体观测系统。观测覆盖岸边、近海、大洋和极地，将实现从海面到海底的立体观测，观测数据也由集中、间断性传输发展到实时、连续性发送。中国海洋大学计算机科学与技术专业于2014年6月通过了中国工程教育认证，学科专业发展与学校海洋信息交叉都需要培养具有海洋信息交叉学科特点、系统能力较强的计算机专业人才。然而目前教学中还存在如下问题。

(1)目前相关的“数字逻辑”“汇编语言”“计算机组成原理”“操作系统与编译原理”这几门课程仍处于独立规划和独立教学的现状，没有以培养系统能力作为共同教学目标，造成了知识点重复讲述和前后衔接关系脱节。每门课程过于关注各自的知识体系的完整性，尤其是系统性实验课程中设计性实验过少，大部分停留在验证性实验上，学生难以形成计算机系统观。

(2)计算机专业本科生认为专业学习就是学习编程，出现“欺软怕硬”的现象，忙于学习C/C＋＋、Java、数据库及前端开发等软件知识，忽视硬件视角下的编译优化的基本技术，不能理解从硬件角度出发编制高效程序的基本原理，从而难以提高利用硬件知识进行程序调试的能力。

(3)很多学生认为学习编程，就是把大部分时间和精力放在程序的语法和功能逻辑部分，忽视对计算机系统中各个抽象层之间的相互转换关系的理解。

面向计算机系统能力培养的教学改革，要求教师自身对计算机软硬件系统有深入的了解，具有很强的动手实践能力；要求先修课与后续课教学组高度配合，不同专长的老师互相合作，将课程联系贯通，提升教学效率；需要学生拿出更多的课外时间完成课程实践，这对学生的自我管理、自学以及动手能力都提出了更高的要求。

三、主要建设内容及关键问题

综合上述存在问题，课程改革需要以“系统观”加强实验动手能力，遵循适合本校计算机专业综合课程体系的建设思路，打造覆盖数字逻辑、汇编语言、计算机组成原理、微机原理、操作系统、编译原理等的计算机系统结构课程群。

（一）优化与整合相关课程的重叠交叉内容，包括数字逻辑、汇编语言、微机原理等

推动先修课数字逻辑的实验教学，在该课程中安排学生接触硬件设计语言和可编程器件的内容，掌握硬件设计的基本方法，建议选用计算机组成原理后续课程的内容作为电路设计案例，从而为组成原理课程的 CPU 设计实验做好准备和铺垫。数字逻辑在系统能力培养过程中处于基础底层，学生对其掌握的好坏直接影响后续课程的学习和对计算机系统的底层理解。基于硬件描述语言 Verilog HDL（与 C 语言相似）在 FPGA 实验板上设计验证基本逻辑门电路及各类数字系统，可以在后续组成原理课上设计验证完整的 CPU，并通过后续课在此基础上完成计算机指令系统、操作系统和编译器的设计，从而使学生全面理解计算机系统层次结构。

针对学生反映汇编语言应用性不强的问题，我们在实际应用中将汇编语言与高级语言混合使用，以调用方式将其嵌入在高级语言程序中，另外还要告诉学生汇编语言适用于二进制软件的逆向分析，在系统软件开发、逆向工程、信息防护等方面有重要的应用场景。

微机原理课程将结合后续课组成原理的 CPU 设计，讲解 MIPS 指令系统，而不是传统的 8086/8088 指令系统。

（二）加强三级实验体系环节（基础性、综合性、设计性），促进计算机组成原理理论教学，注重系统应用能力的培养

计算机组成原理的实验改革主要是减少传统的验证性实验，增加综合性、设计性实验，开设了从计算机内部各个部件的基本设计实验，到各个部件连接起来构成简单到复杂模型计算机的系统实验，通过不同复杂程度的模型计算机设计，来研究计算机各部件如何配合工作的，进而掌握设计一个计算机系统方法。尤其是进一步完善修改 CPU 设计与实现的实验内容，每一个学生独立设计并实现一个多周期的 CPU（要求其指令系统既包含主要指令类型，又有一定指令条数）作为实验内容和基本要求，包括设计 ALU、单指令周期 CPU、多指令周期 CPU 乃至流水线的 32 位 MIPS CPU 设计，要求学生用 Verilog HDL 完成设计，最终下载到 FPGA 或其他实验平台上，从而完成设计和验证。实践教学改革需要实施"验证性—设计性—创新性"不同层次环节的实验设计思路。具体设计内容如下。

第一步，明确所设计的 CPU 需求。这一步要使学生明确其设计的 CPU 处

理能力和它所执行的任务匹配。

第二步，拟定指令系统。根据 CPU 将要执行的任务，设置相应的指令系统以及指令系统将要用到的通用寄存器。

第三步，确定总体结构。为了实现指令系统，在 CPU 中确定需要设置的寄存器、运算部件、存储系统。

第四步，设计状态图。在状态图中，列出每个状态要发出的微命令以及状态转换条件。

第五步，形成控制逻辑。这一步要根据组合逻辑控制方式或微程序控制方式采用不同的设计方法。

第六步，完成各部件连接。根据总体结构，设计各功能部件，并将第五步形成的控制逻辑及各功能部件准确地连接起来。

第七步，编写测试程序，进行模型机测试。在设计完成的模型机硬件平台上，依托所设计的指令系统，进行应用程序设计，让自己设计的模型机完成应用程序的运行，观察运行结果，完成对模型机的测试。

在整个 CPU 设计与实现过程中，学生经历了具体设计、硬件连接、测试程序等环节，这不仅增强了他们的创新意识，提高了其实际动手能力，而且加强了他们对计算机硬件的认识，弄清了软硬件之间的联系，加深了对整个计算机系统的理解。CPU 设计实验用硬件描述语言完成设计，最终下载到 FPGA 或其他实验平台上，从而完成设计和验证。

CPU 的设计与实现是计算机组成原理课程的一个重要组成部分，而 CPU 是硬件技术的集大成者。设计并实现一个 CPU(要求其指令系统既包含主要指令类型，又有一定指令条数)可以使学生在复杂硬件系统设计与实现方面得到一次十分重要的训练，从而获得专业能力方面的显著提升，而这一训练与能力的提升是其他课程难以替代的。

(三)激发学生计算机专业学习兴趣，在相关知识点授课中穿插 IT 界逸闻趣事

例如，通过图灵、冯·诺依曼等诸多杰出计算机科学家的生平事迹达到“知历史，晓天下(计算机)”的学习境界，尤其是结合 ACM 图灵奖(姚期智)、IEEE 计算机先驱奖(朱传榘)等奖项的获奖者的事迹。通过结合《ACM 图灵奖——计算机发展史的缩影》《IEEE 计算机先驱奖——计算机科学与技术的发明史》和《IBM 公司简史》，给学生讲述计算机部件或者重要原理的发明者或设计者是如何攻关和钻研的；让学生了解 IT 界精英如乔布斯、李开复博士等人的故事，让学生置身于 IT 世界中，有专业的创业追求和思想的超越。站在专业的角度告诉学

生——软件系统的性能取决于软件设计者对系统中硬件技术的理解程度。诸多编译器设计者、操作系统设计者、软件系统优化、数据库程序员及更多的软件工程师需要有较强的计算机组成原理的背景知识。在后续章节中结合数组内存、多核并行编程等软件设计让学生理解计算机硬件的重要性,改变“轻硬件”的思想,明白软件设计同样离不开硬件知识的掌握与理解,“两手都要硬”,从而加强系统能力培养观。

四、结语

“计算机组成原理”虽然是一门偏重硬件的课程,却是很多系统和软件课程的基础,它的实践性很强,需要学生在实践过程中充分理解和掌握计算机的工作原理和具体结构。新时代的计算机专业人才需要掌握计算机系统的基本工作原理并理解计算机软硬件系统的相互作用关系,具备系统设计和系统应用能力。面向系统能力培养的课程改革需要在实施过程中不断进行完善。优化教学设计,以先进理论来展现全新的教学思路,这样才能激发学生的创造性思维,进而在计算机硬件课程教学中探索出“扎实的理论基础和创新技能相结合”的崭新教育天地。

实验与实践教学

民俗课程教学中的田野调查实践

李　扬[*]　牛　璐

摘　要：民俗课程是一门理论与实践相结合的课程，通过有组织地进行田野调查实践，有助于学生加深对民俗内涵的理解，切身体会民俗、民间文学在真实语境中的传承样态。在有限的学期课时限制条件下，合理安排课内外调查活动，将“田野”与“课堂”有机结合互动，可以激发学生的专业兴趣，在提高自身实践调查能力的同时培养民俗文化保护意识，为进一步的学习研究奠定良好的基础。

关键词：民俗课程；田野调查；教学改革

民俗课程（包括民间文学、民俗学）是汉语言文学专业学生学习民间文化的重要课程，内容丰富，涵盖面广。就学科而言，民俗学包括了民间文学，但在中文系实际教学体系中，一般将之分成两门课程：民间文学作为核心限选专业课，主要研究民间创作流传的神话、传说、故事、笑话、寓言、歌谣、谚语等口头文学；民俗学则是专业选修课，主要涉及与人们日常生活息息相关的居住交通、饮食服饰、岁时节庆、婚丧嫁娶、农耕劳作、工匠技艺、社交礼仪、信仰宗教、娱乐游戏、竞技杂艺等。民俗课程是一门理论与实践相结合的学科，诚如有的学者所言是一门“需要用双脚来书写的学问”，而课堂只是一个相对封闭的教学空间，是主要传播理论知识和方法的场所，纯粹单一的课堂教学，缺乏民俗田野调查的实践环节，显然不能达到使学生真正掌握和体会民俗文化全貌的教学目的。田野调查（Fieldwork）是一种直接进入生活文化环境采集调查的方法，学生在田野调查中对民俗语境的直观感受是课堂中体会不到的。如何在教学中合理安排田野调查，将课堂理论知识与实践相结合，让学生切身感受到民俗文化的魅力，是需要

---

* 李扬，中国海洋大学文学与新闻传播学院教授，主要研究领域为民俗学。本文为校本科教育教学研究项目成果（2015—2016），原文发表于《神州民俗》2016年第7期。

不断探索的一个有意义的教研课题。

一、民俗田野调查实践的目的与可行性

民俗类课程的“理想模式”是课堂教学与课外田野调查相结合。正如华中师范大学黄永林教授所言:“根据民俗文化和民间文学的特点,一方面采用教唱民间歌谣,学讲民间故事,临摹民俗图画,演练民俗游戏,观看民俗音像资料等等形式,让学生在参与中认识、理解、接受民俗文化和民间文学传统。另一方面,由于民俗文化和民间文学产生于民间生活中,因而开展民俗学和民间文学课外教学活动,参与民俗文化和民间文学‘田野作业’的实际活动,比课本的讲授更具有生命力和趣味性,而且更为重要。”①但是在本科课程的教学过程中,将“课堂”与“田野”结合起来尚存一定问题,主要是受到客观条件和学期课时的限制。在有限的条件下,应制定适当可行的田野实践方案,让学生有机会真正走进田野,走向民间,投身社会生活,从而更深刻地感受和认识民俗事象在具体语境中的真实样态。

探索民俗类课程田野调查实践的可行性有以下几方面。

第一,国内外的民俗学者在民俗田野调查方面已经做出了许多突出成就,为本科田野调查提供了理论支持和经验参考。大部分本科学生是第一次接触田野调查,对调查方法不熟悉,调查经验不足,但是民俗学者的田野研究,如江帆的《民俗学田野作业研究》,董晓萍的《田野民俗志》及国外学者的相关著作,在一定程度上为田野调查提供了经验支持和方法指导。

第二,本科学生来自全国各地,拥有丰富的家乡民俗文化资源。除汉族外,还有土家族、白族、壮族、蒙古族、苗族、藏族、布依族等少数民族学生,民俗资源的丰富性和广阔性对田野调查实践提供了可行性支持。

第三,学校认识到实践教学在本科教学中的重要作用,大力支持开展相关实践教学活动,要求在新教学计划中固化相当比例的实践课程,同时设置了多种课外实践的活动项目,在政策、经费上予以支持,为民俗课程的田野实践调查提供了良好的外部条件。

二、民俗田野调查实践的方法实施及效果

在以往的民俗课程教学过程中,限于客观条件,多采用“请进来”的方式,即

---

① 黄永林.文化传承与文化创新探析//黄永林自选集.武汉:华中师范大学出版社,2013:253-254.

请民间艺人、故事传承人等到课堂进行展演。这种方式虽然使学生直观地接触到民俗传承人，但毕竟是脱离实际生活语境（decontextualization）的一种片段化的"表演"，学生参与度有限，也难以认识理解民俗事象的完整面貌。

结合新教学计划的制订，我们开始尝试"走出去"的新方式。具体的做法是，在课堂理论教学大半完成、学生已初步了解本课程所涉及的基本民俗事象类别及其特征后，进行2课时的田野调查理论讲授，主要介绍田野调查的重要性和基本步骤，用实例说明"参与观察法"等方法，介绍费孝通瑶山调查、马林诺夫斯基海岛调查、顾颉刚妙峰山调查等民族学、人类学、民俗学史上著名的田野调查案例，强调调查的规范和伦理原则，以及介绍设备使用、搜集资料的整理等。同时进行方案设计、分组分工、成果要求等前期布置。在接下来的1～2周内，或者统一组织前往预定的实践基地，或者学生自行确定调查场所地点展开田野调查实践活动。调查结束后，学生需提交相关调研报告以及多媒体记录材料，由教师评定成绩，作为课程考核最终成绩的构成部分。例如，在2015年秋季学期的民俗学课程教学中，我们组织学生赴即墨胶东民俗博物馆进行体验型考察。同学们考察了即墨老酒制作过程，观看了即墨柳腔表演、田横祭海视频，观摩了葫芦雕刻和即墨花边制作，分小组亲自动手制作了脸谱、软陶和即墨榼子花馍，尝试了花边钩绣。同学们与非物质文化遗产的民间传承艺人近距离接触，对青岛的民俗有了较为全面的体验和认知，在欣赏表演、参观展览、参与手工制作的同时，同学们对非遗的保护和传承产生了反思。怎么让古老的艺术在继承的基础上创新，政府和民众应如何做，许多同学在调查报告中提出了自己的想法。又如，2016年春季学期民间文学课程中，全班105名学生自由组合，分成17个小组进行田野调查，小组预先制定合理的调查方案，成员分工合作，完成对某一民间文学讲述人的采访和记录，并录制讲述的音频或视频，最后完成调查报告的写作。同学们的调查涉及多地区多民族的民间故事、民间歌谣、民间传说等。其中张钰娇组调查的民间歌谣涵盖了山东歌谣、常德歌谣、闽南歌谣、湖北歌谣、四川歌谣、湘西童谣、长沙童谣等许多中国传统歌谣。虽然由于时间与地域的限制，他们只能调查到中国民间歌谣的一小部分，但与歌谣的亲身接触加深了同学们对各地区歌谣的认识。卞文馨组对民间故事的调查展现了中国少数民族民间故事的瑰丽多彩。通过对回族、藏族、柯尔克孜族、朝鲜族的同学进行面对面的访谈，搜集到"斑竹姑娘的故事""暴君的故事""穆罕默德的劝告""柯尔克孜族史诗"等多民族故事。

当然，由于客观条件和时间的限制，上述调查只是非常初步的，比照严格意义的民俗学田野调查标准，还有相当大的差距。对于部分有志于进一步学习、探索民俗文化的学生，我们积极鼓励和指导他们申报参与其他学校设置的调研项目，调研时限扩展到寒暑假或者整年，调查空间也得以拓展。如学校设置的旨在培养本科生的创新精神、提高本科生的创新实践能力的本科生研究发展计划(SRDP)。壮族学生陆慧玲主持了“壮族天琴之仪式与表演研究”项目，在近两年的时间里，她和项目组成员克服了交通、气候、语言、生活等方面的困难，先后三次深入到壮族聚居的村寨进行田野调查。他们与当地民众一同生活，取得了村民的信任，拍摄录制了大量第一手音视频资料。他们探讨了天琴作为民族宗教“法器”在当地文化传承中的作用，并以天琴的形制、弹奏方式等为切入点，比较民间宗教仪式中的天琴与作为艺术表演的天琴的异同，以及天琴艺术在现代社会下的转变过程。再如学校团委设置的寒暑假“三下乡”项目，奔赴农村地区的大学生，一方面把相关的科技、文化和卫生知识带到当地，一方面可以进行民俗文化的田野实地调查。2012级中文系学生张可心与她的小组所做的关于“天津杨柳青地区民俗文化的现实意义”的三下乡项目取得了良好成果。杨柳青木板年画作为一种历史悠久的传统汉民族民间艺术在全国闻名，但在现代工业社会中却受到了很大冲击。张可心与其他八位小组成员制订了合理的实践计划，从参观杨柳青民俗博物馆，到在博物馆中做义工，再到举行传统民俗文化的宣讲会，一步步加深对天津杨柳青年画的认识，与民俗传承人的交流激发了同学们保护民俗文化的意识和责任感。2014年，张可心的项目荣获省优秀成果奖。

在任课教师的重视、鼓励和认真指导下，更多的同学开始积极申报相关项目。2015～2016两年间，民俗学、民间文学方向共完成5项“三下乡”项目，3项“国创”(“国家大学生创新创业训练”)项目，8项本科生研究发展计划(SRDP)项目，搜集了大量的多媒体和文本资料，在公开刊物发表学术论文3篇，取得了丰硕的成果；2016年新申报立项成功“三下乡”项目6项，本科生研究发展计划(SRDP)项目4项。同学们纷纷奔赴天南海北、侗乡苗寨、田间地头，深入开展不同课题的民俗文化田野调查。这些项目的调研活动，是教学课时完成后的延伸，大大延展接续了课时内受限的时空，同时也为学生的毕业论文和考研深造打下了良好的基础。在2015～2016两年的民俗、民间文学方向的20篇本科毕业论文中，至少有16篇是在田野实地调查、搜集第一手资料的基础上撰写的。张可心、陆慧玲、牛鲁燕、王玉冰、张瑞娇等多名同学，以优异成绩考取了中外名校的硕士生，继续深造学习。

三、成功实施民俗田野调查实践环节的要素

如何在固定的教学计划框架内，在有限的教学课时中，将课堂理论教学与田野调查实践合理分配、有机结合，有针对性地制定可行的调查方案和计划，调动学生的兴趣和积极性，取得有效的调查结果，是需要认真探索和总结的课题。通过近年的教学实践，笔者认为有以下值得重视的要素。

第一，根据学生的具体情况设计田野调查方案。首先，在教学计划中，民间文学、民俗学分别安排在一年级和三年级开课，学生对大学学习方式的适应和掌握相关学科基础知识的程度有较大差异，与中文系的其他课程相比，民俗类课程有其特殊性。民俗和民间文学根植民间，但是大部分学生对此学科缺乏了解；其次，来自少数民族地区或者农村山区的学生与城市生活的学生，中国学生与外国留学生等，在对相关民俗事象的经历和了解上有显著差异；此外，与汉语言文学专业相近的民间文学和与专业差异较大、具跨学科性质的民俗学在所涉研究对象方面有明显区别，等等。因此，学科基本理论、民俗民间文学基本类型的概念及其特征、民间文学与作家文学的区别等，以及上述田野调查的理论与方法，都是需要在田野调查之前，通过课堂理论讲授，使学生掌握学科基本知识，并将之运用到调查实践中，因此将田野调查实践环节安排在学期后段是合适的。同时，根据学生的年级和来源差异，有针对性地进行方案设计，如大一的学生以团队分组为宜，合作交流，发挥集体智慧，个体优势互补；大三的学生则以独立选题、独立完成为主。选题具开放性，使学生可以根据自身情况自主选择，以便更顺利地完成调查。

第二，激发学生进行田野调查的兴趣和主动性。在课堂理论讲授部分，可以通过多媒体等手段，让学生对丰富多彩的民俗事象有初步感性的认识，同时有意识挑选部分学生，结合应时应景的时间节点（如端午节、中秋节等），在课堂上展示讲述家乡民俗文化，一幅幅鲜活的民俗画卷在同学们眼前打开，讲述者对家乡民俗的依恋和热爱调动了课堂气氛，引发了大家进一步调查了解自己家乡民俗文化的兴趣。在调查方案制定阶段，充分发挥学生的主动性、积极性，锻炼同学们制订计划的能力和团队合作能力。小组成员自行组队，分工合作，起草调查计划。如进行“民间传说、民间故事搜集”的田野调查时，如何确定选题，如何寻找采访对象，小组成员中谁录音、谁记录、谁整理调查报告，都由学生提前制定好调查方案，在调查过程中小组成员各司其职，合作交流，齐心协力完成了调查项目。

第三，注重培养学生的交流能力。在调查过程中，学生必须在有限的时间内

搜集到第一手材料，这就需要学生以真诚、平等的心态，取得对方信任，有效进行与信息提供者的沟通交流。如陆慧玲团队三赴壮乡，努力融入到当地居民的生活中去，与他们建立起友好信任的感情之后，才慢慢进入田野调查的主题，获得了只有当地才流传的民间故事等珍贵资料，就是比较成功的交流范例。参与田野调查实践，一方面提高了学生的人际交往能力，另一方面为学生以后从事学术研究或步入社会工作打下了良好的基础。

第四，建立田野调查成果的评估激励机制。田野调查实践是民俗课程教学的有机构成部分，也是检验学生学科知识掌握与运用程度的途径之一。在调查结束后，应对学生提交的成果报告进行成绩评定，作为平时成绩的重要构成，计入学期期末最终成绩。在期末考试时，试卷中亦有与田野调查相关的考题。选择优秀团队在课堂上介绍经验，并将他们的文章推荐到有关报刊和专业网站。2015 年 11 月，青岛高校首届民俗文化青年论坛召开，多名在田野调查中收获颇丰的学生，在会议上宣读了相关论文，获得专家好评。

第五，提供及时有效、多渠道的支持指导方式。除了课堂讲授外，教师与学生课下多方交流，主动提供指导。在学生申报有关调研项目时，认真审改学生申报书，帮助学生确定合适选题，提高立项成功率，为学生提供相关资源。在学生进行异地田野调查时，及时通过网络等方式提供远程指导。在校报开设了田野采风专栏，刊登各地民俗学者的经验心得，供学生参考。另设有专门的课程微信公众号，为学生提供及时的信息和指导。在本地建立了两处教学实践实习基地，提供了相对固定的民俗事象体验场所。多种方式的指导支持，为学生顺利开展田野调查活动提供了有力的支持保障。

徐杰舜在《田野上的教室》一文中指出："田野调查方法作为人类学基本的研究方法，已经在人文社会科学研究当中发挥了巨大的作用；将它引入高校课堂，作为文科实验教学方法，将得到更广泛的推广和应用，对学生综合素质的提高能起到很好的促进作用。"①引导学生在民俗课堂内外开展多种田野调查实践活动，既能让学生真正了解民间民俗文学的传承语境和现实样态，又在实践过程中提升了学生的调研和交流、组织能力，开阔了学生的视野，加深了学生对民间民族传统文化的了解和热爱。

---

① 徐杰舜．田野上的教室．哈尔滨：黑龙江人民出版社，2009：57．

基于创新型人才培养的“有机化学实验”课程教学策略研究

张大海* 张 静 李先国 冯丽娟 陆 敏 王晓东

摘 要:“有机化学实验”课程教学正逐渐从有机化学理论课程的附属转为独立课程,已经逐渐转变为学生学习新知识、培养学生独立分析和解决问题的能力以及初步科研和创新能力的重要手段。但是教学过程中仍存在过分注重教材和教师的主导作用,忽视了学生的独立思考和创新能力培养的情况。本文从教学内容、教学主体、教学方法、教学策略和教学评价五个方面探讨了适合创新型人才培养的有机化学实验课程教学方法,结合自身教学经验教训,提出了对应的解决方案和策略。

关键词:“有机化学实验”课程教学;创新型人才培养;教学策略

一、引言

《国家中长期教育改革和发展规划纲要(2010—2020年)》①强调了高校人才培养的目的是激励学生乐观向上、自主自立、努力成才,最终达到德智体美的全面发展。在此基础上提出高校工作的出发点和落脚点是育人为本,遵循教育、人才成长和学生身心发展规律,以学生为主体,教师为主导,充分调动学生学习的积极性、主动性,形成各类人才辈出、拔尖创新人才不断涌现的局面。

长期以来“有机化学实验”课程教学是有机化学理论课程的附属,目的是利用实验验证已有的理论知识。近年来,随着高校实验教学改革的不断深入,实验课程已经逐渐转变为学生学习新知识、培养学生独立分析和解决问题的能力以及初步科研和创新能力的重要手段②,在高等院校化学及相关学科中占有重要

---

* 张大海,中国海洋大学化学化工学院副教授,主要研究领域为污染物微生物降解。基金项目:青岛市基础研究项目(13-1-4-230-jch);国家自然科学基金(41375143);中国博士后科学基金(2013M531650);中国海洋大学教学发展基金(2017024)。

① 中共中央国务院. 国家中长期教育改革和发展规划纲要(2010—2020年). 国务院文件中发〔2010〕12号,2010.

② 史蕾. 基于创新型人才培养的有机化学实验教学改革. 广州化工,2013,41(21):149-150;钟芯颖. 讨论有机化学实验教学改革方案. 时代教育,2013(6):38.

的地位。

虽然高校实验教学改革取得了一定的成果，但是教学过程中仍存在一些问题，教学过程中过分注重教材和教师的主导作用，只需照方抓药，模拟操作，就可以顺利完成实验，忽视了学生的独立思考和创新能力，缺乏趣味性和探究性，导致学生的自学能力和动手能力大打折扣。教学评价方式较简单，仅以实验报告的完成情况和理论知识的笔试成绩作为考核标准，较难体现出学生平时实验操作的真实情况，不能全面反映学生的综合素质和能力。

二、实验课程教学策略

作为“有机化学实验”课程的专任教师，目前已经讲授超过1000课时的有机化学实验课，积累了一定的教学经验和教训。在学校学院的大力支持下，在教学过程中进行了大胆的尝试，主要归纳为以下几点。

（一）教学内容上保证基础实验课时，增大综合实验比例

由于有机化学实验所用药品多具有毒性、易燃性、腐蚀性或爆炸性，所用仪器大部分是易碎玻璃制品，实验过程中经常使用水、电或煤气，需要高温、高压或低温、负压等操作。因此必须对进入实验室的学生进行安全常识的培训，正确树立他们的安全和自我防护意识，保证他们的人身安全和实验室的安全。① 有机化学教学团队群策群力，制订了有机化学的教学计划并统一规划了教学大纲和基础的实验内容。第一堂课设置为“有机化学实验的一般知识”，讲授有机化学实验的特点以及课程目的、做好有机化学实验的方法，以及实验过程中异常状况的处置方法等，不管学生以后从事科研或其他工作，安全第一的准则百利而无一害。

在学生对有机化学实验笼统认识的基础上，开展基本操作技能的培训性实验，规范锻炼学生的动手能力，纠正学生以前养成的不良习惯。课程设置了“蒸馏与分馏”“水蒸气蒸馏及液体干燥”“重结晶与过滤”“熔点的测定”“减压蒸馏”“薄层色谱与偶氮光化异构”六组实验，重点规范培养学生的基本操作技能。开展这些实验的过程中，重点规范学生的基本操作，如球形冷凝管、直形冷凝管和空气冷凝管的选用，不同量程温度计的使用范围，布氏漏斗、分液漏斗以及其他各种小型玻璃仪器的正确安装和使用，仪器连接顺序以及要求等。

学生掌握了基本的实验操作技能以后，结合“有机化学”课程，将一些经典反

---

① 张富青.有机化学实验中自我安全意识的教育.实验室科学，2014，17(1)：184-186.

应加入实验课程中，开展一系列的合成实验，利用生动活泼的实验验证课本上枯燥的知识点。教学大纲上开设了正溴丁烷、乙酰苯胺、乙酸正丁酯、苯乙酮、苯甲酸和苯甲醇、对氯甲苯、肉桂酸、甲基橙、绝对乙醇的合成制备实验，同时将基本操作（如杂质的去除、干燥、分液、过滤、热滤抽滤、洗涤、干燥等）渗透到各单元合成实验中，让学生体味到物质合成过程的复杂和自己动手的乐趣。为了让学生体味到有机化学和实际生活的联系，增加他们对化学的热爱，开设了与实际生活息息相关的实验，如茶叶中提取咖啡因与洗面奶、餐具洗涤剂的配置等，让学生感觉到化学就在身边，生活中时时处处皆化学。

学生经过大量的实验洗礼后，已经基本具备独立实验的能力，此时坚决放权，把主动权交给学生，让他们独立设计并开展实验，为以后的独立科研工作打下基础。教学大纲规划了环己酮、己二酸、苯亚甲基苯乙酮和安息香的辅酶合成两组设计合成实验。我的做法是退居幕后，从查阅文献到设计实验方案以及最后的实施，全部交给学生。学生独立查阅文献，并集体讨论实验方案，教师当好一位答疑解惑者，实施过程中鼓励大家创新，对于一些新颖的设计方案，在实验条件许可的情况下，鼓励尝试并在最终的考核中适当给予奖励。

（二）教学主体上教师由“主角”变成“导演”，学生由“观众”变成“主角”

“有机化学实验”课程常规教学模式是教师讲解实验目的、实验原理、操作步骤、实验成败关键及注意事项等，学生机械地进行操作，实验结束后照搬千篇一律的实验报告。实验过程中学生照方抓药、照本宣科，过分孤立地强调操作基本技能的训练，使其游离于具体的实验探究之外。这直接导致实验过程既枯燥乏味，效率低下，又易造成学生的思维定式，抑制学生的创新思维，更减弱了学生的学习兴趣。①

我个人认为，教学大纲所开设的实验都是经过几十甚至上百年的检验，实验本身没有任何的问题。因此在讲述实验的理论知识时，我注重自己角色的转变，让自己逐渐由“主角”变成“导演”，而学生由“观众”变成“主角”，学生由知识的被动接受者变成知识主动的发现者，逐渐成为教学主体。② 选择我实验课的同学课前必须预习，并写好实验预习报告，搞清楚实验的目的、原理等基本内容。课

---

① 武文涛，李桂英，支国. 能力视角下的有机化学实验教学改革探索. 广东化工，2013，40(24)：180-181.

② 郭玲香，周钰明，雷立旭等. 基于创新能力培养的有机化学实验教学体系研究. 长春理工大学学报(高教版)，2009，4(12)：145-146.

上我的讲授就可以直接跳过实验目的、实验原理和实验所需的试剂材料，这样可以保证在课堂有限的讲授时间内做到简明扼要，抓住重点、难点讲授，并有足够的时间扩展学生的知识面，讲授与该次实验相关的其他知识。

为了增加课程的生动性、趣味性和启发性，努力在实验内容里加上实际生活中的一到两个实例，如从茶叶中提取咖啡碱的实验讲授，就可以适当扩展到我国中药成分的提取和分离，吸引学生的兴趣。采用提问、发现、启发、比较及讨论等多种方法对学生加以引导，尽可能加大学生的思维量，让学生自己去探索、发现问题，寻找规律，并加以总结和提高，如乙酰苯胺的制备实验，就引导学生以前是不是用过乙酰苯胺，哪些实验用过(熔点的测定、重结晶与过滤实验)，然后引申到合成实验。这种教学模式，能提高学生的主动思考，课堂氛围良好，又能进行师生互动。

(三)教学方法上循序渐进，授人以渔

由于长期养成的学习习惯，开始的时候学生很难直接接受教学主体由教师转为学生的教学方式，我采用循序渐进的方法。我始终认为磨刀不误砍柴工，打好基础很重要，因此基础知识都是反复强调。开始的基本实验，如“蒸馏与分馏”“水蒸气蒸馏及液体干燥”“重结晶与过滤”“熔点的测定”“减压蒸馏”“薄层色谱与偶氮光化异构”等基础实验，还是采用固有沿袭的方法，主要是我在讲台上讲解为主，而学生主要是照本宣科，锻炼自己的动手能力。

等到后面的合成实验的时候，逐渐改变实验讲授方式，要求学生实验前做好预习工作，查阅资料，撰写实验预习报告，对实验目的、原理、过程都要做到心中有数。上实验课时，多采用问题教学法，就相关实验内容向学生提问，检查学生的预习情况。有时也采用讨论法，与学生共同讨论实验的原理、实验的关键点和注意事项，加深学生对实验的理解，调动学生学习的积极性。① 学生课前预习，必然要花费一定的时间，因此我总是鼓励学生，预习报告按照实验报告格式书写，实验过程中如果发现和预期不一样的现象时，直接在预习报告上修改，最后这份报告就直接成了正式的实验报告。这样的报告提交方式实施以后实现了一举两得，取得了很好的效果，既节省了学生的时间，又能鼓励其课前认真预习。

按照这样的教学策略和方法，越到后面的实验，学生需要完成的工作量越大，这貌似解放了教师和实验员，其实结果恰恰相反。我个人经过这么多年的教学实践，发现越到后面，工作量反而直线上升。这主要是以前的实验课照本宣

① 孙宏，都雪. 探究式教学方法在有机化学实验中的应用. 高师理科学刊，2013，33(6)：112-114.

科，都是重复性内容，不需要教师花费大量的时间备课，讲完课任务就完成了，但是学生的创新精神严重弱化。现在采用新方法后，学生学习积极性大大提高，发现和提出的问题更复杂和深入，这就要求教师提前预判所有可能出现的实验情景，以及可能出现的错误以及原因。这需要教师更加认真仔细备课，实验课的备课不仅要求教师掌握和讲述实验有关的原理等理论知识，还要预知本次实验过程中所有可能出现的问题和难点、疑点，做到“成竹在胸”，看到学生的异常实验现象能够清楚解释发生的原因。因此，每次实验开展之前，任课教师及实验员都需要亲自事先完成一次实验，以保证实验的顺利进行。

（四）教学管理上严松结合，多鼓励少批评

我的教学管理理念是给学生树立“实验课就是‘玩’的观念，同时规矩很重要”。第一堂实验课就给大家灌输“玩”的思想，有机化学实验室，就是“玩”的天堂，在规则许可的范围内，大家可以随心所欲地“玩”。当然，“玩”不代表违背基本原则，无法无天，“玩”的目的是让学生不要被条条框框束缚住，不要被教材及以往的观点左右，激发起对实验课程的兴趣。实验过程中，作为教师要严格督促学生规范操作，注重对实验现象的观察和分析，尤其是实验过程中的异常现象，记录好数据，遇到问题，及时与教师交流讨论。所谓的规矩就是有机化学的特点以及做好实验的基本方法，这些内容必须讲授清楚而且要求学生严格遵守。如进入实验室女生必须扎起头发、不准穿拖鞋、实验室内严禁吃东西，没有预习报告不能进入实验室，实验开始前和过程中严禁嬉戏打闹，实验过程中脑袋不允许进入通风橱，强酸强碱的取用必须佩带专用手套并符合基本要求等。如果实验过程中学生因为不按照基本操作犯错，比如走水漏电甚至实验失败，一定要严格批评，甚至当次实验考评记录为零分。

关于“松”，那就是鼓励学生多思考多创新，启发学生立足于现有实验条件，独立思考，鼓励学生采用新方法实现原来预期的结果。所用仪器大部分是易碎玻璃制品，实验过程中经常使用水、电和有机溶剂，因此实验过程中难免出现仪器打碎、跑水、跳闸的现象。以前的实验教学都是要求学生签字，指导老师确认，最后按照一定的价格进行赔偿。而现在直接取消了这一规定。意外打碎了仪器，首先要确认学生的安全，然后打扫清理干净，同时和学生讲解导致该情况的原因以及如何避免该类事件的发生，然后指导学生换上备用的仪器继续进行实验。当然，对于相对危险的情况，如水银温度计等破碎以后，先紧急利用硫磺吸附处理，然后现场和学生讲解遇到类似情况的紧急处理方案。实验过程中宽松对待因为创新而导致实验失败的同学，鼓励他们分析失败的原因，吸取经验教训，只要真正找出失败的原因同样可以拿到好的成绩，不以产率高低论英雄。在实验过程中逐步提高学生自主完成实验的能力，逐步培养学生的科学素养和科研能力。

（五）教学评价上方式多样，鼓励创新

实验教学评价的目的是要考核学生是否掌握基础有机化学实验知识和技能，是否具备分析问题、解决问题的能力，尤其是对综合性实验和设计性实验中所表现出的综合能力的评定。因此必须引导学生由过去只重视实验技能的熟练程度向重视培养综合能力的方向发展。① 传统的实验课成绩评价通常是以学生的预习、实验报告为主要依据，结合简单的笔试和操作考试来评定，其中笔试成绩多占有较大的比重，这种评价方式较难反映学生的真实水平，不利于创新能力的培养。针对“有机化学实验”课程特点，我认为要客观真实地反映学生实验水平与能力，需要对学生的实验成绩实行综合评定，加大平时成绩的占比。

在实际教学过程中，我采用的是老师评定为主，学生自评为辅，实验报告和考试综合平衡的方法。以总分 100 分为例，平时成绩包括预习报告 15 分，考勤、纪律 15 分，操作过程 30 分，实验结果 5 分，实验报告 15 分，期末考试 20 分。对别出心裁和新颖独特的实验方案、实验方法进行 5～20 的适当加分，以鼓励学生积极思考和创新。综合成绩出来以后，结合学生的自评分数，给出最终成绩。为鼓励学生正确认识自己，合理的评价自己，最终成绩得出采用如下原则：综合成绩和学生自评分数相近，取较高分数作为最终成绩。如果自评分数远高于综合成绩，综合成绩作为最终成绩。同时，通过控制“优”的人数比例来解决不同实验班评分。这种考核办法，对任课老师而言，增大了工作量，但是更能体现宏观和微观相结合，横向和纵向相交叠的考核目的，更公平一些。②

三、结束语

实验课程的结束，不代表实验教学的结束。我的做法是如果学生对实验感兴趣，鼓励其继续采用多种形式继续开展相关工作，如组建兴趣小组、申请本科生研究发展计划（SRDP）项目、国家大学生创新性实验计划等。作为一线科研人

---

① 孙宾宾. 基于学生创新能力培养的有机化学课程教学实践研究. 职业时空（教育教学研究），2014，10(2)：73-74，77；赵艳凝，于洋，朱彦卓等. 有机化学实验教学中学生创新能力的培养. 吉林省教育学院学报，2014，30(1)：12-15.

② 王丽梅. 基于创新性应用型人才培养的实验教学方法研究. 实验技术与管理，2014，31(1)：19-21.

员，科研上有一些便利条件，可以在实验场所和经费上提供力所能及的帮助，让学生觉得科学研究还是挺有意思的事情。把学生作为实验教学过程中的主体，能充分调动学生的学习兴趣和积极性，有效地提高了学生的操作技能和分析解决实际问题的能力，使得学生能够学到知识，学会方法。“有机化学实验”课程教学从教学内容、教学方法、教学评价方式等方面进行的改革，可以有效地培养学生的创新能力，最终达到培养创新型人才的目的。

LBL-PBL 教学模式在“有机化学实验”课程教学中的应用探索

张 静* 张大海 赵海洲 高先池

摘 要：为了充分发挥传统教学法(LBL)和问题式教学法(PBL)的优势，在“有机化学实验”课程教学过程中将两种教学方法有机结合，既系统地训练了学生的基本操作实验技能，又提高了学生学习的主动性和兴趣，培养了学生独立学习、解决问题、相互合作和科研的能力，大大提升了“有机化学实验”课程的教学效果。

关键词：传统教学法；LBL-PBL 教学法；“有机化学实验”课程教学

“有机化学实验”课程是我校应用化学、海洋化学的主干实验基础课之一，是“有机化学”课程的重要组成部分，是一门将基础操作与物质的性质、实验技术融为一体的理论联系实际的综合性课程，是验证所学理论、训练学生基本技能、培养学生动手能力的首要环节，对培养学生分析问题、解决问题和创新的能力均有着重要作用。但是，在“有机化学实验”课程教学中，一般采用传统的教学模式，这种教学方式虽然使得学生的基本操作得到训练，但学生会产生很大的依赖性和惰性，抑制了学生学习的主动性和探索精神，学习兴趣趋于平淡。为了改变这种局面，经过教学实践发现，选出有代表性的实验项目，适当运用问题式教学法，能够活跃课堂气氛，增强教师和学生的互动，学生学习兴趣增加，知识得到了升华，极大地提升了实验的教学效果。

一、传统教学法(LBL)和问题式教学法(PBL)两种教学方法应用中的优势及其局限性

1. LBL 教学法

LBL(Lecture Based Learning)是以授课为基础的学习，以教师为主体，以课

* 张静，中国海洋大学化学化工学院副教授，主要研究领域为海洋腐蚀与防护。基金项目：中央高校基本科研业务费实验室研究基金项目(201551016)。

堂讲授为主要形式，以知识传授为主要宗旨的传统教学法。在这种模式下，首先教师要求学生在课前完成预习报告；教师实验前用一定时间讲解实验原理、步骤、装置及注意事项等；然后学生按教师和教材所讲授的内容照葫芦画瓢，看一步做一步，简单记录实验现象；最后完成实验报告，教师针对实验操作和报告进行成绩评定。

这种教学模式存在以下几点明显的不足：①由于教师讲授在先，没有给学生留下认真思考的余地，导致学生缺乏学习的主动性，甚至有的学生不预习就直接来做实验，操作时也不动脑筋思考。②LBL 教学中也会通过提问等方式增加师生之间的互动，但总体上教师是教学的主体，教师与学生之间交流、互动较少，学生之间交流相对较少，学生思考问题少，分析问题和解决实际问题的能力弱。③这种教学方式，重知识传授，轻素质和能力培养，大部分学生以拿到学分为目的，高分低能，解决实际问题能力差。[①] 例如一些学生，到了研究生阶段遇到一些实际问题时，如两个相溶的液体混合物需要分离时，都不知道选用最基本的蒸馏或分馏实验来分离，更别提蒸馏和分馏的适用范围及两种基本操作实验的区别。因此，单纯的 LBL 教学模式培养出来的学生缺乏对知识的实际应用，缺乏对问题的分析及解决能力，不能适应社会发展的需要。

LBL 教学法虽然存在一定不足，但它强调知识的系统性和完整性，传授知识准确、连贯；学生除了课下完成相关报告和预习外，不需要花费大量的课外时间；学生按部就班实验，教师比较容易掌控课堂节奏并能及时处理和调整实验中出现的问题。因此，LBL 教学法虽然有一些缺点，但仍是“有机化学实验”课程教学的主要方法。为了弥补其在人才培养上的不足之处，可尝试将 LBL 教学法与其他新颖的有活力的教学法相结合，以期达到事半功倍的效果。

2. PBL 教学法

PBL(Problem Based Learning)教学法是以问题为导向的教学方法，由美国 Howard S. Barrows 教授提出，PBL 教学模式是近年来较流行的一种教学方式，其是以学生为主体，将学生置身于复杂的、有意义的问题情景中，通过对问题的解决来学习隐含在问题背后的科学知识，进而培养学生的自主学习能力和创新能力。[②]

---

① 邱松山，李颖，姜翠翠，李长秀，李春海. PBL-LBL 双轨教学法在食品专业实验教学中的探讨. 广州化工，2015，43(5)：203-204.

② 宋丽英，许光军，王希军，冯俊贤. PBL 教学法在有机化学实验教学中的应用. 西北医学教育，2012，20(5)：968-970.

与传统的 LBL 教学法不同，PBL 教学强调以学生为中心，学生主动参与各教学环节，通过各种学习途径获取解决问题的技能和评价信息的能力，很大程度上提高了学习兴趣、语言表达能力、解决实际问题的能力、科研能力、团队协作精神及其对实验操作的重视程度。因此，PBL 教学模式对于高校素质教育和培养创新型人才而言是非常有效的教学模式。然而，PBL 教学法作为一种新的教学方法，在实施过程中仍存在以下问题：①学生专业基础知识不同，自学和讨论时表现差异很大，基础相对薄弱的学生会失去兴趣。②PBL 以真实问题为引导进行基础理论学习，打破了基础理论知识的完整性。③PBL 对教师素质、教学硬件、学生自主学习能力提出了更高的要求，教师教学水平直接影响 PBL 教学模式实施的效果。④PBL 教学方法要花费学生更多的时间和精力，容易加重学生学习负担。① 尽管 PBL 教学有种种优点，但是其实施过程中存在的问题也决定了完全的 PBL 教学在国内全面实施难度很大。因此 PBL 教学应该作为传统教学法的一种补充，才能克服其在实施过程中的种种障碍，更有效地发挥其在学生综合素质和应用能力培养方面的优势。

二、LBL-PBL 双轨教学法在“有机化学实验”课程教学中的应用探讨

为了发挥 LBL 和 PBL 两种教学法的优点，我们对化学专业的“有机化学实验”课进行了教学改革。我校化学专业的“有机化学实验”课程共需要开设两个学期，内容涵盖了基础性、综合性、设计性三类实验，共 128 学时的课时。

1. 基础性实验

基础实验操作是培养学生综合能力的基础，第一类，“蒸馏与简单分馏”“水蒸气蒸馏、液体的干燥及分液漏斗的使用”“重结晶与过滤”“熔点的测定”“绝对乙醇的制备”“减压蒸馏”及“薄层色谱及偶氮苯的光异构化”等基础性实验，采用传统 LBL 的教学模式进行。教学过程中，教师要重点规范学生的基本操作技能(如不同冷凝管的选用、实验装置搭建等)及培养学生良好的实验习惯(如实验前预习、实验现象记录、实验结果分析等)，只有在这样一个坚实的基础上，学生的综合能力才能得到提高。

2. 综合性实验

① 尹飞，赵骏，琚辉. PBL 教学法在有机化学实验教学中的应用. 实验室科学，2011，14(4)：49-51；毛近隆，张萍，胡晶红. 在有机化学实验中基于 5 个模块进行 PBL 教学的实践. 实验技术与管理，2013，30(6)：107-109.

第二类，“正溴丁烷的制备”“乙酰苯胺的制备”“乙酸正丁酯的制备”“环己酮的合成”“己二酸的合成”“苯亚甲基苯乙酮的制备”“苯乙酮的制备”“苯甲醇和苯甲酸的制备”“对氯甲苯的制备”“肉桂酸的制备”“甲基橙的制备”“乙酰乙酸乙酯的制备”“从茶叶中提取咖啡因”“餐具洗涤剂的配制”等综合性实验。这一类实验多数为验证性的合成实验，占据了实验课的大量时间，为了不给学生造成太大的负担，这部分主要采用以传统 LBL 教学模式为主，根据每学期教学安排和学生“有机化学”理论课的进度，在教学中间适当安排 2～3 个实验采用 PBL 教学法。例如在前面的教学中已经尝试对“乙酸正丁酯的制备”“茶叶中提取咖啡因”“苯亚甲基苯乙酮的制备”“甲基橙的制备”等采用 PBL 教学法的课程教学中，学生讲解、讨论的热情非常高，取得了很好的教学效果。对于其他采用 LBL 传统教学法的实验，也都采取了一些改进措施，以教师讲解为主，但在讲解时以提问的形式进行，对于实验的合成步骤不给出固定的路线，允许大家对书上内容提出疑问，根据大家的讨论结果，带着问题进行实验。例如在“己二酸的制备”实验中，需要把环己酮加至高锰酸钾溶液中反应，书上叙述的是缓慢加入，这时候有几位同学提出来“怎么样算缓慢？一次性加入不行吗？或分 3～5 次加入不行吗？是不是只要控制反应温度在 45℃就可以了？”这时教师就顺便鼓励大家可以尝试不同的加入方式。因此，这次实验中大家就分成了三组，选择了一次性加入、分次加入和逐渐滴加三种方式进行实验。实验结束后，大家根据自己的实验结果和其他同学进行了对比。通过这些实验，大家对《有机化学》中枯燥的化学反应方程式有了更感性的认识，体味到合成反应的复杂和乐趣，同时又加强了基础操作能力。

3. 设计性实验

第三类，设计性实验“以苯甲醛为原料制备二苯乙醇酸”，以 PBL 教学模式进行，教师辅助以答疑和讨论的形式指导，分成 3～4 周三个阶段进行。

第一阶段，首先需要进行合理分组，分组时在自由组合的基础上，需要考虑到男女搭配、“有机化学”理论课成绩好坏等方面，以更好地激发学生良好的团队合作和交流沟通。其次，需要好的问题，问题是 PBL 教学模式的核心，要以层进式提出，符合学生学习思考记忆的过程。第一个问题，“为什么要合成二苯乙醇酸(即有什么价值，合成的目的)，以苯甲醛为起始原料如何制备得到二苯乙醇酸？”第一个问题提出后，要指导学生充分利用图书馆中一些专业的数据库如知网、万方、Scifinder。在此基础上，提出第二个问题，“哪个合成路线较好？并初步确定自己的合成方案”。教师要指导学生在选择合成方法时，综合考虑原料易得、少毒或无毒、操作简单、设备易得、反应步骤尽量少、产品易提纯、产率高等因素，同时强调选择合适路线时注意实验室和工业生产的差异，指导学生选出实验室可行的方案。在该阶段，要求每组同学完成PPT，推选一名同学汇报，其他组同学自由提问，本组同学参与讨论。讨论结束后，教师一定要就学生提出的实验方案加以总结点评，指出各种方式的优缺点及可行性，让学生回去加以适当地改进，每位同学都要提交自己的实验设计报告。最后教师还要对该阶段所有同学的表现进行评价，根据学生PPT的制作、实验设计报告、汇报和提问、讨论情况对第一阶段调研情况进行打分，对于积极做报告、提问和讨论突出的同学可以稍微额外加分，这一部分占总设计实验分数的30%。

第二个阶段，在讨论的基础上，各组确定最终选择的实验方案，在实验室设备、药剂等允许的条件下鼓励学生多去尝试资料中的新方法(评定时敢于尝试新方法的学生，给予适当加分)。提出第三个问题，“确定的实验方案中每一步的反应原理是什么？反应副产物有哪些？如何分离提纯”。这个问题的目的是要学生对自己选择的方案进行细化，细化到每步反应的原理、实验步骤、药品用量、实验条件控制等。此工作完成后，学生可以分组进行实验，在实验过程中鼓励学生随时讨论实验中出现的问题，并给予适当的指导。时间安排上给大家一共三周的时间进行实验，不对每个学生的实验进度进行要求。教师根据学生实验过程中每部分操作和实验讨论的情况，给予实验分数，占40%。

第三个阶段，教师首先讲述论文的格式及要求，学生根据自己实验的情况，完成小论文，教师根据学生论文写作的规范、逻辑性等，对小论文进行评分，占20%。同时教师在实验结束后发放匿名调查问卷请同组内学生进行自评和互评(包括资料收集、PPT制作、汇报、讨论及实验操作等部分)，这部分占10%。教师最后统计每位学生的分数，给出设计实验的总成绩。

从以上实践可以看出LBL-PBL教学法综合了LBL和PBL两种教学模式的优点，既加强了基本单元操作，也重视了学生创新、科研能力的培养。从学生课堂表现和对教学法的评价来看，依据教学进度与内容增加PBL教学法，促使课堂气氛更加活跃，学生自主学习能力、科研能力及和同学、教师之间的交流大大增强，学习积极性得到了提高。通过自学、文献查阅、讨论，对实验中涉及的理论知识掌握得更加牢固，印象深刻。在知识进一步丰富的同时思维能力也得到了极大提高，达到了教学改革预期效果。

同时，LBL-PBL教学法中，教师扮演着多个角色，这种新的教学模式对教师提出来更高的要求：①教师要对教材非常熟悉，明确课程的重点和难点，要针对教学大纲的要求和每次课程的教学内容提出合适的问题，这样提出的问题才会有目的性和针对性。②教师既是知识的传授者，又是知识的倾听者、解答者及总结者，要及时进行角色的转变。③教师要具有较强的专业素质，厚积薄发的功底，才能自如应对学生提出的各种犀利问题。因此，要成功实施 PBL 教学，教师要不断加强理论学习，不断提升综合素质，拓宽知识面，这样才能真正提高教学质量。

三、总结

在“有机化学实验”课程教学中应用 LBL-PBL 双轨教学，符合高校教学改革、实施素质教育、培养创新人才的要求。通过尝试多种教学方式，合理安排实验内容、加强综合性、设计性实验，培养学生的自主学习和团体合作能力，批判性思考能力，沟通表达及分析解决问题的能力。LBL-PBL 两种教学模式有效结合，应用于“有机化学实验”课程教学中，真正做到“授之以渔，而非授之以鱼”。

以药物研究为纽带的药学本科实验教学体系的构建与实践

王　鹏[*]　李　明　王远红

摘　要：通过对药学实验课程的梳理及整合，将本科实验教学与新药研发的临床前的研究进行横向对接，建立以药物研究为纽带的药学本科实验教学体系，提高药学综合性学科的融合度。教学实践证明，该教学体系能够使传统的单一课程实验内容更具有延续性，加深学生对于药物研究过程的理解，有助于学生形成系统的药学知识网络，对培养符合当今需求的药学复合型专业人才具有重要的现实意义。

关键词：药学专业；综合性实验教学；药物研究；系统性教学

对于药学人才的培养，其重要目标之一就是培养其专业技能和创新实践能力。① 药学类专业实验课程教学在高等药学教育中占据着不可或缺的地位，它在培养学生实践能力等方面具有不可替代的作用，是培养及储备具有创新能力和探索精神的药学人才的有效途径之一，也是完成药学专业人才培养目标的必要手段。②

一、药学实验课程教学现状与问题

药学作为多学科交叉的综合性一级学科，包括天然药物化学、药物化学、药物分析化学、药理学、药剂学等诸多分支二级学科，因此各药学教学单位均开设多门药学理论及实验课程。由于各门课程均由不同二级学科教研组教师分别开出，因此每门实验课程仅是相应理论课程的延伸及实践，实验教学在不同分支学

---

* 王鹏，中国海洋大学医药学院高级实验师，主要研究方向为药物化学及药物合成化学。基金项目：山东省本科高校教学改革研究项目（2005M005）；中国海洋大学 2015 年度本科教育教学研究一般项目“问题导入式教学方法及产生式实验教学策略的构建”。

① 徐晓媛，吴晓明．中国高等药学教育模式的改革与展望．中国大学教学，2008(1)：24-26.

② 王鹏，李明，方玉春等．基于创新型人才培养的药物化学实验课程建设．实验室科学，2016，19(5)：122-124.

科之间相互独立，缺乏各学科之间的横向联系。尽管近年来依据教育部本科教学质量评估标准要求，实验课程中综合性、设计性实验学时数不低于实验教学总学时的 40%，切实提高了学生在实验课程学习中的参与度及自主研究的能力，但现行的"片段式"的学习方式仍然难以体现药学综合性学科的特点，不能满足社会对综合创新型人才的素质需求。

二、实验教学模式的改革举措

（一）转变教学观念，设立集中备课制度

在传统实验课程教学模式下，教师讲解、演示实验操作过程，而学生"按方抓药"，遵照实验讲义的步骤及教师讲解完成实验内容，如此的"教"与"学"不利于激发学生内在的积极性和主动性，亦不利于学生创新性思维和创新实践能力的培养。因此，依据药学学科的综合性特点，树立新的教学理念，充分调动学生内在动力，全面提升学生对药学知识的综合掌握显得尤为重要。为此，学院首先要积极转变教师的观念，定期召开教学研讨会，设立集中备课制度，不同学科组的实验教学教师自主抱团、合力开发教学资源，共同研讨教学方式方法，准确地把握药学横向课程之间的相互联系。在教学环节确立"以学生为中心"的教育思想，充分体现"通识教育为体，专业教育为用"的教学理念。

（二）整合教学资源，提高学科融合度

新药研究与开发是一个有逻辑、有步骤的复杂过程，涉及药学各分支学科之间的相互交叉与渗透，而通过药物研发的临床前各研究环节可以将各药学分支学科有机地串联起来。① 药学专业人才培养目标是教育教学的指挥棒，通过课程整合协调，建立综合性实验教学模式，将多个学科知识点相互融合、相互渗透，是改革和拓展传统实验模式、提高学生综合运用所学知识能力的重要途径。目前国内几所相关院校②也开设了"药学多学科综合性实验"，基本采用短期集中授课的方式开设，学生覆盖程度较低。

根据我院教学实际，以"新药研究"的基本环节为模板，将其整合为四大模

---

① 徐玉玲，凌娅，肖伟等. 浅谈我国新药研发的关键点. 药学与临床研究，2011，19(1)：78-80.

② 李囡囡，来丽娜，李瑞燕等. 药学多学科综合实验教学体系的构建. 中国高等医学教育，2016(2)：68-69；鲁莹，钟延强，樊莉等. 药学多学科综合性实验教学体系的构建与实践. 西北医学教育，2013，21(5)：949-952；李佳常，田吉来，丁启龙等. 药学类高校构建药学多学科综合性实验的探索. 药学研究. 2014，33(5)：305-306.

块，即药源→质控→药效→制剂，并分别与药物化学、药理学、药物分析、药剂学等各实验课程相吻合，在实验教学中体现药物研发的各关键环节(图 1)。作为药学专业主干课程，这四门实验课程均安排在大三学年的春季学期完成，这也为该体系的建立提供了先决条件。通过在实验内容选择上整体规划、统筹安排，在实验顺序上相互衔接，考虑先行课程与后续课程相互联系、相互渗透，整体提高药学各分支学科的融合度，从而构建立体化的本科实验教学模式。

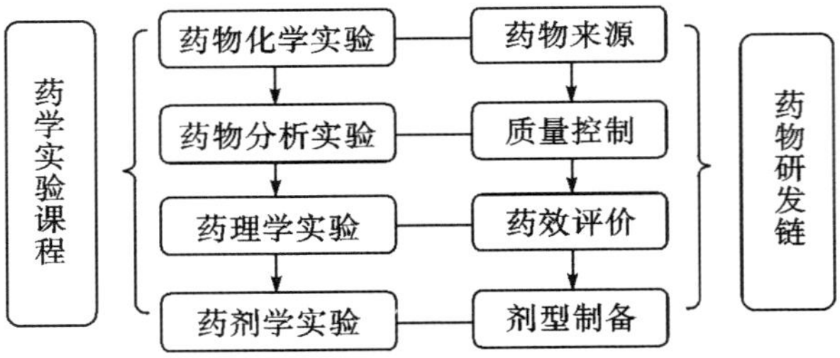

图 1 药学实验课程与药物临床前研究之间的横向对接

(三)精心选择实验内容，注重知识衔接

在传统的实验教学中，每门实验课程单独开设，虽然安排了丰富的实验内容，但学生难于将实验课程内容与药物研究的某个环节进行对接。因此综合性实验教学选择经典的药物作为研究对象，通过本科药学实验课程，遵循药物研发流程完成所选药物从分子到药物的临床前的研究内容，学生在模拟“创制新药”的过程中获得更多的新药研发的感性体验，了解并掌握药物发现、发展的具体过程。同时科研反哺教学是我院一直倡导、并推进落实的重要工作。因此将我院海洋药物研究领域的特色研究成果——藻酸双酯钠(PSS)项目引入到本科实验教学中，及时地将科研成果转化为教学资源，利用科研强势带动教学优势，通过“模拟生产”完成 PSS 的制备、质量控制、活性评价及剂型制备等，突显海洋特色、提高创新能力，进一步完善实验教学体系，构建“重基础、强应用”的多层次实验教学内容。

不同于理论教学，实验教学需要学生在反复多次的操作中学习基本实验方法，灵活地将理论内容应用于实验过程中，并最终内化为自身实验技能。基于此，在实验中以阿司匹林、利多卡因、盐酸普萘洛尔及藻酸双酯钠的成药性研究为综合性实验课题。学生将在药物化学实验课堂所获得的原料药物首先带入药物分析课堂，经含量及杂质检测合格后带入药剂学实验课堂制备相应剂型，然后将药物带入药理学实验课堂，评价药效或急性毒性等实验内容。综合性实验结束后，每组同学从四个专题实验中任选一个以论文形式撰写研究报告，通过实验及论文撰写，学生能够完整地掌握药物的研究过程，并以PPT演示的形式进行课题答辩。在参与教师及学生的共同提问下进一步拓展知识体系，促使学生形成药学知识网络。

（四）改进考核办法，实施过程性综合评价

教学评价是教学环节中的重要部分，科学的评价体系是实现高素质、创新型人才培养的必要保障。① 综合性实验教学模式下，评价模式不能拘泥于单独某门实验课程，因此需编制不同实验模块评分表，分模块对学生和小组进行评价。每门实验课程单独评价相关的文献综述及方案设计（25%）、课堂成绩（30%）、实验记录及结果（25%），在PPT汇报环节由教师评审团对学生的实验论文及汇报以小组形式进行评鉴（20%），形成贯穿始终的完善的评价体系。

三、教学效果评价

综合性实验教学模式的建立，促使学生在完成实验时“内容互动、结果联动”，因此学生的学习主动性得到了极大的提高，同时延展了传统的单一课程实验内容，逐步加深了学生对于“新药创制”过程的理解，帮助学生形成对于药学学科的宏观认识。该模式的建立，将药学各学科知识点相互融合并贯通运用，消除学生思维模式中的“框架分割”，实现药学专业课程之间以“药”为纽带的学科内涵建设，全面提高学生的综合实验能力。通过“模拟生产”环节，使学生掌握了一些在传统实验教学中不可能涉及的海洋药物工业生产的实验内容，强化质量控制和生产管理意识，增强了学生的职业责任感，使学生的各种能力都得到综合训练和发展，从而实现教学与生产、学业与就业的“良性对接”。

我们对完成综合性教学内容的2013级药学专业学生进行问卷调查，共收回89份调查资料（图2）。学生普遍认为综合性实验教学模式是非常有必要的，能够取得满意的学习效果。调查结果显示通过药学综合性实验教学，学生能够主动检索并认真阅读5～10篇文献，能够主动捕捉实验现象并进而解决实验中所遇到的问题，学生的团队合作意识及对于药学知识整合及综合运用能力均有较大幅度的提高，整体提高了综合创新能力。学生普遍认为药学综合性实验应该随实验课一起开设，能够快速整合药学知识，利于提升实验设计能力。

---

① 宓伟，练武，石塔拉等. 形成性评价在营养与食品卫生学中的实施效果分析. 中华医学教育探索杂志，2014，13(9)：869-873.

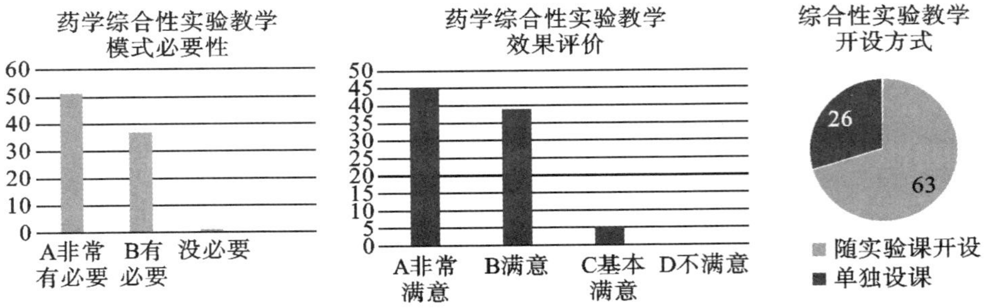

图 2 教学实施问卷调查图示

四、结语

以药物研究为纽带的药学本科实验教学体系的构建为培养药学综合型、实践型、创新型人才提供了新的模式。该教学模式使实验教学内容紧密地对接于药物研究的各个关键环节，以“药物研发链条”的方式将药学各门实验课程进行了梳理及整合，增强了各学科专业课程知识点的横向联系，既有利于学生对药学知识的系统掌握，同时又积极地培育了学生的创新实践能力、团队协作精神和科研思维模式，对培养符合当今需求的药学复合型专业人才具有重要的现实意义，对我国药学事业的发展具有积极的影响。

对烟台桃村地质认识实习改革的思考

毕乃双[*]　韩宗珠　刘　勇　胡日军　邓声贵

摘　要：本文基于地质认识实习的特点，分析目前我校桃村地质认识实习存在的问题，结合实际情况探索了地质认识实习的改革措施，主要包括：增加实习区外围典型实习路线，丰富实习资源；加强实习过程考核并优化多指标的成绩评价体系，从实习过程到结果全面评价，完善实习成绩评价标准；采用问题引导式和咨询互动式教学方法，激发学生实习积极性，切实提高实习效果。以上措施的实施，将为优化我校地质认识实习，提高实习效果提供重要支撑。

关键词：烟台桃村；地质认识实习；实习改革

一、引言

地质认识实习是培养学生观察、认识地质现象，掌握野外地质工作方法和培养地质思维的现场教学活动①，是教学活动的基本环节，是理论与实践相结合、技能训练和综合素质培养的有效途径。素质培养与业务教育的结合、树立良好的思想作风、实事求是的工作态度、吃苦耐劳和为科学事业献身的精神是地质认识实习的最重要内容。桃村地质认识实习是我校地质学、勘查技术与工程、地球信息科学与技术和环境工程专业第一次系统的地质实践实习，对于学生来说是一次地质启蒙教育，是以认识为重点的地质基本概念、基本知识和基本技能训练的实践过程。其目的在于通过短期野外实践使学生对地质学研究的主要内容和特点有一个比较全面的、概括性的了解。进一步巩固和掌握《普通地质学》和《地球科学概论》课程的基本内容和方法。通过桃村地质认识实习，要求学生基本掌握野外观察、认识、记录、描述地质现象的方法，熟练掌握罗盘等地质工具的使用，熟悉地形图的使用和判读知识，初步了解分析地质问题的一般方法，掌握各

---

*　毕乃双，中国海洋大学海洋地球科学学院副教授，主要从事海洋地质学的研究与教学工作。

①　刘金铃，朱宗敏，谢树成. 问题教学法在野外地质认识实习中的实践——以北戴河地质认识实习为例. 科教导刊，2016(34)：104-105+130；林青茶，程雄卫. 普通地质学认识实习中地质思维的培养. 科技创新导报，2011(10)：228.

种地质图件的制作方法。使学生的野外地质工作能力得到初步的训练，专业思想进一步巩固，为今后的专业课学习乃至地质工作和实践打下坚实的基础，具有显著的承前启后的作用。

桃村镇位于烟台栖霞市，我校自 20 世纪 90 年代起就在此建立了地质认识实习基地，培养了一大批优秀的地质工作者。实习区位于桃村盆地内，具有丰富的地质现象。本实习区属华北地层区鲁东地层分区。出露地层有上太古界胶东群、下元古界粉子山群、中生界侏罗系下上统莱阳组、白垩系下统青山组、上统王氏组、新生界第三系唐山棚组，在山间河谷内分布有新生界第四系的大站组、临沂组和沂河组。在构造方面，发育桃村断裂、郭城—徐家店背斜和多期张、剪节理。实习区广泛出露岩浆岩，包括玄武岩、安山岩、闪长玢岩、似斑状花岗闪长岩、花岗斑岩等，既有喷出岩，又有侵入岩。同时，实习区发育一铜矿床，属岩浆热液充填(交代)型铜矿，成矿时代为中生代燕山晚期。上述典型地质现象在实习驻地 10 千米范围内均有出露，便于进行矿物、岩石、地层、构造和矿床等方面的实践教学，是开展地质认识实习的理想区域。

二、实习目前存在的问题

(一)教学资源破坏严重

地质露头是开展野外实践教学的基础教学资源，其典型与否直接影响教学效果。桃村地区地质露头一直以来较为典型，但随着地区经济发展和基础设施建设，部分地质露头被破坏、覆盖或隔离，导致部分实习内容无法正常开展。如：①实习区有典型的安山岩出露，是进行青山组地层教学和岩浆岩教学的重要露头，但在 2014 年前后，该区域附近建设一商品房居民小区，露头处被改造成小区的绿化景观，表面被土壤覆盖后种植青草和灌木，导致该区几无基岩露头。②在该小区附近，有一近 50 米长的王氏组下段地层剖面，为工程施工开挖形成，露头典型、岩石新鲜。然而今年该处成为桃村镇垃圾临时堆放场，夏季实习期间尤其是雨后高温时段，恶臭无比，蚊虫滋生，无法进行相应的实习任务。③受铁路电气化改造影响，原有在铁路两侧的地质露头，均被安全护栏隔离在铁路内侧，无法进入，导致王氏组下段典型露头无法观察。④卧龙河是本实习观察河流地质作用的典型区域，河流规模适中，河流地貌完整、典型。但由于 2015～2017 年初的强 ENSO 气候事件，导致实习区严重干旱，为了保证当地工农业和生活用水，河道进行了强烈的人工挖掘和整治，导致河流地貌完全受控于人类活动，而非自然的河流地质作用，短期内已不适合作为认识河流地质作用的实践教学实例。

(二)评价体系不够完善

实习成绩是野外实习的综合表现,基于合理的评价体系得出的成绩可客观地反映学生野外真实的知识水平和实际动手能力。然而,近年来传统的实习成绩的评定方法也逐渐暴露出了一些问题,主要表现在:①实习报告在实习成绩中所占的比例过高,导致学生实习过程中重结果轻过程,野外观察和记录不够认真,室内整理过程中抄袭实习指导书或他人实习记录簿。看似工整、规范的野外记录并不能真实反映学生对野外地质现象的认识、地质知识和技能的掌握程度。②由于地质认识实习阶段,学生对地质现象更多的是“认识”,很难基于现象提出正确的自己的新观点,导致实习报告中大多引用实习指导书、教材或前人野外调查成果,甚至抄袭他人实习报告,报告内容编排几乎千篇一律。因此,仅凭实习报告已不能客观反映学生对地质现象的认知和基础地质知识的掌握程度。而传统的评价方法中,实习报告的成绩很大程度上决定了最终实习成绩,存在一定的缺陷。

(三)实习效果有待提高

地质认识实习具有承前启后的作用,其实习效果的好坏不仅影响后期专业课的学习,同时也将影响大三地质填图实习的开展。虽然目前地质认识实习的实习效果总体良好,但仍受以下因素影响:①受实习条件限制,实习教师教学方式仍以灌输式为主,即“教师讲授——学生观察——学生提问——教师解答”的模式,由于野外教学实习管理难度大,学生主动性差,师生交流局限性大等问题,野外学习氛围易形成 3 个 1/3 的局面,即 1/3 的同学认真、1/3 的同学较认真和 1/3 的同学“打酱油”,影响实习效果。②实习期间虽将班级分成多个实习小组,小组成员有明确分工,但实习过程中小组成员分工单一,整个实习过程中没有变化,如一名组员整个实习过程中仅负责采集标本,不能完全培养学生野外工作技能。组内同学交流和讨论不够,不能发挥学生实习积极性和创造性。

三、对实习改革的思考

(一)增加实习区外围典型路线,丰富实习资源

随着实习基地近 30 年的建设,实习驻地周边 10 千米以内典型的地质露头、剖面均已充分开发,在传统地质认识实习模式下,即在无任何交通工具的条件下,仅靠步行无法开发更多的实习资源。考虑到原实习区部分实习资源遭严重破坏,2017 年夏季,桃村实习队以 2016 级地质班为试点,通过乘坐大巴车,突破

桃村盆地的局限，在不改变实习内容的系统性的前提下，将实习路线扩展至胶莱盆地，开发了多条实习路线，如用五龙河代替原有的卧龙河来认识河流地质作用。五龙河是胶东第一大河，河流规模大，虽然也受人类活动的影响，但其演化仍主要受控于河流自然作用，河流地貌单元完整、典型，与《普通地质学》课程中河流地质作用的基本理论紧密契合，学生更容易理解。在教学过程中发现在五龙河的实习效果要远优于原有的卧龙河。除五龙河外，还新开发了莱阳组地层、牟平—即墨断裂、西林断裂、横穿胶莱盆地等路线。在不改变实习周期的前提下，增加部分投入，不仅大大拓展了实习区范围，地质露头和剖面更加的典型，而且把更多的时间用在地质现象的观察和认识上而不是前往地质露头和剖面的路上，显著提高了实习效果。

（二）从过程到成果的全面评价，完善评价体系

科学的成绩评价体系，不仅可以客观公正地评价学生的实习成绩，还可以全面地掌握学生野外的实习效果，为不断推进地质认识实习的改革提供重要支撑。随着实习基地的建设，实习队不断地进行实习成绩的评价方法的探索和改革，具体方案如下。

1. 加强过程考核，全面评价学生实习效果

实习最终成果与成绩是实习过程不断积累的结果，只有对整个实习全过程的全面考核，才能反映学生真实的实习成绩。过程考核以实习的阶段性内容为主要考核对象，如地层学、岩石学、构造地质学、矿物学等，几乎不考核教科书中的理论内容。每完成一部分的实习内容，就以该部分实习内容的重点问题进行不同方式的考核，可以在室内以小型考试的形式，也可以以现场提问的形式，其目的是检验野外实习过程中学生是否认真地观察和认识了野外的地质现象，是否理解这些地质现象的形成过程，同时可以检验指导教师是否严格完成了相应的野外教学内容。以考察野外实习内容为目的的考试，既可以全面掌握学生野外实习的真实情况，也可促进学生在野外认真听讲、仔细观察和积极思考。

2. 实习成绩仍采用多指标法，但不同指标权重需调整

地质认识实习的主要目的是培养学生地质思维、地质技能和野外地质调查方法及规范，包括罗盘的使用、标本采集、野外记录与描述、图件绘制和实习报告编写等方面，因此其成绩应包括野外工作技能（15%）、野外实习表现（15%）、野外记录簿成绩（20%）和实习报告成绩（50%），其中野外工作技能和实习表现在实习过程中考核。由上述成绩构成可见，实习报告的比例明显降低，加强了野外实习过程的成绩，重点考察学生的实际动手能力和野外地质记录，目的是使学生

在野外实习期间务必做到记录认真规范、主动观察和勤于思考。规范地完成野外地质现象的文字和图件记录，掌握野外地质工作中罗盘的使用、标本采集、地质定点和地形图判读等技能。实习报告则重点考察学生的地质思维和逻辑，包括地质时间观思维和地质空间观思维，锻炼学生规范书写地质报告和绘制综合地质图件的专业能力。

3. 激发学生积极性，提高实习效果

学生作为实习的主体，其参与的积极性和主动性很大程度上影响着实习的效果。通过多种教学方式相结合的模式，激发学生参与热情，变被动学习为主动学习是提高实习效果的有效途径。问题引导式和咨询互动式教学是桃村地质认识实习中尝试的新教学模式，并取得了良好的教学效果。问题引导式教学是教学过程中通过不断提出问题来积极引导学生主动思考的一种教学模式。[①] 其具体步骤为：①指导教师结合观察的内容提出思考问题；②学生分组观察、思考和讨论；③请学生回答问题；④指导教师进行进一步的总结和论述。如在确定胶东群与似斑状花岗闪长岩边界的路线时，指导教师首先提出望母顶东麓和西麓植被差异的原因的问题，而后引申到土壤厚度差异的问题，再引申到岩性差异问题，最后引申到矿物差异及其物理性质的问题。一个问题的提出，当得到学生的回答后引申到另一个问题，层层深入，不仅完成既定教学内容，同时回顾了其他教学内容，使得实习更加系统。

咨询互动式教学是以双向沟通作为师生交流的主要方式，教学过程中师生并重，学生变成了教学活动中的积极参与者，师生通过交流共同探讨解决问题的方法，完成教学任务。[②] 如在寻找桃村断裂标志路线时，指导教师首先提出野外断层出露的标志的问题，学生以小组为单位思考和讨论，并且每个小组回答 2～3 个标志，其后指导教师基于学生回答的断层标志，带领学生认识桃村断裂的出露标志，并带领学生完成两个断裂出露点的定点，第三个出露点需由学生自主完成，但前提是找到可靠的桃村断裂出露的证据。学生在找到证据后，会与指导教师讨论其可靠性，通过不断地讨论最终确定桃村断裂的第三个出露点。

问题引导式和咨询互动式教学相结合的教学模式不仅激发学生学习的积极性、能动性和创造性，又能活跃实习的氛围，促进同学之间的团结协作与交流。

---

① 张耀灿，郑永廷，刘书林，吴潜涛. 现代思想政治教育学. 北京：人民出版社，2006.

② 任红杰. 关于高校互动式教学的思考. 高校理论战线，2007(5)：43.

此方法改变灌输式教学的弊端，变被动学习为主动学习，大大提高实习的效果。①

四、结语

桃村地质认识实习是我校地质学相关专业第一次系统性实习，具有承前启后的重要作用。经过近 30 年的建设与改革，实习取得了显著进步，培养了一大批优秀的地质工作者，但仍面临诸多问题。目前实习队正在探索一系列的改革措施，将切实提高地质认识实习的教学效果。

---

① 刘爱民，姚军．高校工科互动式教学的探讨．中国石油大学学报（社会科学版），2006(6)：100-104．

山东桃村综合地球物理实训基地建设

张　进* 　刘怀山　童思友　王林飞　徐秀刚　邢　磊　尹燕欣

摘　要：中国海洋大学山东桃村综合地球物理实训基地的建设是在海洋地球科学学院多位老师丰富的地球物理实践经验和多年地质调查的基础上建立的。建立以来，我们在实训组织、教学手段、实训考核等方面进行了探索，取得了良好的教学效果。

关键词：应用地球物理；实训基地；实践创新能力

中国海洋大学山东桃村综合地球物理教学实训基地2007年建立至今，一直以培养学生应用地球物理实践能力为目标，结合本专业应用地球物理课程自身具有的理论性和实践性，不断探索和完善。该基地的建设目的是着力提高学生的综合素质和创新精神，以确保为我国社会主义现代化建设和应用地球物理等相关专业培养高素质复合型的创新人才。该实训基地的建设过程中，我们对野外实训的组织原则、教学内容和教学方法等方面进行了探索。

一、实训基地建设的目的与意义

中国海洋大学桃村综合地球物理教学实训基地秉承培养高素质创新型人才为目标，在应用地球物理教学为理论基础的前提下，通过在实践中具体的应用以达到训练和巩固学生应用地球物理勘探知识的目的，从而发展和建立以"产学研训"为特色的应用地球物理高素质创新人才培养体系。桃村综合地球物理教学实训基地建设以来，已经获得了明显的教学成果，完成了GPS测量定位、浅层折射波勘探野外采集方法、多次覆盖反射地震勘探的野外采集方法、高密度电法勘探、高密度磁法勘探的野外采集方法，以及GPS测量、地震、电法、磁法数据室内处理与综合解释等教学任务。一方面使学生更透彻地理解课堂中学到的理论，并与实践融会贯通。通过应用地球物理教学实训，对应用地球物理学中的测量、

---

* 张进，中国海洋大学海洋地球科学学院副教授，主要研究领域为地震资料处理与反演。基金项目：中国海洋大学本科教育教学研究项目（2016JY239，2017jxjj21）。

地震、电法和磁法等多种勘探方法的野外数据采集、处理、解释等具体流程有一个基本的认识和理解，全面地去了解勘探工作的性质、方法、手段以及各种热门技术，提高学生的实践能力、操作能力以及独立解决困难的能力。① 另一方面，野外勘探是利用各种勘探手段了解地下的地质状况，现实的工作常常会让勘探人员付出意想不到的艰辛，这对于培养学生严谨求实和吃苦耐劳的素质、共同协作的团队精神，为将来顺利走上工作岗位，完成相应的地球物理工作打下良好的基础。

二、野外教学实训组织原则

(一)野外实训选址原则

野外实训点的选择直接关系到对学生实践教学的教学质量和学生的学习成果，因此实训点的选择必须考虑交通、地质地层构造以及实训环境等各方面的因素。②

1. 选址合适，交通便利

桃村镇位于栖霞市东南，牙山东麓。东与牟平区交界，南与海阳县接壤，西距栖霞市区约 30 千米，北距烟台市 47 千米，南距莱阳市 50 千米。同时，周边公路四通八达，另外铁路设有桃村站，多条线路经过于此，可谓交通便利。

2. 地质构造条件优越，地球物理资料丰富

本实训区属华北地层区鲁东地层分区，出露有上太古界、下元古界、中生界、新生界地层。中生代燕山期岩浆岩在桃村地区分布十分广泛，规模也很宏大，而且与矿产关系也十分密切，而燕山晚期岩浆活动相当强烈，形成了燕山晚期一系列的火山岩和侵入岩。随着断裂构造的发生，火山喷发活动强烈，岩浆侵入活动亦十分强烈，形成了一系列花岗闪长岩和花岗岩类。沉积岩分布受桃村断裂的严格控制，仅分布于桃村断裂东侧，呈北东向宽带状展布。按沉积作用方式可将区内沉积岩划分为陆源碎屑和泥质沉积岩、内源沉积岩、火山沉积碎屑岩三种基本类型。不同的地层成分会导致地震波传播时产生不同的速度，不同岩石的岩性、密度、导电率等地球物理信息在其勘察仪器中的显示也有所差别，而桃村地区丰富的地学资料在本区地史演化中占有重要地位，是进行野外勘探实训的优

---

① 刘怀山，邢磊. 应用地球物理野外教学实习基地建设及实践. 中国地质教育，2008(3)：26-30.

② 贾正元，黄兆辉. 浅谈地球物理专业实践教学. 重庆科技学院学报(社会科学版)，2008(7)：192-193.

良场所。

3. 当地政府的支持与配合

多年来，我校与桃村地区形成了良好的合作关系，将该区作为学生的物探实训基地，也为当地农民解决了一些实际困难（如利用电法资料找寻地下水），该合作关系得到了当地政府与群众的支持与配合。

（二）合理组织安排实训

应用地球物理实训教学与室内实验有着本质的不同，室内实验是以理想的实验环境和实验模型作为实验基础，注重的是学生对理论原理的理解，而实际的野外环境与理想环境相差甚远，所受干扰因素也很多，因此在真正野外实训前必须做足充分准备。

1. 野外勘探实训设计

在实训正式开展以前，组织专业的骨干老师提前到达勘探工区实地考察，结合前期已经获得的资料对工区及其地球物理特性进行分析，从而确定相应的地球物理勘探方法，如在测线设计上综合考虑岩性、构造、地貌特征等各方面因素，来布置主测线和联络测线。同时对实训所需要的仪器设备，提前向学生做大致的讲解介绍，使学生对设备有大体的了解和认识，以此提高实训效率。

2. 野外实训学时流程安排

野外实训人员分为指导教师部分和实训学生部分，由有着多年实践教学经验的骨干教师带队，做好学生的思想工作和前期准备工作指导，将学生分组轮流安排不同的工作任务，确保实训的稳定与顺利。同时合理分配实训时间，并做出预留计划充分考虑天气等外部因素对实训工作的影响，确保实训有条不紊紧凑地进行。

具体安排大致为每期野外实训计划为期 30 天，首先通过多媒体教学和实验对学生进行 2 天的应用地球物理专业教学基本知识的讲解。然后把学生分成几个小组，由带队的老师现场教授，分别进行为期 2 天的对地震、磁法和电法勘探等野外数据采集区的工区踏勘。接下来是 15 天的野外实测环节，在此期间学生在老师的指导下进行野外测量、地震勘探数据、重磁勘探数据、电法勘探数据的采集，学生要完成地球物理勘探 GPS 定位与地球物理点实测，掌握野外地震勘探、磁法勘探和电法勘探的施工方法和采集方式。之后进入室内数据处理与解释阶段，预计用 7 天时间通过多媒体教学和室内指导对获得的野外数据进行室内数据处理与解释。最后通过 2 天的室内指导全面总结本次教学实习的内容，使学生的理论与实践知识得到巩固和提升。

三、野外实训教学方法的改进

(一)循序渐进,以实践巩固理论

在野外实习中对“地震勘探原理”“电法勘探”“磁法勘探”“地震资料数字处理”“地震资料解释”等课程的基本理论与基础进行巩固和提高。在野外教学中避免急于求成,在带队老师规范的操作示范下采取循序渐进的教学思路稳扎稳打,由简到繁,逐步巩固、提高前期教学成果。为了促进实训效果,培养学生的开拓精神,在野外实测环节,每3～5天要求学生有一次实习阶段汇报,并由老师进行点评总结,以此培养学生养成完成每一阶段的工作都要勤于总结善于思考的学习习惯。

(二)注重培养学生严谨思维和提升实践创新能力

应用地球物理是一门理论性与实践性结合的学科,自从实训基地建设以来,学生的实践动手能力得到充分的锻炼,先后接触了中海达差分GPS观测仪、WZG-24和WZG-48工程地震仪、WCZ-1型质子旋进式磁力仪、WDJD-2多功能数字直流激电仪和WGMD-6型分布式三维高密度电阻仪等勘探仪器。学生的仪器操作能力通过对地震、电法及磁法等多种物探采集仪器的实际操作得以提高,使学生通过野外测线、排列的布置、移动等对野外物探资料的采集方法有一个更加深刻的了解;让学生通过野外资料的室内处理及解释更加熟练地掌握地球物理勘探技术。同时要求学生亲身参与到数据采集、处理和解释的各个环节,对于实践过程中出现的各种问题都要求学生勤于思考,找出问题所在并想方设法解决问题,更要求学生不断探索新的勘探手段和方法来提高勘探效率。在实训教学中进一步完善了“产学研互动发展,突出应用地球物理特色,强化实践技能,注重创新培养”的系统化实践教学体系,形成更成熟的应用地球物理创新人才的培养模式。

(三)注重提高学生工作能力,培养学生的行业意识

野外实训应以培养学生对野外勘探施工设计思路与工作能力为主,因为应用涉及地震、电法、磁法等多项应用地球物理技术的地球物理实训内容,勘探方法所依据的设计原理也不同,并且每项技术的实施在生产过程中都要涉及诸多环节,例如观测系统设计、仪器操作、班报记录、室内资料处理和解释等,应培养学生举一反三的学习工作思考能力,如使用多种不同的物探方法在同一测线或测区进行勘探,通过分析各种不同方法所得到的勘探结果,进一步去认识了解各

种物探方法的优缺点以及使用的条件，使学生初步具备根据不同的勘探任务及工区实际情况来选择合适的应用地球物理方法，获取勘探资料，并从中提取有效信号并得出可信的解释成果的能力。

实训过程让每个学生都有做班长的机会，让学生学会如何把握全局以及培养自己的组织能力。通过教学实训，学生能够灵活地根据勘探任务的要求进行分工协作，有效锻炼学生的领导能力，加强团队的合作意识，使得学生在野外以及室内实训过程中增强与他人相互合作的能力。

另外，我们特别注重科研工作与学生实训的结合，实训基地提供了难得的地质环境，学生完成基本实训任务后，我们鼓励并引导学生开展相关的科研实践活动，培养学生的创新意识和创新能力，调动起学生的求知欲望和学习兴趣，使艰苦、单调的野外实训成为内容多样、生动活泼的学习过程，促进了实训质量的提高。① 我校本科生研究发展计划（SRDP）项目每年都有和实训基地有关的项目立项和工作开展。

（四）制定严格的安全制度，加强实训考核

实习基地所处地区在交通便利的同时也带来了很多安全隐患，基地处于公路和铁路的布线周遭，出野外实训经常要经过公路和铁路。此外，基地周围危险区的存在以及勘探设备的操作不当等都会带来安全问题，应采取适当的措施对这些问题进行处理，一方面要制定严格的安全制度和紧急情况预案，一旦有突发性事件出现，要能在最短时间内予以解决。② 另一方面加强对于学生实训期间的学习考核，将学生在实训期间的各个环节表现给予评定，以此提高学生学习的积极性。

四、实训效果突出

桃村综合地球物理实训基地的建设是在中国海洋大学海洋地球科学学院多位老师丰富的地球物理实践经验和多年地质调查的基础上而建立的，有着坚实的勘查基础，它符合本科教学计划的要求，符合国家对于高等教育的新改革和新要求。桃村应用地球物理实习基地的建设，自 2007 年起已在勘查技术与工程和地球信息科学与技术两个本科专业的教学中全面实施。形成了“产学研互动发

---

① 栾光忠，范德江，李师汤. 加强教学实习组织管理与教学研究培养高素质人才. 中国地质教育，2001(1)：46-48.

② 殷长春，董焕成，程振林. 努力抓好应用地球物理专业教学实习. 中国地质教育，1994(4)：23-29.

展，突出应用地球物理特色，强化实践技能，注重创新培养”的育人方针，完善了应用地球物理创新人才的培养模式，取得显著的效果。学生实践能力大幅度提高，就业率达到95%以上，专业对口达90%以上；每年都有与实训基地相关的本科生研究发展计划（SRDP）项目立项；3名本科生的毕业论文获山东省优秀论文奖；已在《工程地球物理学报》等杂志发表论文10余篇。

教学方法与手段

任务驱动型教学方法与案例教学方法的比较
——基于高校教学实践的反思

王　刚[*]　胡瑞晶　王誉晓

摘　要:相对于传统理论讲授教学方法,任务驱动型教学方法与案例教学方法更能激发学生的学习热情,启迪学生心智,也更能提高学生的创新能力。这两种教学方法分享了一些相同的教学理念和情景设定,但还是具有一定的差异性。任务驱动教学更强调问题意识,案例教学则更侧重情景分析和演绎。在高校教学中,如果能够将这两种教学方法有机结合,能达到更为理想的教学效果。

关键词:教学方法;任务驱动型教学方法;案例教学方法;高校教学

教学方法对于教学质量的提高至关重要。目前,相对于传统理论讲授的教学方法,任务驱动型教学方法与案例教学方法更能激发学生的学习热情,启迪学生心智,也更能提高学生的创新能力。这两种教学方法也普遍受到教育工作者的青睐,并从教学实践、教学理论方面不断进行探索和完善。笔者在本科教学实践中,尤其是在主讲的本科"行政管理学"课程中,也尝试使用了这两种方法,达到了较为理想的教学效果。笔者拟就研究者对于这两种方法的探究,结合自己在"行政管理学"教学实践中的体会,探索这两种教学方法的特点,并寻找有效结合的途径,从而为教学质量的提高,提出自己的一些建议。

一、任务驱动型教学方法与案例教学方法简述

任务驱动法(Task-based Learning)最早可以追溯到瑞士学者让·皮亚杰

---

* 王刚,中国海洋大学法政学院副教授,主要研究领域为海洋环境管理、公共管理研究方法。基金项目:中国海洋大学2017年研究生教育改革与研究项目:"'特色'科研对研究生教学的支持度与契合度研究"(HDJG17013)。

(J. Piaget)所构建的建构主义(constructivism)。依据建构主义学习理论,所形成的抛锚式教学(Anchored Instruction)认为教学要创设真实的、具有挑战性的任务,任务驱动型教学方法由此成为被普遍认可的一种教学方法。这种教学方法主张教师将教学内容隐含在一个或几个有代表性的任务中,以完成任务作为教学活动的中心。学生在教师的帮助下,紧紧围绕一个共同的任务活动中心,在强烈的问题动机的驱动下,通过对学习资源的积极主动应用,进行自主探索和互动协作的学习,并在完成既定任务的同时,引导学生产生学习实践活动。① Jane Willis(1996)在其专著 *A Framework for Task-Based Learning* 中,勾勒了一个组织教学的模型,认为每个任务驱动教学包括以下三个阶段:前任务活动阶段,介绍主题和任务;任务周期,完成任务,准备报告计划,报告;语言聚焦,分析和再联系。任务驱动型教学方法有两个非常重要的特征:情景设定,导向任务目标;学生是学习主体,教师是学习的指导者。②

案例教学方法,简而言之,是运用案例从事教学的一种授课方式。案例教学较之任务驱动教学,其历史背景更为深厚。早在 1829 年,英国的贝雷斯(Byles)就开始在法律教学中运用案例教学方法。1870 年,美国的琅德尔(Langdell)教授首次将案例教学法引入哈佛大学法学院,琅德尔(Langdell)教授也被誉为哈佛法学院的改革者。早期的案例教学者被认为是传统法学教育的反叛者。尽管初期遇到了抵制和批评,尤其是案例教学被认为太困难,但到 1915 年美国较好的法学院都引入了案例教学体系。③ 在此之前,美国法学的培训主要是通过实习,即在律师事务所"阅读法律"以及在法学院就读,通过教师的讲授、阅读讲稿、测验等得以完成。案例教学是通过使用法院的判决、课堂讨论等进行学习。随后,案例教材越来越多地走进了教室。目前,不仅仅在法学领域,医学领域、管理学领域(包括公共管理学)等也大量采用案例教学法。尤其在管理学领域,由于案例教学能够真实提供所需决策的各类管理问题,实际存在的复杂管理冲突,各种相关事实和背景材料,再现管理者或管理组织所面临的实际管理情景和决策环境,从而能够促使学习者深入探究,受到普遍认可和推崇。

二、任务驱动型教学方法与案例教学方法的共同点

尽管任务驱动型教学方法与案例教学方法有着不同的理论起源,其教学的

---

① 何克抗. 信息技术与课程深层次整合理论. 北京:北京师范大学出版社,2008:3.

② 和学玲,程国忠. 任务驱动教学模式的探讨和应用. 新课程研究,2010(8):48-50.

③ 张梦中. 案例研究方法论. 中国行政管理,2002(1):43-46.

侧重点也存在差异，但是它们分享了一些相同的教学理念和情景设定。对它们的相同点进行一定程度的分析和概括，有利于更为全面地运用这两种教学方法。

（一）两种教学方法都反对理论的直接灌输，而强调自下而上地获得理论

传统的理论讲授是一种典型的“自上而下”的教学方法，学生对理论和知识的获得是基于自上而下的模式。教师运用传统理论讲授教学方法时，一般遵循以下两个方面的基本原则：一是从遵从逻辑认知规律，从概念入手，在概念阐释的基础上深入辨析；二是将理论假定为正确或者可接受的工具，运用这一工具去分析问题或获得知识，其他的一些实证或时事只是对理论的一种佐证。例如本人讲授的“行政管理学”，在运用传统理论讲授时，要对每一章所讲授的“行政职能”“行政权力”“行政组织”等进行概念界定；教师对其所讲授的“新公共管理理论”“治理理论”等也持基本肯定的态度，只是将中国的一些实践加以套用。而任务驱动型教学方法与案例教学方法则与此相反，它们没有假定正确的理论，也不强调概念的界定，而是从资料或者问题本身入手，启发学生探究问题和解决问题的能力。其理论的讲授并非重点，现存的理论至多是帮助学生解决问题的工具。它更强调学生通过资料或者问题的分析来获得理论，即理论是最后得出来的。换言之，它突出理论的获得是自下而上的。

（二）两种教学方法都侧重能力的培养，而非知识的传授

传统理论讲授教学方法假定所讲授的知识和理论是正确的，因而致力于将现有的知识和理论灌输给学习者。而任务驱动型教学方法和案例教学方法则并没有持有这一基本假设：即现有的知识和理论有可能是正确的，也有可能是错误的。它们更强调通过现实的问题或者资料分析，让学生自己辨析现有知识和理论的正确性。它们甚至更鼓励学生通过问题和资料的分析来对现有的理论加以修订，对现有的知识加以拓展。在任务驱动型教学方法和案例教学方法中，学生是否已经掌握了当前的知识和理论并非是教师关注的重点，教师更关注学生是否从问题和资料的分析中获得了能力。学生从问题和资料的分析中获得的能力，才是启迪学生心智，提高学生创新力的关键因素。

（三）两种教学方法都强调典型性，鼓励学生从典型性的分析中获得能力

传统理论讲授方法强调课程的体系性和逻辑性，遵循面面俱到的讲授思路。而任务驱动型教学方法和案例教学方法则更强调问题和案例的典型性。任务驱动型教学方法成功实施的前提条件之一就是设定的问题是否有典型性，是否能够激发学生参与的热情；而案例教学方法中的案例选择同样需要有代表性和典

型性，寻找有代表的案例是开展案例教学的前提。① 例如在本人讲授的"行政管理学"中，其"公共财政"一章，如果按照传统理论讲授教学方法，需要遵循"公共财政的含义""公共财政收入""公共财政支出""公共财政政策"等基本的讲授思路；而按照任务驱动型教学方法和案例教学方法，则不强调知识的面面俱到，而通过典型问题和案例的分析来获得理论认知。例如可以让学生讨论政府如何有效引导当前的房地产发展；分析 2008 年中国政府出台的 4 万亿财政投资。这些典型性的问题和案例是学生耳濡目染的，很容易引起他们参与讨论和思考的热情。在他们讨论的过程中，再将一些基本的知识，例如"再贴现率""公开市场业务"等传授给他们。

三、任务驱动型教学方法与案例教学方法的差异

相对于传统理论讲授教学方法，任务驱动型教学方法和案例教学方法有着一些共同的特质和理念。但是它们之间还是存在一些差异的。这些差异的存在，也从另一个方面说明每一种教学方法都存在一定的缺陷。因此，概括出它们的差异，将这两种教学方法有机结合，可以弥补它们的不足，更好地提高教学质量。

（一）任务驱动教学突出问题分析，而案例教学突出情景分析

任务驱动型教学方法的核心是设定"任务"，在创设一定情景的基础上，抛出学生所需要解决的"问题"。换言之，尽管任务驱动教学方法也会进行一定的情景设定，但是这种情景设定只是为了问题的引出而进行的铺垫；而案例教学则非常强调案例的情景描述和分析，因为案例教学的核心是从情景的梳理和分析中，提炼出一些问题，情景设定的任何改动，都可能产生截然不同的分析效果。案例教学是经验式的教学，而非纯理论的教学，斯特克将案例界定为"理解特定情景或特定条件下（单一事件）行为的过程"②。因此，在这一过程中，人们将关注的重点放在捕捉社会经济现象的片段的真实细节上。③ 这两种教学方法侧重点的差异，使得它们在具体的课程内容设置上存在不同。以上述的"行政管理学"的"公共财政"一章为例，如果采用任务驱动教学方法，则可以设定"如何降低中国的房价"这一问题；而如果采用案例教学方法，则需要翔实描述中国当前房地产面临的状况，翔实说明引发这一状况的原因等；其最后的分析也是多元的，如"中国的房产价格真的过高吗？""政府应该调控中国的房地价格吗？"

---

① 欧阳桃花. 试论工商管理学科的案例研究方法. 南开管理评论，2004(2)：100-105.

② Stake R E. The art of case study research, Thousand Oasks. CA: Sage Publication，1995：56.

③ 余菁. 案例研究与案例研究方法. 经济管理，2004(20)：24-29.

（二）任务驱动教学的优势在于激发学生解决问题的热情和能力，而案例教学则在于培养学生寻找问题和分析问题的能力

任务驱动型教学方法的起点是设定“任务”，即一开始就明确了学生需要解决的问题。学生所需要努力的是寻找解决这一问题的途径和方法。当然，任务驱动教学中的“任务”可以分为封闭式任务和开放式任务。封闭式任务是一种单行维度的任务设定，由教师垄断，学生面对的是一个设计好的不可更改的任务；[①]而开放式任务与之相反，强调教师和学生共同设定任务。但是在现实运用中，开放式任务往往只是理论上的样板，封闭式任务是教师的首要选择。

案例教学则是从情景描述和资料分析入手的，需要解决的问题并不明确，它需要学生在认真分析案例的基础上，发现问题，提炼问题，并试图寻找出解决问题的方法。[②] 因此，学生首先的目标是寻找出问题。从这个意义上而言，案例教学对于能力培养更为全面。任务驱动教学算是案例教学中的一个“聚焦”，即在舍弃其他问题的前提下，聚焦一个问题，发现解决问题的方法。

（三）任务驱动教学强调技能的训练，而案例教学则擅长对于学生人文素养的提高

任务驱动教学方法的明显特征就是问题聚焦，它强调在既定任务的前提下寻找出有效解决问题的方法和途径。但是这种问题聚焦使得教师的教学往往侧重学生技能的训练，而忽视了对信息文化的感受与内化。而且，任务驱动教学中，往往只注重知识任务的设定，而忽视了教师与学生情感的共鸣。[③] 这就使得任务驱动在对学生人文素养方面的培养有待提高。而案例教学则与此不同，它需要学生持一种更为宽广的视野，演绎、归纳、论证、反思现有的资料。由于案例的选择需要典型性，因此从案例分析中得出的结论是否有代表性成为案例研究和案例教学讨论的焦点。这种情况下需要教师和学生在一种人文氛围内来分析案例。当代最为知名的案例研究学者布洛维（Burawoy）认为案例研究的价值在于扩展个案，而个案的扩展需要遵循反思性科学（reflexive science）的方法。[④] 布洛维所谓的反思性科学，与实证科学（positive science）有着针锋相对的原则，因此，它的成功实施需要分析者具有很好的人文素养。从这个意义上而言，案例

① 钟柏昌．任务驱动教学方法的反思与重构．南京师范大学硕士论文，2004：9．

② 实际上，在案例教学中，并非一定要让学生寻找出解决问题的方法和途径。发现了问题就达到了教学的目的之一。

③ 王颖．基于学习者情感模型的任务驱动教学研究与实践．四川师范大学硕士论文，2009：4．

④ Michael Burawoy. The Extended Case Method. Sociological Theory，1998(16)：1.

研究需要也侧重于培养学生的人文素养。

四、任务驱动型教学方法与案例教学方法的耦合

任务驱动型教学方法和案例教学方法各具特点，其差异性也表明了它们具有一定的局限性。为了达到更好的教学效果，理想的做法就是将它们有机结合，通过各自的优势弥补对方的不足。笔者认为任务驱动型教学方法和案例教学方法的耦合应该遵循以下两个方面的原则。

（一）以案例而非任务建立课程设置的基础

如果要打破传统理论教学方法的痼疾，实行任务驱动型教学方法和案例教学方法，应该以案例而非任务建立课程设置的基础。案例教学所设定的案例，能够给学习者建立身临其境的真实感，这种真实感会调动学习者更多的情感和理性去分析问题。而任务驱动型教学方法至多激发学生的理性思路，而难以企及情感的投入。或者说，任务驱动难以涉及价值选择和判断，也就难以提高学生价值选择和判断的能力。而价值的选择和判断是人文教育的重要组成部分，从这个意义上而言，案例教学对于学生的培养更为全面和深入。

而且，案例教学的课程内容更为宽泛。有的研究者直接指出，运用案例教学的主要益处不在于找到正确的答案，而在于评估案例运用的过程。有的案例教学本身并不追求问题的解决，可能只是停留在描述上。Robert Yin 将案例分为描述性案例、解释性案例、评价性案例和探索性案例四种。[①] 其中，只有探究性案例明确需要问题解决。因此，以案例而非任务建立课程设置的基础，会扩宽课程设置的内容，而不会局限在单纯追求问题解决上。

（二）通过任务驱动聚焦案例的问题分析

当然，案例教学本身也有着自己无法回避的缺陷。目前，困扰案例研究的一个主要问题就是案例研究的结果缺乏概推性（或者称为外推性），即源自一个或者少数几个案例研究的结果缺乏普遍意义。为了应对这种指责，案例研究者从不同的方面加以改进，以期案例分析的结果更具理论性。目前，解决的途径可以分为三大类：以费孝通为代表的类型比较法、以格尔茨为代表的个案中的概括、以布洛维为代表的扩展个案。[②] 但实际上每一种方法都有着自己无法回避的缺

---

① Robert Yin. Case Study Research: design and methods. Thousand Oaks: Sage Publication, 2014:89.

② 王富伟. 个案研究的意义和限度. 社会学研究，2012(5)：161-183.

陷。尽管案例教学并不要求像案例研究那样严谨，但是理论的概推问题还是无法回避的问题。而任务驱动型教学方法对于“任务”的聚焦则可以较好地弥补这一缺陷。在案例教学过程中，通过“任务”的设定可以对案例进行“修剪”，舍弃一些不必要的情景分析，从而达到案例“聚焦”的目的。“聚焦”后的案例，对于结论的概推性问题并非是首要考虑的问题，它的核心是为“任务”的解决提供方案。当然，经过任务驱动“聚焦”后的案例，并非已经解决了理论概推的问题，只是理论概推问题的出现，已经不会成为冲击案例教学合理性的致命武器。

五、任务驱动型教学方法与案例教学方法成功实施的保障

相对于传统理论讲授教学方法，任务驱动型教学方法和案例教学方法的实施并非易事。这两种方法的成功实施，其关键因素是教师有着高超的课程驾驭能力和理论概括能力。

首先，教师需要具备驾驭课程进程和讨论节奏的能力。教师需要活跃课程气氛，将每一个学生都拉入课程“热烈”的讨论和分析中，对一部分学生的“放任自流”将导致课堂教学无法到达理想的效果；教师还需要控制课程的讨论进程，既不打击学生的积极性和自信，又能将一些离题的讨论拉回主题。实施任务驱动型教学方法和案例教学方法的教师，需要具备一些领导气质，从而能够驾驭课程，这对于教师的素养而言，是一个不小的挑战。

其次，教师需要具备较高的理论概括和点评能力。学生的分析和讨论固然可能出现“真知灼见”，但是这种情况并非每一堂课都会出现。很多讨论需要教师的引导和点评。教师需要对学生讨论的结果进行点评，指出其讨论的症结及闪光点。任务驱动型教学方法和案例教学方法的最佳效果是，在课程的结尾阶段，教师的分析和点评给学生一种“醍醐灌顶”的感觉，让他们豁然开朗，从而深化认知，达到提高学生能力的效果。实际上，这需要教师对所讲授的课程内容有着全面和深入的研究。缺乏系统和深入的研究，难以在任务驱动型教学方法和案例教学方法中达到理想的教学效果。从这个意义上而言，任务驱动型教学方法和案例教学方法，是实现高校教师教学与科研有机结合的重要组成部分。

“案例分析—情景模拟”方法在“领导学”课程教学中的应用研究

吴　宾*

摘　要:“案例分析—情景模拟”教学方法是美国哈佛大学在20世纪20年代首创的一种培养高素质、实用型和创新能力强的管理人才的重要教学方法。在以综合性、应用性为特征“领导学”课程教学中,应用“案例分析—情景模拟”教学方法有助于深化学生对领导科学理论知识的理解,激发学生学习热情,在实践层面探讨其具体的操作方法十分必要。

关键词:案例教学;情景模拟;领导学;教学实践能力

“领导学”在我国是从20世纪80年代才兴起的一门新兴学科。经过近30年的发展,“领导学”现已进入一个新的发展阶段,其间历经了酝酿、初创和发展三个阶段。自20世纪90年代初期以来,“领导学”进入高校并蓬勃发展起来,至今已确立了独立的学科地位。“领导学”作为公共管理类专业的主干课程,是一门研究领导活动基本规律、集理论性与实践性于一体、科学性与艺术性并存的综合性学科。其主要通过对群体中的领导者、被领导者、群体目标和客观环境之间的相互影响、相互作用的分析,系统地介绍领导科学的基本原理、基本方法与技术。“领导学”课程教学在要求学生掌握领导科学的基础理论和观点的同时,重在培养学生将理论知识运用于实际的能力,目的是提高学生的决策、组织、沟通、协调和控制等各方面的能力,使学生具备在未来工作中有承担领导工作的基本素质。因此,学习“领导学”最好的方法就是理论与实践的有效结合。就目前国内“领导学”课程教学中存在的主要问题而言,重理论讲授而轻实践锻炼,重领导科学分析而轻领导艺术体验,应然问题多而实然问题少,宏观讨论很细而微观分析过粗是一个普遍的现象。① 这种理论脱离实际、使理论教学成为缺乏针对性

---

* 吴宾,中国海洋大学法政学院副教授,主要从事领导科学与艺术教学研究。本文是中国海洋大学教改项目“‘案例教学—情景模拟’在领导学教学中的应用研究”的阶段性研究成果。

① 仵凤清.关于高校领导学教学方法的探讨.南方论刊,2009(1):103-104.

的空洞说教，既不利于学生对领导理论的深刻理解和接受，使学生感觉学习起来枯燥无味，更不利于学生在走向岗位的过程中能力的进一步提升。其结果就是教学效果较差，从而影响到“领导学”的学科地位和长远发展。因此，有必要对其教学方法和内容进行有益的探索和改革。

一、“案例教学与情景教学”的教学方法

“案例教学”是美国哈佛大学在20世纪20年代首创的一种培养高素质、实用型和创新能力强的管理人才的重要教学方法。它是基于情景学习论、认知弹性论，以学生为主体，凭借具有多元表征的潜在价值的案例，引导学生进行科学探索和反思的学习过程。① 同时它也是通过对一些典型案例的判定、分析和研究，阐明某一学科的一般规律、对某一问题的具体认识，从而使学生了解和掌握所学知识的一种教学方法。而“情景模拟”是从案例分析法中派生出来的一种极具实践性和可操作性的教学方法。即学生要在课堂上分角色地进行模拟实战演练，通过演讲理解教学内容。因此，“情景模拟”教学法事实上是一种仿真培训方法，它创设教学内容所需要的接近实际工作或生活的场景，由学员在这种场景中分别担任不同的角色，教师在一旁进行指导、分析，并做出最后总结的一种虚拟实践性培训方法。其精髓在于：它是促使学生勤于思考、善于决策，变被动听课为积极思维、主动实践的过程。“案例分析”和“情景模拟”看似两个独立的教学模块环节，实则在流程中是不可分割、相辅相成的。“案例分析”是作为学生初次接触实践的一个渗透，通过已有的做法介绍，让学生了解实践环节，并逐步通过理论知识的积累提出自己的见解，书面上解决问题；而“情景模拟”是案例分析的下一步，是学生在案例分析中锻炼了一定能力之后进行的实际问题的虚拟解决，但也属于行动上的解决问题；两个环节只有依次进行，逐步深入地帮助学生接触实践，才能取得良好的效果，仅凭一个环节是远远不够的，也是不足以引起学生极大兴趣的。这两个环节一定要系统化、连续化。

目前，“案例分析”和“情景模拟”教学方法已被广泛地应用到管理学、经济学等学科的教学中，形成了一套比较规范的操作流程和学术成果。张旭东建议在人力资源开发与管理课程中构建“案例教学—情景模拟—实践体验”教学实践流程，并对案例教学的组织实施、学习成绩评定和情景模拟教学模块的划分以及实

① 史美兰.体会哈佛案例教学.国家行政学院学报，2005(2)：84-86.

践体验展开了深入探讨;[①]刘健对战略管理课程情景模拟教学的模式进行了设计,构建了"课堂讲授、案例讨论、模拟实践"的系统教学模式;李玮从管理学课程教学的角度,认为"情景模拟"教学有利于实现理论与实践的有效结合,并指出实施"情景模拟"教学法应坚持理论教学与模拟演练、教师引导与学生主导、形式与内容、参与角色与参与演练的统一,并注意与其他教学方法的结合使用[②];魏开伟采用影视术语对秘书学教学中的"情景模拟"方法进行了讨论,将"情景模拟"教学中教师的身份分解为编剧、制片人、导演、摄影师、影评人等角色。以上研究成果可以对"领导学"课程实践教学带来有益的借鉴和启发。

二、"案例教学与情景模拟"方法在"领导学"课程教学中的应用

"领导学"的鲜明特征就是它具有很强的实践性和艺术性,而"案例教学和情景模拟"作为近年来兴起的、突出学生中心地位、鼓励学生变被动接受知识为主动体验学习的一种重视理论与实践紧密结合的教学实践方法,则是体现实践性和艺术性的行之有效的教学实践方式。近年来,"案例教学和情景模拟"教学方法已经被广泛推广到如管理学、经济学、秘书学等多个学科领域。实践证明,这两种教学方法对于学生学习动力的激发、学习兴趣的提高、能力的锻炼和综合素质的提升等方面的促进均具有明显的效果。而相对于起步较晚的领导学来说,"案例教学和情景模拟教学"方法的应用则十分有限。[③] 具体而言,一方面,没有形成具有新颖性、切题性、典型性以及实效性的案例库和针对不同教学重点的案例分析模块,案例分析过程中的案例选择、案例思考以及案例点评等各个环节的具体操作办法还不够规范和切实可行;另一方面,情景模拟教学方法的情景设计、角色扮演、团队组建、教学引导等教学流程在领导学教学中的应用仍刚刚开始。基于以上理由,将"案例分析和情景模拟"教学方法应用到"领导学"课程教学中,将会最大限度地完成理论与实践的动态结合,形成教师引导与学生主导的新型教学互动模式,提高学生学习的兴趣和主动性以及培养学生的竞争意识和团队合作精神。这样就既能满足学生对"领导学"课程教学的需求,也会对"领导学"学科自身建设和发展起到重要的推动作用。

"案例教学和情景模拟实践"教学方法改变了传统的概念教学的模式,对于

---

① 张旭东.案例分析—情景模拟—实践体验教学流程的构建——以人力资源开发与管理课程为例.黑龙江高教研究,2008(8):152-155.

② 李玮.情景模拟教学法对管理学教学的启示.教育与探索,2008(7):63-64.

③ 徐建军.案例教学在《领导科学》教学中的实践与思考.西北医学教育,2007(6):183-185.

提高"领导学"课程教学的质量和效果具有十分重要的作用：有助于深化学生对领导科学理论知识的理解，通过对案例具体生动的演示和模拟，能够帮助学生说明、验证、消化某一理论，巩固所学知识；同时运用所学理论分析和解决实际问题，有助于学生将领导科学理论知识转化为应用能力；有助于激发学生创造力，并调动学生用所学的知识和发挥自身的潜能来解决问题，大大缩短了教学和实践的距离，能使学生初步具备适应未来工作的必要的心理准备、知识结构和操作技能。再加上大学生思维活跃，自主学习能力强，运用案例来实施教学，能够满足他们自由地表达对各种领导现象的看法和观点的愿望。

"案例教学和情景模拟"教学方法在充分结合专业知识结构和能力结构的要求下，将社会需求和学生的整体素质、理论教学内容与实践教学环节相整合，做到强化技能、增强能力，提升专业素质，提高学生的就业力和实际工作能力。依据"重在素质、面向应用、系统发展"的流程构建思路，体现这一流程构建思路的整合互动的特色。① 以此来积极探索两种教学方式的基本操作流程。案例教学的一般操作流程包括案例编写和选择、案例阅读与介绍、个人思考与分析、小组讨论与汇报、全班交流和答辩、教师点评与总结等环节。情景模拟教学的一般操作流程要从教师和学生两个主体做好准备：就教师而言，包括情境创设、任务设计、信息传达和任务安排、设计实施、组织、裁判、指导、交流、点评和总结等环节；就学生而言，包括知识的准备、分组分工、搜集信息、合作学习、模拟情景、领导行为模仿等环节。

在"领导学"课程教学中，按照新颖性、切题性、确凿性、典型性以及实效性进行案例选择，并联系工作实际，创设各种工作场景，丰富和构建"领导学"课程教学案例库和情景模拟资料库。不但要从各种教材、报刊、原始资料、统计资料和报表上"下载"案例，同时还要善于通过电视、广播、会议、通信甚至聊天等各种渠道捕捉有用的案例，尽量做到积极开发，兼收并蓄。根据案例的不同与考核能力的侧重，将"案例教学和情景模拟"按照"领导学"课程内在的逻辑体系与教学大纲要求，将教学实践分为领导概念与内涵、领导理论、领导体制、领导沟通与形象塑造、领导者的类型、领导用人、领导决策、领导权力、领导环境、领导绩效考核等模块。具体来说，导论主要介绍和明确案例教学的目的与设计思路；领导概念与内涵，重点探讨领导概念等基本问题，帮助学生深入理解领导活动的本质，引发学生学习热情；领导理论则以翔实的案例对西方领导理论如特质论、行为论、权

---

① 朱玺."领导科学"课案例教学四步法.实事求是，2006(1)：77-78.

变论、归因理论、魅力型领导理论等进行深入的探讨，并加深学生对理论的理解，帮助学生将理论较好地运用到领导实践中；领导体制重点透析领导体制存在的问题，并以我国领导体制改革为核心，帮助学生理解领导体制与领导活动之间的内在关系；领导沟通、形象塑造旨在介绍成功领导者形象塑造过程中沟通以及危机管理的重要性；领导者的类型理论将领导者按照不同的标准划分为正式领导者与非正式领导者、仁人型领导者与能人型领导者等类型，并重点介绍女性领导者的成才规律，从个体视角探讨领导活动。领导用人则在明确领导用人的重要性基础上，强调领导要树立正确的用人观和营造正确的用人导向，按照发现人才、使用人才、驾驭人才的逻辑顺序进行案例设计，结合当前我国公务员制度与干部选拔的大趋势讨论领导用人的主要特点和方法。领导决策主要帮助学生认识领导决策的重要性，并区分科学决策与经验决策的优缺点，运用案例讨论决策的基本原则和主要方法。领导权力，帮助学生了解权力的本质与类型，按照获取权力、使用权利、授权进行案例设计，重点对授权艺术进行更深层次的讨论，强调领导干部要树立正确的权力观等。

三、余论

“案例教学与情景模拟”主要强调教师的引导和学生的主体性位置，以最大限度地激发学生的学习热情。而扮演好各自在教学实践中的角色以及相应的能力则显得尤为重要，由于“案例教学和情景模拟”教学方法主要通过学生的活动进行，只有形成教师与学生的良性互动，才能充分地体现两种教学方式的优势和特点，因此，对教师在课堂上所起的引导作用和学生的能动作用不容忽视。教师在整个教学活动中将承担着策划者、资源提供者、引导者、评判者的角色，既需要有过硬的专业基础知识，又需要较强的掌控引导能力以及相应的教学艺术。学生则需要更加投入，除了具备相应的知识背景，还需要做好课前准备工作，在教学活动中充当着合作者、争论者、演员等多重角色，通过实践教学，不仅仅要融会贯通理论知识，提高应用能力，而且要培养团队意识和协作精神。因此，对参与两种教学实践的两个主体而言，角色定位要准确，实践能力要更高。

基于学习者行为管理的混合式教学模式探讨

——以“中级微观经济学”课程教学为例

张继华*

摘　要：传统教学模式很容易陷入教师为主导的局面，基于此，在“中级微观经济学”这一经济学专业基础课教学中，应引入“以学习者为中心”的混合式教学模式。在这一从学生需求出发的教学过程中，如何更有效地管理和激励学习者的行为？如何在提高教学效率的同时，最大限度地激励学生自主学习和探索性学习？如何兼顾来自不同学生的差异化需要，做到教学评价的公平性、精细化和公开性？本文以“雨课堂”和 Blackboard 网络教学平台在“中级微观经济学”混合式教学中的应用为例，对这些问题进行探讨。

关键词：混合式教学模式；“雨课堂”；Blackboard 网络教学平台；学习者行为

传统教学模式，很容易陷入以教师为主导的“独裁”局面。从经济学的角度讲，教师与学生的关系就犹如“知识”（或教育服务）这样一种商品构成的市场，教师作为知识的供给方，而学生则是需求方。无论是被动的知识传输，还是教师引领下的作业和考试，完全按照教师意愿肆意“剪裁”学生，实际上相当于把需求方完全摒弃在外了。因此，这种纯粹从供给方出发的规制思路，其结果最终只会引向严重的非均衡，自然也就无法达成帕累托最优，是无效率的。基于此，信息化高速发展的时代，大学教学也应借鉴“互联网＋”模式，推行混合式教学模式。

作为一种“以学习者为中心”的新型教学模式，混合式教学将线下的传统教学与线上的数字化或网络化教学有机结合。① 相应地，这种从学生需求出发的教学过程，也必然涉及学习者行为的有效管理这一核心问题。那么，如何在实施混合式教学过程中，更有效地管理学习者的行为？如何既能提高教学效率，又能

---

* 张继华，中国海洋大学经济学院副教授，主要研究领域为微观经济学。基金项目：2017 年中国海洋大学本科教学工程项目“中级微观经济学课程教学案例设计研究”（2017JY119）。

① 刘黄玲子，黄荣怀，朱伶俐，郑兰琴．一项混合式教学的行动研究．学位与研究生教育，2005(11)：5-9．

最大限度地激励学生进行自主学习和探索性学习？如何兼顾来自不同学生的需求，做到教学评价的公平性、精细化和公开性？针对这些问题，笔者结合中级微观经济学这一经济学专业基础课的教学实践情况，以清华大学和学堂在线共同开发的“雨课堂”和 Blackboard 网络教学平台在混合式教学中的应用为例，做一探讨。

以“雨课堂”和 Blackboard 网络教学平台作为网络辅助工具，在中级微观经济学课程教学中推行探索混合式教学模式改革，总体理念上应坚持以下几点：①教学内容上，充分了解学生学习需求，在此基础上设定教学内容和教学重点，在兼顾理论体系完整性的同时，考虑学生的个性差异；②教学方法上，线上学习和线下学习相结合，给予学习者最大限度的学习自主权；③教学形式上，专业知识学习与案例学习、研究性学习、小组协作学习相结合，实现学习形式的多样化；④教学和学习效果评价反馈上，给予学生充分的“话语权”，鼓励其对教学和学习效果“说真话、敢说话”。具体实施上，可进行“课前自助导学——课上基于‘雨课堂’的启发式教学与交流互动——课后基于 Blackboard 网络教学平台的自主学习与评价反馈”三个模块的整合。以下具体分析这三个阶段的学习者行为管理与激励问题。

一、课前自助导学阶段的学习者行为激励

课前预习是课程教学的一个重要的辅助支撑，但是如果仅仅是教师指定范围的枯燥内容预习，往往会造成很多学生没有动力或耐心。因此，这一阶段的“自助导学”要实现由“被动接受”向“探究式学习”的转变。这一转变，可以通过“雨课堂”软件和课程 Blackboard 网络教学平台同时进行，一方面，利用“雨课堂”的手机推送功能和课程 Blackboard 网络教学平台中的“自助导学模块”，将预习课件、课程通知和教学设计，提前发布给选课学生；另一方面，为增强其预习的积极性和趣味性，可将相关内容的课外读物、电影、案例等，提前一并推送。比如，在讲授博弈论之前，可以让学生课前观看有关博弈论创始人纳什的电影《美丽心灵》，了解一代博弈论大师的人生经历，进而预习纳什均衡的概念；讲授行为经济学理论前，提前查阅和阅读 2017 年诺贝尔经济学奖得主理查德·塞勒(Richard Thaler)的贡献及代表作。这样，不再是强迫学生预习，而是由其自主安排时间，提前对内容进行探究式学习，学习的效果则可在课堂上有针对性地通过测验检验。

二、课堂上的启发式交流互动与学习者行为管理

混合式教学模式下的课堂教学更强调建构主义的学习环境设计。① 而这一点，可以通过基于“雨课堂”的启发式教学与交流互动来实现。针对传统课堂玩手机屡禁不止的问题，借助“雨课堂”，可以实现变“限制课堂玩手机”为“手机课堂”，从而形成“人人一部手机进课堂，上课好好玩手机”的课堂局面。这一阶段的学习者行为管理主要依托“雨课堂”进行，包括以下两个方面：①“雨课堂”的课堂出勤管理。借助“雨课堂”这一软件，学生扫微信二维码接入课堂，自动签到。同时，实现学生手机端课件与教室大屏幕的同步播放，教师端手机作为遥控器，进行课堂教学内容操作。②课堂启发式教学与交流互动环节的管理。为增强课堂的趣味性，可充分利用“雨课堂”的课堂弹幕、答题红包、互动答题等功能。有疑问的同学通过手机弹幕随时发起提问，利用与课堂互动答题功能，在启发学生思考的同时，即时进行课堂测验，为激励学习的积极性，可针对个别较难题目设置答题红包。

以上两方面的实现，均离不开精细化的教学设计。混合式教学模式下“学教结合”的教学设计，不能仅停留在课前精神层面的教学构思，还应根据学生需求和差异化特征进行细致的酝酿和推敲。一份精心精致的教学设计，绝不是一朝一夕的功夫，它是教学精细化的体现，既是一项工程，也是一门艺术。教学设计如一份工程制图。这其中，除了内容框架设计和区分重点难点，很重要的一点是“如何能让学生以最明了易懂的方式学会”这一问题。结合中级微观经济学这门课程的特征和网络资源的优势，教学设计中可考虑以下内容和形式。

（1）教学内容上，进行整合，以专题教学引导理论体系的系统学习。在 32 课时的有限时间内完成“中级微观经济学”教学，是一项具有挑战性的工作。针对这一问题，可考虑以“中级微观经济学”理论体系框架（图 1）为指导，进行专题讲解的教学思路。以理论体系中各部分之间的逻辑关系为主线，相应地形成几个专题，可进一步区分为必讲专题和选讲专题。其中，选讲专题可面向所有选课同学征集意见，结合学生学习情况的问卷反馈结果进行确定。这样，最终形成的各讲内容，分别对应“中级微观经济学”的理论体系框架，既不失完整性，又能保持各讲内容间的逻辑性。

---

① 余胜泉，路秋丽，陈声健. 网络环境下的混合式教学——一种新的教学模式. 中国大学教学，2005(10)：50-56.

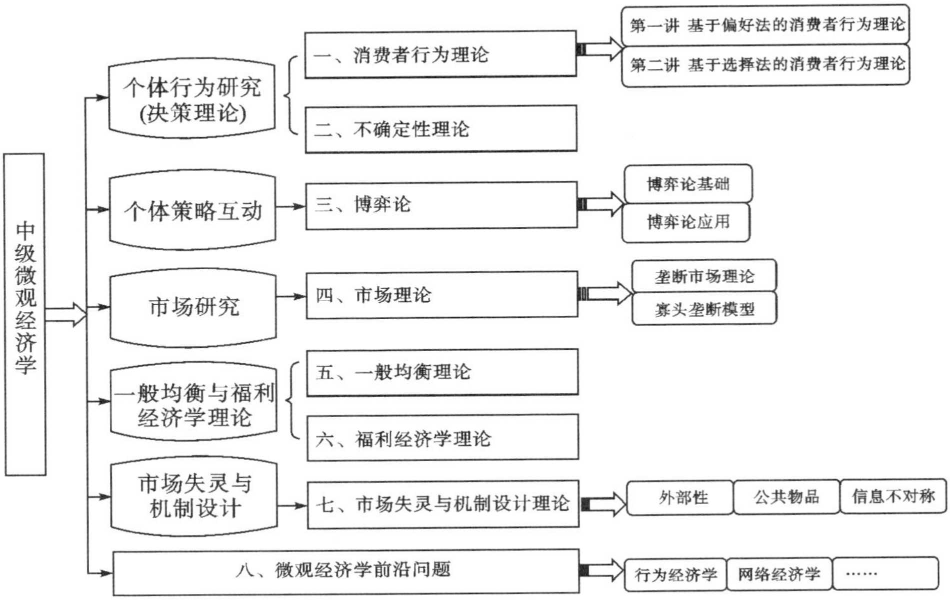

图 1 "中级微观经济学"理论体系框架图

(2)课堂导入环节:以日常熟悉的生活小例子引出本次课的教学内容。与哲学等抽象的思维学科不同,经济学作为一门显学,与现实生活息息相关。作为承载着解释经济现象这一本源任务的一门学科,其理论自然离不开现实问题的支撑。基于此,课堂导入环节中,可以首先以讲故事的形式开篇引出现实中最常见的小例子,然后将故事情节写成经济学语言,进而进入所要讲解的课程内容。

如在讲授消费者选择理论时,引入蜡笔小新动画片中想去买"猪的绞肉"(偏好)和钱不够(能不能买得起,预算约束),最终买了酱油(最优选择);在社会福利理论讲解中,引入"三个和尚"的故事,以"一个和尚挑水吃、两个和尚抬水吃、三个和尚没水吃",导入个人决策与集体决策的冲突问题等。

(3)可考虑图片展示、动画片和电影改编、搞笑段子、黑板挂图等多手段并用,实现课程内容讲授的趣味性和启发性。改变单独灌输式教学的枯燥性,在教学内容中让图片代替文字"说话",如用小沈阳"不差钱"描述预算约束,用吃了二两米饭、一份干锅吃饱了打嗝的爷爷来描述餍足偏好和他的最佳消费束,用下棋和龟兔赛跑的故事来说明博弈论,用中美民主投票引出阿罗不可能定理等。同时,可改编动画片《小猪佩奇》中的购物行为用于显示偏好这一抽象易混淆的专业术语解释;改编曾志伟和黄渤主演的电影《大电影之数百亿》,用来说明不确定性情形下，尤其是在“十九大”房地产政策导向下，中国炒房客的行为选择问题；通过黑板挂图来说明埃奇沃思方框图的画法及交换的一般均衡中的数学符号区分。同时，将“元芳，你怎么看”“佛系少年、佛系复习法”等网络段子引入课堂，增加课堂的幽默性，营造轻松的学习氛围。

(4)注重理论背景推介和理论代表人物介绍，精心设计每一个重要知识点的最浅显易懂的表达方式。学习每一个经济学理论，可首先介绍其理论创立背景及简单的理论发展过程，并认识他的创始人，这是对理论贡献者最基本的尊重。介绍的形式，既包括课件形式的内容展示，也包括启发性的学生课上现场检索，以及课下通过电影(如纳什《美丽心灵》)、课外书推荐(如商务印书馆“汉译世界名著”《经济学》)等多种形式。针对课程中众多较为晦涩或以数学形式定义的专业术语，如显示偏好弱公理、斯勒茨基方程等，以最直白的语言解读这些概念；同时，针对某些易混淆的知识点，如风险和不确定性，占优策略、占优策略均衡和纳什均衡，公平分配和平等分配等，将其区别通过图片、实验或总结成表格进行细致区分。另外，还应重视课程学习与科研训练相结合。对教学中的重要专业词汇给出英语表达，便于专业英语学习；对重要的经济学理论可提供经典的外文文献供课后拓展阅读。另外，还可以将科研论文写作规范，以及文献检索方法、图书馆中外文数据库引入利用，鼓励学生进行科研论文的写作训练，为后续研究生阶段的学习打下基础。

三、课后学习者行为的持续跟踪管理

课后阶段的学习者行为管理则可通过“基于Blackboard网络教学平台的自主学习与评价反馈”，实现学习者行为的全部线上跟踪管理。通过在课程Blackboard网络教学平台设置“自助导学”“教学课件”“教学讲义”“课后作业”“习题集”“复习要点”“课外拓展”“成果展台”等核心模块，以及“课程信息”“教师信息”“教学大纲”“教学设计”“教学日历”“师生交流”等辅助模块，让选课学生根据需求，自主安排时间进行各模块学习。

同时，利用Blackboard网络教学平台的“课后作业”模块，可实现“作业线上提交与批阅”。课后作业题设计上，一方面要达到课堂学习效果的检验，另一方面还要兼顾到多讲内容间的逻辑关系。因此，在采用教材课后习题或其他辅助习题集的同时，可引入一部分将各讲内容整合的自命题作业。例如，对于基于偏好法的消费者行为理论部分，可连续设置题目，分别考察完全替代、完全互补、柯布—道格拉斯偏好和拟线性偏好情形下的消费者偏好、效用函数、消费者最优选择及消费者选择的比较静态分析;对于显示偏好和斯勒茨基替代效应,可变换各种情况考察十二种情形的价格变动效应分解,并且承接上述作业,进一步考察完全替代、完全互补、柯布—道格拉斯偏好和拟线性偏好在不同情形下的价格变动效应分解。题目既实现了对相应内容的全面覆盖,又兼具灵活多变。

另外,案例教学中,可鼓励小组协作进行成果展示,并借用 Flash 制作和话剧表演等多种喜闻乐见的形式。利用"成果展台"模块的博客功能,各小组协作完成的成果可在全部选课同学间共享。

在课后阶段的学习管理中,秉承"以学习者为中心"的教学理念,将学习的主动权交于学生,单纯强调学生的主体地位,也会导致学习情绪的懈怠。① 自主学习不等于自学,让学习者成为自我行为管理的主人的同时,作为知识的供给方,教师要承担起服务者的责任。因此,教师要做好课下辅助服务的精细化,如课程答疑,可利用 Blackboard 平台的"师生交流"模块或 QQ 群,实现网络随时答疑辅导,满足不同时段不同层次学生的需求。线上电子照片的作业提交,也很容易出现严重的作业抄袭问题,对于这类学习态度和道德问题,教师要进行相应的价值观引导,坚持"零容忍"原则。

四、将学习者行为纳入课程质量评价与综合考核

混合式教学模式中,开展教学和学习效果的持续跟踪评价,以及将以上"课前—课上—课后"的学习者行为表现纳入课程综合考核,是教学公平性和公开性的重要体现。

教学的公平性体现在教学工作中,应力求顾及尽可能多的同学的需求,尽量做到对每位同学的公平性。实现这一点,可通过开展匿名问卷调查进行,本着相互请教、共同学习的原则,对教学内容、教学态度、教学方法、教学效果等方面进行自查与评价。

对于教学的公开性,应将整学期学习者的学习行为纳入期末的综合考核成绩中。可对以上各部分学习参与情况所占成绩比重,进行调查并收集意见,根据公开投票结果决定期末成绩计算方法,并对全部同学的平时成绩进行公示。

如对于"中级微观经济学"课程,综合成绩可考虑由平时成绩(30%)和期末试卷成绩(70%)构成。其中平时成绩由:①课堂"雨课堂"签到及课堂互动答题;②课后"Blackboard 网络教学平台"学习次数;③三次课后作业(含必做题和选做

① 李春燕,尹金锋,王铮等.国内高校中混合式教学模式构建的探讨.高教学刊,2017(8):97-98.

题)；④小组成果展示、辩论等。同时，可考虑通过设置额外加分项目，为学生提供成绩补偿机会，激励前期表现稍弱的学生在后期学习中加以弥补。各部分在总成绩中所占比重，及计算方式如表1所示。

表1 “中级微观经济学”课程综合成绩计算方式

项目	比重	说明
三次作业(必做题部分)	15%	每次作业成绩各占1/3
“雨课堂”签到及课堂互动答题	10%	各占5%，均仅计算参与次数，总次数折算成5分计。其中，互动答题仅计算课堂参与题目，包括客观选择题、投票题及以弹幕形式发送的主观题，按每题1分计
BB平台学习次数	5%	每周只计算一次，总分折算成5分计
加分项(含小组成果展示、辩论、课堂提问及作业选做题加分)	4%	按总分折算成4分计。其中，成果展示、辩论及作业加分按实际分数计；提问不加分，未到扣1分，若未到“雨课堂”签到，属虚假签到，“雨课堂”部分也不得分
平时成绩总计	30%+4%加分	平时成绩满分30分，超出者不额外加分
期末考试成绩总计	70%	期末试卷原始成绩

五、结论

“以学习者为中心”的混合式教学模式的有效实施，在依赖于各种数字化资源和网络辅助工具的同时，也需要对学习者行为进行有效管理和激励。“中级微观经济学”教学中，学习者行为的管理覆盖“课前自助导学——课上基于‘雨课堂’的启发式教学与交流互动——课后基于Blackboard网络教学平台的自主学习与评价反馈”三个模块的全过程，并且需要将以上三个阶段的学习者行为表现纳入课程综合考核，开展教学和学习效果的持续跟踪评价，体现教学的公平性和公开性。

管理类专业“统计学”课程研究性教学实践探讨

史 磊* 郑 珊

摘 要:基于现阶段我国高校管理类专业课程开展现状,以“统计学”课程为例分析传统教学模式存在的弊端及实施研究性教学的必要性,并结合管理类专业的学科背景及专业定位,进一步探讨“统计学”课程研究性教学方法,以期增加学生学习兴趣和主动性,提高学生动手和解决实际问题的能力。

关键词:管理类专业;统计学;研究性教学

一、引言

随着高等教育现代化进程的加快,“统计学”的学科内涵也逐渐被丰富和扩展,并开始出现一些新趋势、新特点。2016 年 3 月,中共中央印发《关于深化人才发展体制机制改革的意见》,提出了深化人才发展体制机制改革,建设人才强国的战略思想,指出要“强化培养人才创新意识,提升创新能力,进一步完善‘产、学、研、用’结合的协同育人模式,为现阶段我国高等院校的教学改革指明了方向。”①随着各行各业对经济管理类专业复合型人才需求的增大,传统教学方法越来越不适应我国高校的现代化转型趋势。研究性教学是教学理念、教学模式和教学方法的统一。② 与传统的授受式教学相比,研究性教学具有探究性、主体性、交互性、过程性、开放性等特征,有利于学生更好地掌握专业知识的基本理论、思想与实务,是新时期教学改革的必然选择。“统计学”是高等院校经济管理等专业的基础核心课程之一,也是一门实践性很强的方法论应用学科。③ 基于管理类专业的学科背景及专业定位,探讨多元化的“统计学”课程研究性教学方

---

* 史磊,中国海洋大学管理学院讲师,主要研究方向为农业经济管理。基金项目:中国海洋大学 2017 年度本科教育教学研究项目“管理类专业统计学课程研究性教学模式研究”。

① 关于深化人才发展体制机制改革的意见. 人民日报,2016-3-2(1).

② 夏锦文,程晓樵. 研究性教学的理论内涵与实践要求. 中国大学教学,2009(12):25-28.

③ 王影. 经管类专业统计学课程教学改革探讨——以景德镇陶瓷学院经管专业为例. 当代旅游(学术版),2012(4):148-149.

法，对培养管理类专业素质过硬的创新人才具有重要意义。

二、“统计学”传统教学方法的弊端

（一）重结果轻过程问题突出

传统的“填鸭式”教学模式下，教师是课堂的主体，授课主要由老师单方面讲解，大都采用满堂灌方式，局限于课本知识的传授，不能充分调动学生的主观能动性和创造性。① 在这种“以教师为中心”的授课模式下，学生学习的被动倾向明显，课堂参与度不高，习惯于接受老师按照章节顺序逐步教学的方式，只是做一个课堂“聆听者”，不主动表达自己的疑惑。一些统计学教材没有强调树立统计思想及培养统计能力，只是侧重统计方法的数学推导，不注重统计方法的应用②，造成部分学生把统计学片面理解为数学，认为统计学就是公式推导和计算，习惯于接受灌输式教学方式，忽视了统计学逻辑推断分析能力的培养。

（二）多媒体教学依赖过度

“统计学”课程涉及知识点多、内容范围广。多媒体能够图文并茂传递丰富的信息，是高效课堂的主要物质载体，一定程度上保障了课堂效率和课堂进度，逐渐成为我国各个高校主流的授课工具。然而，在实际应用中依靠多媒体教学容易忽视学生对统计学原理的理解和掌握，也使得课堂内容过多，远超学生接受能力，学生无法及时跟上老师的授课思路。“高等数学”是“统计学”的先修课程，“统计学”课程中的参数估计与假设检验、相关分析与回归分析等部分章节涉及数学公式推导和定理证明，需要学生熟练掌握概率论与数理统计的基础知识。这种涉及较多公式推导和概率论定理证明的章节，仅仅采用单一的多媒体课件授课形式，不仅加大了学生对知识的记忆理解难度，降低学生们的学习兴趣，也会使学生为了应付考试而只背诵计算公式，无法理解所学内容的原理，仅仅“照葫芦画瓢”，知识点学习不透彻，实践应用能力差。

（三）案例教学与操作实践环节缺乏

传统教学模式下，“统计学”侧重于从概念、公式、定理等方面按部就班进行授课，案例教学和操作时间环节缺乏，造成现阶段“统计学”课程无法满足学生的

---

① 花奇芹，陆娟，戴跃侬. 专业层面研究性教学改革的基本原则及其要点. 中国大学教学，2017(2)：43-46.

② 唐吉洪，张秀琦. 经管类专业统计学教学改革探索与实践. 黑龙江生态工程职业学院学报，2013(2)：88-89.

需求，学生应用计算机和现代网络信息技术进行统计分析的能力弱，自主探究与创新能力有待提升。教学过程中，多数授课时间仅仅停留在书本上的案例习题的讲解，学生基本上参与不到案例搜集与选择、案例统计设计、整理以及统计数据分析的过程中，很难将案例信息与所学的知识有效结合起来。此外，目前很多高校在“统计学”课程中会加入软件操作内容，但是由于大部分是在理论学习完后开始软件操作，理论讲解和统计软件的学习容易脱节。很多学生对软件学习的理解出现偏差，认为统计软件学习仅仅是学习软件操作程序，并不理解软件操作程序背后的理论知识，不能很好地起到通过软件操作促进理论知识学习的目的。

(四)课程考核方式不合理

闭卷考试是评价学生掌握知识能力的反馈的有效手段，对于保证教学质量和维持正常的教学秩序，起到了一定的作用，但其也存在着较大缺点。单一的闭卷考试模式下，教师对考试的认识趋于形式化，这也使学生对考试的认识趋向功利化。由于考试成绩关乎学生奖学金评定，影响其升学和就业，这就造成了学生过于关注期末考试分数。临近期末，学生考前突击现象普遍，这部分群体对统计学知识仅能做到临时记忆，以此来应付考试，甚至能取得高分。但是学生在通过考试后难以将统计学知识转化为分析解决实际问题的能力，统计学的学习价值也大打折扣。

三、研究性教学模式及其主要方法

研究性教学以学生的发展为本，是教师研究性“教”和学生研究性“学”的有机结合，即教师“教会知识”与学生“学会学习”的统一。研究性教学方法是在不改变传统教师授课方式的前提下，变革课程内容与授课方式，强化学生在课堂中的主体角色，充分调动学生课堂参与度，使学生通过老师的指导能够采用科学的统计学理论与方法来分析并解决生活、生产或科学中的实际问题，进而提升学生主动获取知识的能力，提升高校教育教学质量的一系列方法，主要包括探究式教学方法、案例教学法、小组合作教学法、“第二课堂”教学法等。

(一)探究式教学方法

在讲授基本概念和原理时，不再仅仅依赖老师的课堂讲解，而是课前由教师为学生提供基于管理学背景的事例和问题，让学生通过阅读教材、自主思考、小组讨论等途径去独立探究，自行学习并掌握相应的原理和结论。

（二）案例教学法

起源于20世纪20年代，美国哈佛商学院将商业管理的真实情境或事件引入课堂，培养和激励学生主动参与课堂讨论，取得了很好的教学效果。传统的教学方法中，教师是“传道授业解惑”者，即知识的传授者，案例教学法是一种以案例为基础的教学法，旨在创造一种教育的“两难情境”，没有特定的解决方式，教师是课堂的设计者和激励者，鼓励学生积极参与讨论。

（三）小组合作教学方法

在教师的指导下和学生的参与下，通过设立全覆盖的学习小组，在课堂内外以小组的形式开展某些专题课程的学习，提升学生合作与竞争意识及能力双重发展的教学形式。①

（四）“第二课堂”教学法

“第一课堂”即传统的依据教材及教学大纲，在规定的教学课时中进行的课堂教学方法，课堂是固定的主要场所；而“第二课堂”与课堂教学相对应，是教师在第一课堂外的时间开展的与第一课堂相关的教学活动的教学方法。“第二课堂”不局限于固定的学习空间范围，形式灵活多样，授课内容源于教材又不限于教材，是素质教育的重要环节。

四、管理类专业“统计学”课程研究性教学实践探讨

（一）引入探究式教学方法

引入探究式教学是基于管理类专业学习需要，整合教学内容，以学生为主体，鼓励学生在教师的指导下，积极主动地探索新知识、掌握解决问题的规律和方法，形成自己的知识概念和体系。探究式教学关键在于尊重学生的主体地位，提高其学习的主动性和积极性。② 在具体教学过程中，教师应关注社会经济发展动态，根据教学内容选择合适的热点问题，通过塑造情景引导教学内容。如在介绍CPI指数、股票指数等相关内容时，可以结合“宏观经济学”课程中经济指标讲解指数的由来、编制方法和经济含义，让学生积极自主认识宏观经济现象的内在联系，并进行规律探索和总结。针对管理类专业特点，也可以结合企业经营的

① 任保国，杜春龙，王惠棣．新课程实施中合作与竞争体育教学模式．滨州学院学报，2008(3)：49-53.

② 林鹏，严茂红，胡文龙．基于学习结果的工科探究式教学的评估策略与方法．高等工程教育研究，2016(3)：175-180.

决策问题，如企业如何制订生产和销售计划，如何了解消费者需求等内容，通过塑造情景，引导学生扮演企业管理人员角色，通过访谈、上网、查阅书刊报纸、问卷等调查方法搜集资料，整理归纳、分析数据，培养学生统计应用能力。

（二）强化案例教学法

“统计学”主要研究经济、金融、社会等领域数量方面的问题，在实际生活中有着大量的鲜活案例。课堂授课环节中可以借助现实生活中的案例来加强基础知识的学习，引导学生主动融入课堂、主动思考。在教学实践中要根据管理类专业的特点适当调整教学内容，摒弃教材通用性的案例，选取具有典型性和应用性的研究数据作为练习的背景，如结合当前经济热点话题以及学生日常生活问题，比如“学校管理类专业本科毕业生岗位胜任力调查数据”“阿里巴巴双十一销售额”“大学生消费群体网络购物偏好”等，让学生感知统计学的基础知识与专业课程相关联，进而强化兴趣支撑，提升学生的学习热情和积极性。EXCEL、SPSS等专业统计软件提供了直观处理分析统计学问题的手段，在教学过程中，适当引入专业统计软件配合教学的开展，如在方差分析与回归分析等章节的授课过程中，选取贴近管理类专业的案例进行教学，引导学生利用统计软件进行数据分析与挖掘的操作，使学生能够在以后的专业课程学习中具备独立进行统计数据分析处理的能力。

（三）推行小组合作教学法

推行小组合作教学法首先要创新课程考核方式，根据“统计学”课程内容的性质和特点将基础知识评测、课堂参与度、案例统计分析完成度纳入课程考核体系。其中案例统计分析由小组合作完成，可以按照学生学习能力、兴趣的异同把学生相对均匀地分成几组，教师结合课堂知识抛出主题，然后给每个小组都提出主题中的问题，让各小组开始思考讨论问题并寻找答案，由学习小组课后合作完成这部分的学习。遇到问题时可以及时通过班级微信群、QQ群讨论解决，较为复杂的问题可以在课堂上展开进一步讨论，由老师集中讲解。课堂上实施“互动式课堂讨论”模式，师生在课堂上能够基于案例统计分析展开充分的互动和交流。

（四）实行“第二课堂”教学法

“统计学”课程是具有实践导向特征的一门课程，课后的学习实践活动是将学生课堂学习的统计学理论知识有效转化为科技创新能力的中转站。学生参加课后实践活动也是一个对统计学基础知识查缺补漏的过程，能够发现自身在知识学习方面存在的不足，提升学习自主性，成为知识的探索者。要鼓励学生积极参与大学生暑期“三下乡”社会实践活动、“挑战杯”全国大学生系列科技学术竞赛等活动，引导学生主动联系专业老师，与老师展开深入沟通，征集专业教师主持的课题、科研项目中能够为学生提供参与辅助调查或其他相关工作的机会，定向组队，共同参与同专业课题相契合的实践项目。学生在老师的带领下参与科研实践活动，这种现场教学模式不仅能深化统计学基础理论与专业知识的学习，与老师共享科研成果，而且为学生提供了直观接触并了解自然界及社会现象的机会，亲身科研还能够丰富学生的实践经验，培养学生运用统计学基础理论分析解决实际问题的能力。

（五）构建完善的课程考核评价体系

课程考核评价是一个较为复杂的系统，具有多元性和层次性。应该根据“统计学”课程的特点和性质，建立多样化的考核形式以及科学的考核内容，改变原来重结果轻过程的教育方式。考核多元性主要体现在考核方式多样化，除了常规的考勤、作业、课程论文等方式，还应该包括课堂讨论、调查报告、上机操作等部分。当然课程考核评价体系不可能涵盖众多复杂的课程考试行为，针对“统计学”课程“第二课堂”实践性强的特点，也可以采取引入创新学分的方式提高学生参加“第二课堂”活动的积极性。考核的层次性体现在考核内容上，不仅针对学生掌握统计学基本理论和知识进行考核，在课堂讨论、调查报告、上机操作等环节，还应该考核自学能力、团队精神、组织协调能力、写作能力、表达能力、实践能力等综合素质。

五、结束语

“统计学”课程能够为管理类专业课学习提供定量分析工具，为学生运用科学思维去分析和解决社会经济问题提供了方法论。研究性教学能够强化培养人才创新意识，提升学生创新实践能力与科学决策的能力。研究型高校的建设离不开新型教育者、课程与学校文化的相互配合以及面向全体学生的开放式研究性课程体系，要推动研究性教学与传统教学方式的融合，提升教学质量，培养创新型人才。

CDIO理念在"现代施工技术与工程管理"课程中应用的探索

赵　林*

摘　要:随着我国基础建设事业的飞速发展,一些建筑研究机构和施工实践单位提出了很多新型施工技术和管理模式并被大量应用到施工实践中。"现代施工技术与工程管理"是应对上述现状和挑战的一门前沿专业课,是水利工程、土木工程等学科点的硕士研究生的必修课程。为了改进教学方法,提高教学质量,使学生能在较好掌握和理解课程内容的基础上提高自主发现问题和解决问题的能力,本文提出按照CDIO理念来进行该课程授课内容和教学环节的设计,并在实际授课过程和实践教学环节中进行了尝试和探索。实践证明,该方法有利于提升学生学习效果,建议在今后课程教学中加以推广。

关键词:CDIO理念;现代施工;BIM技术;模拟技术

一、引言

随着我国基础建设事业的飞速发展,出现了大量的超高、超大型建筑物或建筑工程项目,新材料新工艺得到广泛应用,同时我国劳动力成本的不断提高以及建设行业对劳动保护和安全生产的日益重视,也使得先进的施工方法与技术得到前所未有的发展。在当今倡导建筑节能、安全环保的大环境下,建设行业只有对建筑施工方法和技术进行不断创新,并将其运用到各类建筑项目中去,才能抓住机遇,占据市场竞争的有利地位。另外,随着我国建设行业市场环境的变化,大量工程企业从单纯的设计或施工业务转型为投资导向或EPC等建设模式,要求企业技术与管理人员转变思维模式与工作方法。与之相关的水利工程、土木工程等学科教学也要做出相应改革,不能单纯沿用传统施工技术类课程的教学

---

* 赵林,中国海洋大学工程学院副教授,主要研究领域为海洋工程技术、港航工程管理、生态海岸与生态城市等。

内容，必须在课程内容设置和教学方法上与时俱进，一方面能够反映当代工程建设行业的最新技术成果和管理模式；另一方面要培养学生具备开阔的学科视野和较强的自主学习能力，使其在学校学习期间就保持对工程新技术的浓厚兴趣和学习热情，并学会将工程技术运用与工程价值目标相结合的工作方法，工作后能迅速进入角色，尽快掌握和运用现代工程行业的新技术新工艺，成为本行业内技术创新的骨干人才，既满足用人单位对创新人才的需求，又有利于学生进入工作岗位后的个人发展。“现代施工技术与工程管理”课程就是应对上述现状和挑战的一门前沿专业课，是水利工程、土木工程等学科点的硕士研究生的必修课程。

CDIO是近年来国际工程教育的新模式，2000年由麻省理工学院和瑞典皇家工学院等四所大学提出，并成立了以CDIO命名的国际合作组织。CDIO代表构思(conceive)、设计(design)、实现(implement)和运作(operate)，①其中，构思是指定义用户需要，考虑技术/企业战略和功能定位，提出工程概念、技术理念和商业计划；设计指创新设计，将工程目标和技术理念落实为可实施的方案、图纸、具体计划，并制定相应的实施制度、分解算法和控制性措施；实施是将设计转化为产品，包括制造、编程、测试和验证等，是将工程产品物质化建造成功、实现工程目标的过程；运行则是用实施完成的产品发挥工程效能，实现工程价值，并按照工程的预期目标进行包括操作使用、系统维修、后期改进和最终报废的过程。CDIO理念以工程产品研发到产品运行的生命周期为载体，让学生以主动的、实践的以及课程间的有机联系方式学习工程类课程，从而达到培养工科学生独立思考能力和自我学习能力，鼓励其综合运用专业知识和市场经验，不断创新和勇于实践的教育目标。② CDIO培养大纲将工程毕业生的能力分为工程基础知识、个人能力、人际团队能力和工程系统能力四个层面，大纲要求以综合的培养方式使学生在这四个层面达到预定目标。

“现代施工技术和工程管理”是一门关于水利工程、土木工程等建筑类工程专业施工技术和工程管理的前沿性专业课，其核心目标在于让学生扎实掌握工程施工的新技术、新工艺、新材料和先进管理模式，培养学生理解工程问题本质和解决工程实际问题的能力。作为一门与工程技术和施工实践联系密切的专业

---

① 顾佩华，沈民奋，李升平等. 从CDIO到EIP-CDIO——汕头大学工程教育与人才培养模式探索. 高等工程教育研究，2008(1)：12-20.

② Edward F Crawley，顾佩华等. 重新认识工程教育：国际CDIO培养模式与方法. 北京：高等教育出版社，2009.

课程，利用 CDIO 工程教育理念对课程教学内容、方法等进行改进，具有重要的实际意义。

二、“现代施工技术与工程管理”课程的特点与现状

当前工科专业研究生教育开设“现代施工技术和工程管理”课程，主要是为了提高学生对实际工程建设过程的了解，掌握最新工程技术成果和管理经验，增强自我学习能力、技术应用能力和独立解决工程问题的能力，本课程的特点主要是前沿性、创新性、参与性和理论与实践相结合，本课程存在着被动式教学、教学内容更新慢、直观教学手段不足等问题。

1. 课程内容应具有前沿性，并随着工程技术领域的进步不断发展变化

该课程反映了我国及世界发达国家建筑施工领域的最新发展前沿技术，具有很强的时代感，机械工程、电气电子和计算机技术等领域的飞速发展为建筑行业带来了翻天覆地的变化，施工技术和工程管理不断推陈出新，涌现出很多新技术和新的管理模式。2010 年住房与建设部公布了建筑业 10 项新技术，[①]例如高效钢筋应力混凝土技术；粗直径钢筋连接技术及施工要点；新型模板与脚手架的应用技术；建筑节能和新型墙体应用技术；新型建筑防水材料和塑料管的应用技术；建筑钢结构新技术；大型设备与构件整体提升技术；企业的计算机应用和管理技术等，并在 2017 年进行了修正。在港口航道建设领域，大型沉箱技术、深水防波堤技术、大型疏浚设备、吹填与真空预压成陆等新技术使得我国水运工程技术水平跃上新台阶，而高铁技术、大型水利水电工程、跨海跨江大桥、海底隧道等技术则跃居世界前列。通过该课程学习可以使学生开阔视野和思路，增强技术自信，提高学习新技术、应用新技术和解决实际工程问题的能力和热情，使其在深入了解国内外工程施工新技术、新工艺、新材料发展状况的基础上，懂得各门所学课程的重要性，增强参与科研和技术创新的主动性，为其就业后在工作中主动应用新技术、新材料打下基础。

2. 授课过程中应当与工程案例密切结合

“现代施工技术和工程管理”课程由于内容涉及面广，知识点较多，如果单纯介绍技术内容，容易让学生感觉枯燥，讲授过程有时难以吸引学生学习的兴趣，一定程度上会影响学生对知识的掌握效果。因此必须结合国内外最新工程技术

---

① 吴之乃，王有为，吴慧娟. 建筑业 10 项新技术及其应用. 北京：中国建筑工业出版社，2001；住房与城乡建设部. 建筑业 10 项新技术（2017 版）. 北京：中国建筑工业出版社，2017.

案例，特别是通过搜集和整理当代著名的工程实际案例，对其建造过程中遇到的问题、技术方案论证过程和最终实施效果进行剖析，对改进课程的形象性、加强学生对某些问题的理解有一定价值。实践证明这种案例教学方法能极大提高学生的学习热情与积极性，起到较好的效果。但是单纯的案例教学缺少系统性，如果不首先对学生进行基础性工程技术知识的介绍，由于学生不具备对工程案例的理解力，不利于发挥他们的主观能动性，因此在课程内容安排上，必须将基础性工程技术和管理内容讲授与实际工程案例介绍相结合，才能起到较好的教学效果。

3. 教学方法上要充分利用现代化教学手段

“现代施工技术与工程管理”要充分运用多媒体教学，利用声光电等直观技术手段，通过视频、工程图片等播放，教学模型的演示，增强直观效果，使学生清晰了解所学内容，有条件的情况下可以安排参观实际工程现场，或邀请有关领域的工程专家参与到教学过程之中。

4. 要重视对工程“构思”能力的培养

在 CDIO 体系中，“构思”是工程建设的第一阶段，在以往传统教学内容上很少涉及，但随着工程项目管理要求的不断提高和建设单位的角色转换，要求工科毕业生能够从项目初始阶段开始，参与项目前期的构思、策划、项目定位等工作，这既要求学生具备扎实的工程技术知识，也要求掌握一定程度的市场分析能力和工程产品策划能力，因此本课程在教学方面也要从 CDIO 要求出发，对学生加强这方面的培养。

5. 现有教学内容和方法存在着较多不足

目前，“现代施工技术和工程管理”课程在教学内容和教学方法上存在着若干不足。如在内容上，要么简单罗列各项传统施工技术，对新技术新工艺新材料介绍不够；要么只笼统介绍新技术，忽视基础内容讲授，使大多数学生难以理解。另外，普遍存在着讲授施工技术内容多，工程管理内容少；介绍工程中期施工管理内容多，介绍前期工程构思策划和后期运行管理内容少等缺点。在教学方法上，传统的讲授方法多，利用案例、视频、模具教学少；被动式教法多，参与式互动少。另外限于时间、经费等原因，通常缺乏现场教学的机会。

三、基于 CDIO 理念的课程改革

有鉴于“现代施工技术和工程管理”课程的上述情况，我们进行了一系列的课程教学研究和改革尝试，主要表现在以下方面。

1. 科研反哺教学，课程教学内容反映当前施工作业的最新进展

在深入把握当前施工技术的发展前沿和最新施工管理手段的基础上，我们结合当前建设事业发展和学校科研项目案例，收集、制作了大量工程施工与安装技术案例，如预制混凝土技术、钢结构新技术、大型设备与构件整体提升技术、大型疏浚吹填、隧道盾构施工和水下爆破，基于 BIM 的现场施工模拟和管理技术①等，通过深入介绍关键工艺的施工过程，促使学生对一些重要建筑施工新技术和工程管理新方法有更深入的把握。另外，充分运用视频、模具模型等教学手段，增强学生直观认识；利用科研项目提供的机会安排学生参观实验室，请相关专业人员现场介绍等，都起到了良好的效果。

2. 科学安排教学内容，理论与实际并重

现代施工技术是在传统施工技术基础上发展出来的，为了使学生充分了解工程技术的原理与思路，需要对工程学基础知识进行回顾性和系统性介绍，使学生首先对工程材料、技术原理和基本施工方法有清楚认识，便于其理解各行各业近年来快速发展的新技术新方法；工程管理教学也要从传统项目管理等内容出发，再介绍最新的 BIM 技术、大数据管理技术等。实践证明，这种从理论到实践，传统与现代相结合的内容安排，学生更容易接受，系统性强，能够激发其探索新技术的兴趣，起到了较好效果。

3. 基于 CDIO 理念，设计“现代施工技术与工程管理”课程大作业

“现代施工技术与工程管理”是介绍国外施工技术及材料发展现状，推广我国建筑施工的新技术、新工艺、新材料和先进管理模式的前沿性专业课程，要做到深入掌握该课程的本质内容，除了正常的课堂教学外，从典型施工技术和现代管理两个方面给学生布置了两个大作业：大型钢结构提举安装施工技术设计任务和某体育馆施工的 BIM 管理项目，并引导学生从 CDIO 的层面进行项目组织和安排。

第一个题目是针对某种大型钢结构提举安装作业进行施工新技术构思设计，构思是根据设计任务对结构功能和施工技术进行构思，通过查阅相关的文献资料（如规章、标准等），根据结构物的功能目标、重量/形状、施工环境等因素构思工程概念和施工工艺方案；设计是根据工程概念和初步技术方案，进行施工图绘制和施工过程方案细化，详细确定施工对象物的尺寸参数、物理参数，选择合理的施工机械，确定施工方案；实施是根据设计的详细工艺路程进行实施过程的

① 刘军生，石韵，王宝玉等. BIM 技术在施工管理中的应用研究. 施工技术，2015(1)：785-787.

模拟仿真，并确定设计方案的可行性等；运行主要是在模拟分析的基础上，进行施工技术推行后的评估分析，例如工作效率、施工费用、施工的安全度等。

针对某体育馆施工的 BIM 管理项目，同样也依据 CDIO 理念进行大作业规划。构思是根据施工任务对 BIM 管理的要求内容进行调研，查阅相关的文献资料（如规章、标准等）对 BIM 系统的功能、实施方案构思；设计是根据初步解决方案，进行 BIM 系统的进一步细化，详细规划所需要的软件模块、连接逻辑方式、数据库管理等确定 BIM 系统详细的组织方案；实施是根据设计的组织结构进行某模块的实施过程的模拟仿真，确定方案的可行性等；运行主要是在上述基础上，进行 BIM 效能的评价，总结方案的优缺点。

上述两个项目的实施过程与 CDIO 理念的内在联系如表 1 所示。

表 1　项目实施过程与 CDIO 理念的内在联系

	构思	设计	实施	运行
大型钢结构提举安装作业	查阅相关的文献资料（如规章、标准等）根据施工的结构的重量/形状、施工环境等因素构思施工的工艺方案；设计实施	进行施工过程进一步细化，详细确定施工对象物的尺寸参数、物理参数，选择合理的施工机械，确定施工详细组织方案	根据设计的详细工艺路程进行实施过程的模拟仿真，确定设计方案的可行性等	主要是在模拟分析的基础上，进行施工技术推行后的评估分析，例如工作效率、施工费用、施工的安全度
体育场馆的 BIM 施工管理系统	根据施工任务对 BIM 管理的要求内容进行调研，查阅相关的文献资料（如规章、标准等）对 BIM 系统的功能、实施方案构思	进行 BIM 系统的进一步细化，详细确定所需要的软件模块、连接逻辑方式、数据库管理等确定 BIM 系统详细的组织方案	根据设计的组织结构进行某模块的实施过程模拟仿真，确定方案的可行性等	主要是在上述基础上，进行 BIM 效能的评价，总结方案的优缺点

这样按照 CDIO 理念进行大作业的组织，提供技术路线，并从多层次上加深了对课程的深入掌握，使学生以主动的、实践的、课程间的有机联系的方式学习知识，并为施工工程实施方案和组织提供了依据。

四、结论

基于 CDIO 理念的“现代施工技术与工程管理”课程的教学研究的结果，加强了理论课程与工程实际的联系，有效避免了被动式教学授课过程比较枯燥和抽象的不足，通过视频、模型等手段提高教学直观性，通过课程大作业等实践环节调动学生学习的主动性和参与意识，同时从提高学生能力的角度出发着重锻炼学生理论联系实际的能力、解决实际工程问题的能力和将实际工程上升或总结为理论规律性问题的能力。

任务驱动教学法在“新型功能材料”课程中的创新应用

田进涛* 周 莹 江逸群 程洋芳 卞京涛 陈 辰

摘 要:将任务驱动的教学方法引入到“新型功能材料”课程的教学中,借助学生对于新鲜事物怀有强烈好奇心的特质,努力强化任务内容的前沿性和新颖性,从而充分调动学生的学习积极性、培养学习兴趣,引导学生全面参与到教学活动中来,实现既能向学生传授功能材料基础理论知识,又能带领学生一起认识当前这个日新月异的科技世界中的功能材料新元素。

关键词:任务驱动教学法;“新型功能材料”课程;创新应用

一、任务驱动教学方法简介

目前国内外关于教学方法的分类有多种模式,但是常用的教学方法主要包括讲授法、讨论法、任务驱动法、直观演示法、参观教学法等。① 其中,讲授法是传统的教学方法。这种教学方式强调教师在教学活动中的主导作用,不利于调动学生的学习积极性、培养学生学习兴趣。相比之下,任务驱动的教学方法则是教师针对某一具体的教学内容,给学生布置探究性的学习任务,学生通过查阅大量的文献资料,对所获得的知识进行归纳总结并进行口头汇报,由教师进行点评。② 该教学方法以“任务为主线、教师为主导、学生为主体”,改变了以往讲授法中“教师讲、学生听”的被动教学局面,有利于调动学生的学习积极性和学习兴趣,培养学生分析问题和解决问题的能力,提高学生自主学习及与他人协作的能

---

* 田进涛,中国海洋大学材料科学与工程学院副教授,主要研究领域为光功能材料。基金项目:中国海洋大学2016年度本科教育教学研究重点项目(2016ZD06),中国海洋大学本科生研究发展计划(SRDP)项目(201610423187X),中国海洋大学教师教学发展基金项目(2017jxjj19),中国海洋大学2017年研究生教育质量提升计划建设项目(HDYK17025)。

① 邵士权.我国高等学校教学方法创新研究.华中科技大学博士学位论文,2011.

② 李丽娟.任务驱动式教学方法在高校教学中的实践.科技信息,2011(3):159;罗烽.基于任务驱动的专业培养模式与教学方法探索.中国教育技术装备,2012(26):16-19;吕凤军,王美红.任务驱动型教学方法的应用研究.商场现代化,2009:580.

力，因此已被广泛应用于计算机①、机械②、金融③、材料④等多个学科的专业课程的教学。

二、“新型功能材料”课程特点及教学过程中存在的问题

作为“新型功能材料”课程的授课教师，本人在授课过程中注意到部分学生对所学内容不感兴趣，厌学现象严重。针对这一现象，为了进一步了解学生对该门课程的学习状况，本人进行了问卷调查，共发放调查问卷46份，回收有效问卷45份，调查表明，有多达10人对本门课程有过旷课现象，主要的旷课理由是睡觉、上网、回家、社团工作等。在听课态度方面，高达57.8%的同学选择了无所谓、看心情的听课态度，反映了学生上课非常随性，对知识的渴求度不高。针对在课堂上做过的与上课无关事项的调查表明，学生在课堂上主要是玩手机，其次是发呆和写作业，这一结果与当今课堂上低头族流行的现象完全吻合。学生在课堂上从事与上课无关的事情，究其原因，主要是由于该课程理论性强、内容枯燥且缺乏趣味性，从而导致学生不能集中注意力听课。

三、以激发学习兴趣为主要目的的任务驱动教学法在“新型功能材料”课程中的创新应用

（一）激发学生学习兴趣的必要性与可能性

学生厌学“新型功能材料”课程的原因众多，然而一个不争的事实是：教师讲学生听的讲授法教学模式下，学生始终处于一个被动接受的状态，并未真正参与到教学活动中来；学生所学习的专业知识也十分的繁杂、抽象。因而，学生在形式和内容两个方面都没有和教师的教学活动产生共鸣，没有真正感受到课程学习的快乐。和传统的讲授法相比，任务驱动的教学方法更为先进，但是如果全盘照搬该方法而不依据课程特点做出创新，学生对教师布置的任务没有产生足够的兴趣，亦很难发挥出任务驱动教学法的优势。笔者认为：好奇之心，人皆有之，学生尤甚。显然，要有效打破讲授法中学生处于被动状态接受繁杂而又抽象的功能材料专业知识的现状，通过向学生布置一个在内容上非常具有前沿性和新

---

① 石芳堂，计算机专业任务驱动式教学模式的探索与实践．信息通信，2013(9)：259-260.

② 王宜君．《机械制造技术》课程的任务驱动式教学探索．佳木斯教育学院学报，2011(1)：200-201.

③ 邓可斌．任务驱动法与讲授法在金融教学中的运用探析．金融教学与研究，2010(6)：69-71.

④ 姜玉珍．任务驱动教学法在“机械工程材料”教学中的实践．职教通讯，2010(11)：115-116；刘毅勇．任务驱动教学法在《金属材料及热处理》课程的应用．科技信息，2011(19)：658-659.

颖性的学习任务，将会是一个激发学生学习兴趣的行之有效的方法。采用这一方法，授课教师能够把基础理论知识和当前最新最前沿的应用实践相结合，实现了教师既能向学生传授功能材料基础理论知识，又能带领学生一起认识当前这个日新月异的科技世界中的功能材料新元素。

（二）任务驱动教学法的教学设计与实施环节

将任务驱动的教学方法引入到“新型功能材料”课程的教学实践中来，通过向学生布置具有能激发学生学习兴趣的任务来提高学生在教学活动中的参与度，具体的教学设计和实施环节如下所述（和传统的讲授法相比，“讲授＋任务驱动”的教学模式具有如表 1 所示的特征）。

1. 教学内容准备

依据教学大纲，对课程内容重新进行梳理与整合，突出核心知识点，适当删减次要授课内容，从而将每次的教师课堂讲授时间由 100 分钟压缩至 85 分钟，确保在向学生传授课程核心知识的同时为学生预留 15 分钟时间的任务汇报。

2. 任务小组形成

依据授课内容和选课人数对学生进行合理分组，每组学生 2～4 人，推选课代表并建立课程 QQ 群，以便师生之间就学习任务的布置和完成情况随时进行沟通。

3. 学习任务布置

结合每次课堂讲授的内容，教师给出学生需要利用课余时间完成的具体任务，重点向学生强调该任务在内容上必须具有足够的前沿性和新颖性，能引起大家的兴趣，借此激发学生学习兴趣。

4. 学习任务实施

学生接到学习任务后，通过多种方式收集资料，并对所收集的资料进行分析、甄别和汇总，并以文字、动画、视频、实物等多种方式形成任务内容，制作 PPT 进行汇报，在汇报之前通过 QQ 群发给教师，以便教师从形式到内容两个方面对该任务的完成情况进行把关。

5. 任务汇报与接受指导

在每次约 85 分钟的教师课堂讲授结束后，由实施任务的小组内同学进行约 12 分钟的课堂 PPT 汇报。学生可推选组长进行单人汇报，也可组内多人分工汇报，汇报要求内容上重点突出、仪态上举止大方。汇报结束后，教师现场进行 3 分钟点评，从形式到内容上进行客观评价，给出具体的意见和建议。

6. 学习任务完成

学生依据课堂汇报情况和教师的点评意见，对该任务进行再修改和完善后通过 QQ 上传给教师，由教师依据学生的课堂汇报表现以及任务的再修改和完善情况，给出学生完成该任务的成绩。任务成绩以一定的比例计入学生学习该门课程的最终成绩，占比不低于总成绩的 30%。

表 1 任务驱动法引入到“新型功能材料”课程教学中的预期结果对比

项目	讲授	讲授+任务驱动
课堂时间分配	讲授 100 分钟	讲授 85 分钟+汇报 12 分钟+点评 3 分钟
学生课余学习时间	几乎为零	完成任务至少需要 4 小时(平均 6 小时)
教学过程	老师满堂灌，学生被动听	教师讲核心知识，学生调研前沿新颖实例
教学优点	学生接受系统专业知识	学生接受核心知识并了解最新前沿应用
教学缺点	对上课既感无趣又觉无聊	教师缩减上课讲授时间约 12%
教学活动参与度	学生教学活动参与度低	学生充分参与教学活动

(三)典型学习任务设计与学生完成实例

依据前述的教学设计与实施，典型学习任务设计及学生完成实例如表 2 所示。从表 2 可以看出，学生的学习任务具有如下特征。

(1)任务内容的相关性：学习任务在内容上和教师的课堂讲授内容一一对应，这样就保证了学生在学习某一类功能材料核心知识的同时也能了解该类材料当前的最前沿应用，另外也杜绝了漫无目的、随意拼凑任务内容的现象。

(2)任务内容的前沿性和新颖性：学生所展示的任务内容是当前国内外最前沿、最新颖的新技术、新产品或者新理念。

(3)任务形式的多样性：学生在具体的任务完成过程中具有极大的自由度，可以采用多种多样的资料收集整理方法，以灵活多样的媒体方式展示其任务内容，有利于培养学生的自由探索精神。

表 2 典型学习任务设计与学生完成实例(2015 学年秋季学期)

教师讲授内容	学生 PPT 汇报的任务主要内容
导电高分子	①“智能服装”上的导电纤维；②可用体热充电的新型织物
离子交换树脂	澳大利亚 ORICA 公司开发的用于水处理的 MIEX 新型树脂
分离功能膜	①10 纳米聚酰胺纳米膜(Science，2015)；②工厂及家庭用水处理膜产品展示

（续表）

教师讲授内容	学生 PPT 汇报的任务主要内容
高吸水性树脂	纸尿裤品牌哪家强——四种国内外品牌（帮宝适、安儿乐、丽贝乐、花王）的性能、价格对比及选购指南
高分子液晶	①谷歌的智能隐形眼镜显示屏（2015）；②“Digital Tattoo Interface”的皮下触屏；③三星 GALAXY S6 edge 的双曲面侧屏（2015）
生物医用功能材料	①3D 打印人体肝脏及应用；②科技塑造美丽生活——韩国整容技术及产业
功能复合材料	①中国歼-31“鹘鹰”战斗机；②美军 B-2 远程隐形轰炸机；③可见光隐身方式（负折射率材料）
功能玻璃	①我们的玻璃生活——玻璃家装全指南（客厅、厨房、卧室、卫生间）；②大猩猩与蓝宝石——玻璃在智能手机屏幕中的应用
功能陶瓷	①APPLE® TOUCH ID 原理；②SENSE ID vs. TOUCH ID 的对比
智能功能材料	①比尔·盖茨的豪宅——智能家居控制系统的组成及功能；②国内智能家装（海尔、杜亚、柯帝）
储氢材料	①发展新能源汽车是迈向汽车强国的必由之路；②新能源汽车（氢能、乙醇、电能、核能）的原理、优缺点、产品展示
光功能材料	①接触有害细菌可发光的医用绷带；②可发光的柏油马路
磁功能材料	①Lexus Hoverboard 原理、结构、同类比较及前景分析

（四）教学评价

在“讲授＋任务驱动”的教学模式下，学生的期末成绩由两部分构成，即体现平时学习状况的任务成绩和期末卷面考试成绩。显然，这样的成绩构成把学生的学习过程纳入了考察范围，更能够体现过程学习的先进理念。在这样的教学模式下，学生的学习成绩也有了普遍的提高，如图1所示。

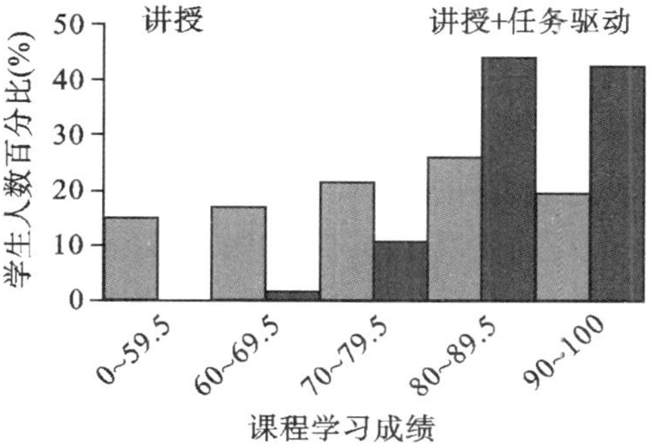

图1　两种不同教学模式下学生学习成绩对比

为了进一步对“讲授＋任务驱动”的教学模式做出客观评价，本人做了授课现状的问卷调查(45 份有效问卷,男生 27 人,女生 18 人)。针对教师授课现状的调查表明,绝大部分学生对该门课程的评价比较高,40%的学生认为教师上课充实有趣。进一步的调查发现,学生喜欢这门课主要有两个理由,44.4%的学生认为是教师个人魅力与风格,40%的学生认为是课程本身的趣味性与意义。同时也有部分学生提到,教师授课有想法、有改变是吸引人的地方。这些都反映了该门课程授课方法的改革提升了学生学习兴趣。针对学生对教学模式认可度的调查表明,面对“你觉得老师应该采取以下哪种教学模式”的提问,仅有 15.5%的学生选择了“传统的上课讲授模式”,而高达 71.1%的学生选择“讲授和学生展示结合的上课模式”,这表明将任务驱动教学法引入课程教学受到了学生的普遍欢迎。关于学生学习效果的评价,在面对“你觉得任务驱动教学改革给大家带来什么”的提问中,仅有 8.9%的学生选择了“几乎没有”,而高达 64.4%的学生认为“让大家了解学科的前沿知识”,44.4%的学生认为“提高课程的兴趣”。上述的诸多调研表明,将任务驱动的教学方法引入到“新型功能材料”课程的教学中来,借助学习任务的前沿性和新颖性设计,能够激发学生学习专业知识的兴趣,提高学生在教学活动中的参与度。

四、结论

作为一门材料学科的专业课程,“新型功能材料”课程具有专业性强、知识点宽泛而且涉及面广的特点,这使得部分学生对课堂学习没有足够的兴趣,存在厌学现象。如何解决这一问题是每一位奋斗在教学第一线的教师需要认真思考并努力解决的,而其中最主要的一环便是如何引导学生充分参与到教学中来,培养学生学习兴趣,让学生真正品尝到学习的快乐。本人在将任务驱动的教学方法引入到“新型功能材料”教学中的同时,借助学生对于新鲜事物怀有强烈好奇心的特质,努力强化任务内容的前沿性和新颖性,充分调动学生的学习积极性、培养其学习兴趣,引导学生全面参与到教学活动中来。对该教学模式所做的教学评价表明,学生的课程学习成绩有了大幅度的提高,学生在教学活动中的参与度也显著提升,该教学模式受到了学生的普遍欢迎。

“地震勘探数据处理”课程开展混合式教学的实践探索

徐秀刚* 刘怀山 张 进 童思友 王林飞

摘 要:为充分调动学生专业课程学习的积极性,改变传统课堂填鸭式教学的弊端,强调“以学生为中心”的教学理念,本文将翻转课堂引入到专业核心课程“地震勘探数据处理”的理论教学当中,将其与传统课堂教学相结合,采用混合式教学模式进行课程的授课。通过两年混合式教学的授课尝试,极大地提高了学生专业课程学习的积极性和课堂的参与度,提高了他们的文字组织、口头表达以及团队协作的能力,取得了不错的教学效果,获得了学生的认可。

关键词:传统课堂教学;翻转课堂教学;混合式教学;教学方案设计

一、引言

传统课堂主要是以教师的主动讲授和学生的被动反应为主要特征,教师往往注重通过语言的讲述和行为的灌输来实现知识的讲授,在教学过程中教师拥有绝对的主导地位,而学生主体地位却被习惯性地忽视。因此,传统的教学模式严重忽视了教学中的情感因素,严重束缚了学生学习的积极性、主动性和创造性。① 翻转课堂是一种新出现的课堂教学组织形式,它是对传统教学流程的颠覆,强调“以学生为中心”②。整个教学过程的实现是:教师提供教学 PPT、视频等教学资源给学生,学生在课前完成对教学资源的观看和学习,师生在课堂上一起完成知识点答疑、互动交流等活动。目前,海内外的学者普遍认为,翻转课堂不仅仅是增加学生与教师之间的互动以及学生个性化学习时间的一种手段,它

* 徐秀刚,中国海洋大学海洋地球科学学院地球探测与信息技术系副主任、副教授,主要从事地震资料采集与处理等方面的教学与科研工作。基金项目:教学发展基金“专业核心课程翻转课堂的应用与实践”(2017jxjj08),本科教学工程项目“应用地球物理虚拟实践教学平台建设”(2017JY44),2016 年专业综合改革项目“勘查技术与工程等资助”。

① 叶青,李明.高校传统教学与翻转课堂对比的实证分析.现代教育技术,2015(1):60-65.

② 黄阳,刘见阳,印培培.“翻转课堂”教学模式设计的几点思考.现代教育技术,2014(12):100-106.

更是一种全新的“混合式学习方式”①。

“地震勘探数据处理”课程是中国海洋大学勘查技术与工程和地球信息科学与技术两个本科专业的大三在校生的专业核心课程，该课程于2011年被评为山东省精品课程。本课程是“弹性波动力学”“地震勘探原理”等专业基础和专业核心课程的延续和深化，内容范围广、难度大，是一门理论与实践性结合很强的专业课程。为提高学生学习专业课程的兴趣，增强学生自主学习的能力，从2016年开始，以刘怀山教授、徐秀刚副教授、张进副教授组成的授课团队在专业核心课程教学中进行了传统课堂教学与翻转课堂教学相结合的混合式授课方式的尝试。两年来，通过这种混合式教学方式的试验，团队积累了丰富的教学经验，激发了学生学习专业课程的兴趣，获得了不错的教学效果。

二、课程教学手段的变革历程

以往该课程的教学一直是以传统的课堂讲授为主，虽然教师在课堂教学中使用了启发式教学、师生互动等教学方法，但仍然存在着学生积极性不高、课堂参与度低、学习效率低和学习效果不佳的问题。为解决学生的困境，充分调动他们学习专业核心课程的积极性，锻炼他们的团队协作意识，培养他们的专业信息素养和语言表达与交流能力，从2016年开始，授课团队对2013级、2014级勘查技术与工程及地球信息科学与技术两个专业共165名学生进行了“地震勘探数据处理”课程的混合式教学改革。通过两年混合式教学的应用实践，改进了传统课堂讲授知识方式单一、不利于调动学生学习的主体积极性、剥夺学生课堂教学中的情感生活，造成课堂教学的沉闷局面等问题，达到了既让学生注重专业知识的学习，又给予学生一定的学习自由度，激发学生参与学习和自主学习的目的，真正让学生成了课堂的主角，教师则成了学习活动的引导者、指导者和对话者。通过这种“以学生为中心”的教学手段的运用，让枯燥的专业核心课程的学习变得不再“枯燥”。

三、课程教学方案的设计与混合式教学的应用实践

“地震勘探数据处理”课程共有64学时的理论课时，包括地震资料数据处理概论、信号处理基础、反褶积等8章内容。由于是专业课程，所以讲解的知识点中的专业术语、基本概念和基本原理较多，而且为了帮助学生提高专业知识的学

---

① 郭鹏飞. 国外关于翻转课堂的理性思考. 中国信息技术教育，2014(15)：15-18.

习能力和文献阅读能力，课程中还涉及了与地震勘探各个方面相关的大量专业英文词汇。除此之外，课程的模块化、专题化特点显著。因此，针对课程的特点，授课团队从学生专业课程知识点学习的难易程度和实际授课效果出发，采用传统课堂授课、翻转课堂授课、专家授课等方式相互结合的混合式教学方式开展了课程的教学。①

(1)学科专业的基本术语、基本概念和基本理论等基础知识，是学生要掌握的重点内容，这些内容理论性很强，而且部分概念比较抽象。因此，这类教学内容继续采用课堂讲授加多媒体辅助教学，以教师教授为主，涉及之前学习到的理论知识和基本概念等，采用启发式、互动式教学方式，帮助学生温故知新和活学活用。对于新讲授的专业术语与概念，除要求课堂上理解掌握外，课外要求学生阅读教师推荐的相关拓展资源(网络资源或是补充的多媒体教学资源)，以加深对专业基本概念和专业术语的理解与认识。

(2)课程中涉及专业术语的中英文词汇数量巨大，术语涉及地震勘探的采集、处理与解释等各个环节，这个环节的教学仍采用课堂授课与课下翻译外文书籍、外文文献等结合的方式开展，通过课堂教师专业词汇的讲解，首先让学生会读、会写，理解和掌握专业名词的地球物理意义；然后结合课下翻译作业，让学生通过多练习，提高专业词汇量，为后续章节内容的国内外发展现状的调研和本科毕业设计或者毕业论文外文文献的调研打好基础。

(3)对于模块化的章节内容，即每个模块集中讲一个处理方法或者处理技术，这样的内容采用翻转课堂形式进行教学。按照班级分好学习小组，给所有小组课程学习的 PPT 资料、视频学习资料、部分国内外文献等②，要求各小组成员分工协作，既要讲授课程基础的理论学习知识点，还要将模块内容中国内外出现的新方法与新技术展现给大家，要求展示内容既包含基本的专业知识，又要紧跟时代发展需要，PPT 内容要与时俱进(图 1、图 2)。通过两年的翻转教学能够发现，部分学生制作的 PPT 内容丰富，讲解到位，而且对新方法与新技术的调研充分，讲解透彻，真正起到了翻转课堂的锻炼作用；但是部分学生还是流于形式，只做到形似翻转课堂，可实际上课外没能完成自学任务，导致课堂上的研讨活动无法有效展开，学习效果反而更差。而且，我们发现的一个最大的问题在于，学生

① 敖谦，刘华，贾善德. 混合学习下“案例—任务”驱动教学模式研究. 现代教育技术，2013(3)：122-126.

② 夏仲文. 利用微课程促进学科教学的应用研究与反思. 中国信息技术教育，2012(11)：13-14.

基本上都是只准备和自己小组讲授知识相关的内容，而对于其他专题内容，课下自主学习不充分，影响了课上与授课小组、教师之间的讨论与交流的效果。为此，在下一步的翻转教学过程中，改为不明确指定每个章节对应讲解的学习小组，让每个小组都能够全程参与课下内容的备课，真正达到翻转课堂的课上问题交流、学习共享和讨论的效果，发挥翻转课堂以学生为中心的作用，让大家都能够动起来。

图1 2016年翻转课堂“静校正模块”课堂讲解

图2 2017年翻转课堂“预处理模块”课堂讲解

(4)对于其中的部分专题，加强本校与其他高校的互动和交流，邀请相关高校的专家、大家为学生授课，让学生既能够学习到基本的专业基础知识，又能够从专家多年的研究成果中了解和学习到某一方法或者技术的国内外发展现状与发展趋势，通过这种方式交流，激发学生的专业学习热情。从2016年开始，团队邀请了中国石油大学(华东)的李振春教授连续为我校的本科生讲授地震资料的偏移成像技术，学生对于这种邀请行业专家来授课的方式，纷纷表示赞同和支持，希望有机会能够多听听这样的专题报告。

(5)课程的考核，“地震勘探数据处理”课程的混合式教学模式既注重强调教师的课堂讲授，又强调学生基于资源的自主学习和合作学习，注重培养学生的信息素养和表达交流能力，引起了学生的认知模式、学习方式、教师的教学模式和师生角色的深刻变革，因此在课程考核时也摒弃了单一的成绩评价体系，而注重采用多元的评价体系，形成性评价与总结性评价相结合。加大形成性评价的评价比例，通过这种过程式评价方式提高大家的学习积极性。形成性评价包括学生出勤、平时作业、个人或小组学习的质量和效果、成果展示、参与交流讨论的活跃度等，这些是翻转课堂能否取得应用成功的关键。对于PPT制作、课堂讲课、交流讨论等表现优秀的学生，考虑在最终成绩考核时予以加分，教师平时要做好形成性评价记录；总结性评价通常以期末考试的形式进行，考查学生课程学习的效果是否达到教学目标的要求，考试命题课程教学大纲是否紧密结合，是否突出了工科专业的复杂工程问题，满足了专业核心课程对于毕业要求分解指标点的支撑要求（满足工程教育认证的课程考核要求）。考核方式的改变，极大地提高了学生的课堂参与度，大大激发了他们的专业学习热情，也保证了混合式教学手段的有序运行。

通过两年混合式教学工作的开展，授课团队发现这种方式确实能极大地调动学生的学习积极性，丰富他们的学习体验，锻炼他们的文献查阅能力、学术汇报能力和口语表达能力。两年来，学生对教师教学的满意度也大大提高，整体教学效果较之以前有所提升。2016 年，团队设计了调查问卷，对混合式教学进行了教学满意度调查。从反馈结果来看，22％的同学表示非常满意，74％的同学表示满意，仅有 4％的同学表示不满意，说明学生对于地震勘探数据处理课程的混合式教学改革是认可的。

四、结论与认识

“地震勘探数据处理”课程通过传统课堂教学、翻转课堂教学、专家讲堂等多种形式结合的混合式教学方式的尝试和应用，使得专业课程的学习不再枯燥乏味。这种授课方式充分调动了学生自主学习专业课的积极性和兴趣，既让他们获得了丰富的基础知识，又增强了他们对于学科前沿知识的理解和掌握；既锻炼了他们个人的口头表达能力，又提高了他们团队协作和团队配合的能力，真正实践了“以学生为中心”的教学理念，丰富了专业课程的教学手段，为今后其他专业课程的课程改革，提供了指导和借鉴。

工程制图教学平台的“学生为主体”项目教学的设计与实践

宋丽娜*

摘　要：本文围绕工程制图教学平台的总体教学目标，按照“在做中学”的教学思路，设计教学项目，丰富课程群的教学内容，细化项目教学的实践教学环节，以学习任务驱动学生自主学习。文中明确指出了工程制图课程群内各课程的地位和作用；提出了“学生为主体”的教学项目设计并付诸教学实践；强调项目教学过程管理，并介绍了项目教学过程评价指标体系，切实实现学生为教学主体、教师为主导的特色教学目标。

关键词：工程制图教学平台；课程群；项目教学与任务驱动法

近20年来，我国高等工程教育的人才培养目标、观念和模式一直发生着深刻的变革，社会对工程人才的需求要求工程教育应当遵循工程的集成与创新特征，以强化工程实践能力、工程设计能力与工程创新能力为核心，使学生具备系统专业知识、综合应用能力、自主学习能力以及团结协作精神，向着培养实践性、综合性和创造性特征的工程人才的目标不断前行。

一、前言

多年来我国高等教育的课程教学偏重于知识讲授为主，强调学科专业理论知识的学习，高等工科教育也不例外。由于单个课程教学内容的局限性，传统的教学方法对学生综合知识框架和应用能力的培养方面表现得力不从心；另一方面，教学方法的单一难以激发学生的学习主动性，由于缺少探究学习和课外学习指导环节，使得课程在学生的自主学习能力、团队协作能力、社会能力等方面的培养上没有着力点。

---

* 宋丽娜，中国海洋大学工程学院副教授，主要研究领域为机械设计、高等工程教育。本文由2017年中国海洋大学教师教学发展基金项目(2017JXJJ18)资助。

我校工程制图教学平台以培养工科学生成图技术的知识和能力，并达到学以致用的教学效果为总体目标。为达到这一目标，自 2012 年年初开始了教学平台优化设计的工作，经过几年的建设和实施，逐步形成了结构合理、层次清晰的工程制图课程群。目前课程群的四门核心课程之间的逻辑关系已经明了。但在课程群的具体教学过程中，仍然存在一些急需解决的问题：

(1)需明晰群内各课程在学生成图技术知识能力培养中的责任；

(2)需细化教学项目的实施过程，构建“学生为主体”的教学；

(3)需建立学生成绩的有效评价体系，实现教学过程质量管理目标。

为了改变学生被动学习的现状，填补传统教学对解决复杂工程问题约培养缺失，实现工程制图教学平台的培养目标，探索符合成图技术培养要求的工程制图课程体系建设，研究促进学生自主学习的教学方法，以及具有工程集成特征的教学内容的设计，成为工程制图教学平台建设亟须解决的问题。

二、工程制图教学平台中课程群的建设

工程制图教学平台经过多年建设①，形成了由“画法几何与机械制图”“计算机绘图”“三维造型设计”和“工程图学综合训练”多门课程构成的课程体系，覆盖了专业必修课、选修课和实训课等多个层次的课程，并在此基础上搭建了工程制图课程群，课程群的教学旨在完成学生成图技术综合应用能力的培养。

其中，“画法几何与机械制图”以讲授投影理论和图纸信息的表达方法为主，培养学生对国家标准、行业标准的理解和遵循意识，实现其工程图纸绘制和阅读的基本能力；“计算机绘图”培养学生使用计算机二维绘图软件作为绘图手段，绘制工程图样的动手能力；“三维造型设计”培养学生产品信息建模技术的初步能力、三维软件的操作方法、建模方法和动态仿真应用，理解现代机械工程先进的设计手段及图纸生成过程；“工程图学综合训练”采用项目教学模式，让学生从部件拆装、零件测绘工作开始，将纸面草图绘制、三维信息建模、计算机绘制图纸等成图技术综合应用于特定项目中，模拟工程实践。

群内各个课程教学内容相辅相成，形成趋于一体化的研究导向型项目教学。教学项目设计以完善知识结构、强化综合应用能力和提高工程素质为培养目标，从基础理论、动手实践和工程训练等多个环节全方位地提高学生的理论水平和实践能力。通过课程群的系统学习，使学生具备基本的成图技术工作能力，能够

① 宋丽娜. 成图技术课程群建设的研究与实践. 高等院校教育与教学研讨会论文集，2013：395-898.

在绘制、阅读二维和三维工程图纸的过程中，了解和熟悉图纸所表达的产品信息，为后续专业课程的理论学习和设计训练打下良好基础。

三、"学生为主体"项目教学的设计和实践

按照"在做中学"的教学思路，在课程群中设计"学生为主体"的教学项目，丰富课程群的教学内容，细化项目教学的实践环节，以学习任务驱动学生的自主学习和拓展探究，让教师的教学有的放矢，切实实现学生为教学主体、教师为主导的教学。

1. "学生为主体"教学项目的开发设计

研究表明，在课程实施过程中通过学生和教师的自主探究和体悟，用动手实践的方法支撑知识的转化，随着对课程的深入体验和理解，完成知识和经验的积累，可以有效实现知识与能力的相互转化，达到灵活应用的目的。①

教学项目的任务设计以贴近学生的生活和专业兴趣，激发学生深入探究任务内涵为思路，根据学习深度和所需时间的长短不同，分别在理论课程和实践课程中设置不同类型的教学项目。

理论课程具有课内时间有限、学习进度紧迫的特点，因此在其中以贴近生活的项目设计为主，采用学生利用课外时间完成项目的学习任务，并在课上展示和汇报的形式，实现项目实施过程。例如在"画法几何与机械制图"课程中设计的"生活中常见物品的视图表达方案设计"项目，全班学生充分地利用了身边的各种物品，如洗手液瓶、圆规等，绘制它们的零件图视图表达方案，不仅促进了学生对"机件形状的表达方法"知识的理解、掌握和应用能力，并在汇报交流的过程中积累了视图表达方案的设计经验。

与理论课程不同，实践课程"工程图学综合训练"是单独设课的，具有教学时间长的特点，因此该课程的教学项目设计囊括了制图、设计、工艺、材料、测绘的相关知识、手段和操作技能，具有过程实践性、技术集成性和知识综合性的特征。项目的教学实施以学习小组合作学习的形式，把知识学习、实践操作、理解体会、拓展训练等不同层次的学习任务融合为一体，培养学生解决复杂工程问题的能力，构建自身完整的专业知识框架。

2. 采用项目教学与任务驱动法，实现教学中师生主体性角色的转换

教学项目具有综合性和拓展性特点，学生需要综合运用多门密切相关课程

---

① 付娜. 先秦道家思想对课程改革的启示研究. 西南大学硕士学位论文，2001:22-34.

的知识，收集和查阅课外资料，并动手实践，传统的“教师主体”教学无法满足学生的项目学习任务。在项目设计的教学环节中，教师指导学生广泛开展如图1所示的“自主学习三步法”的学习，通过“按图索骥—消化吸收—为我所用”三个教学阶段，在具备一定理论知识的基础上，通过实践练习检验理论知识，找出问题并自主解决学习任务中的综合性工程问题。基于学习目标达成的需要，学生会自发利用课外时间到图书馆、网络中查找资料，主动与各位专业教师讨论问题，自主应用与“训练”相关的“互换性与测量”等专业知识，有些问题在“训练”课程中没有完全解决，在学习后续相关课程时会“带着问题”去学习。项目教学打破了传统“教师主体”模式，驱动学生自主学习、补充自身专业知识欠缺的部分，成功转换学生在课程中的角色由“被动”转化为“主动”，成为教学的主体。

图1　自主学习三步法的示意图

另一方面，由于学习任务的繁杂使得学生个体在有限的时间内以一己之力难以完成，要求多人配合、协作完成，其所需要的时间、地点、人员及教师指导的多样性是传统教学模式无法招架的。[①] 因此，教师需对课程的教学内容和组织形式进行深入的思考，按照学生的实际情况，重组教学内容，按需授课。这对教师主动提升自身教学能力和专业水平具有促进作用。课程主体由教师和学生共同承担，教师成为教学的设计者、组织者和指导者，学生成为学习的主体，成为提问者、探究者和质疑者。

3. 开设第二课堂，完善实践教学环节

工程制图教学平台的总体框架如图2所示，包括理论教学和实践教学两部

① 宗亚妹等.系列化项目教学的研究与实践.中国大学教学，2013(11)：44-46.

分，形成了双平台结构，成为成图技术培养的有力支撑平台。[1] 平台的实践教学由课内实践教学和第二课堂科技活动组成。其中，第二课堂科技活动依托大学生创新实践基地、专业实验室、校外合作企业，开展校内外科技竞赛、国创、本科生研究发展计划（SRDP）等项目研究工作，采用项目教学方法和导师制自主合作学习教学模式开展大学生课外创新实践活动。

自 2012 年起，教学平台在全校范围内组织开展工程制图技能竞赛、指导学生参加全国三维数字化创新设计大赛等校内外科技竞赛活动。课外科技竞赛的组织和开展，调动了全校各工科专业学生对成图技术的学习热情，有力地拓展和补充了课内实践教学，提供了学生展现自我、肯定自我的机会。教师与学生不仅在知识能力上教学相长，而且通过教师的言传身教、师生的密切合作，培养学生具备“求真务实、自由独立、批判创新、团结合作、担责奉献”的大学精神风貌。

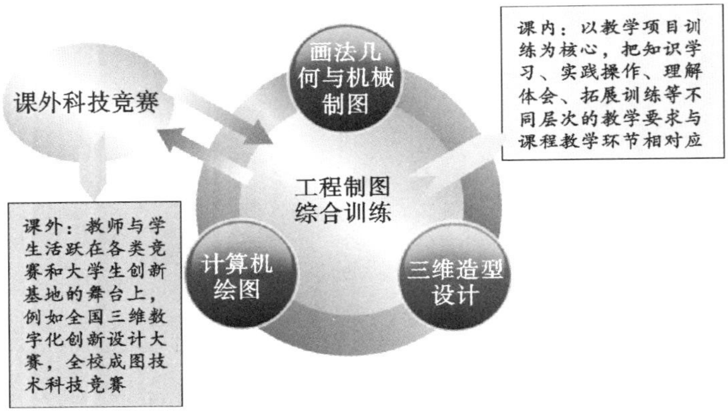

图 2　工程制图教学平台总体框架

4. 强化项目教学过程管理，制定有效的成绩评价指标体系

在项目实施过程中，学生需按照规定创建和提交过程文件，教师在项目执行过程中负责指导和检查，并查阅最终的装配图和实训报告，评定成绩。需提交的过程文件如表 1 所示。

① 毛文武. 基于先进成图技术竞赛的制图系列课程教学改革. 装备制造技术，2012(10)：210-212.

表1 项目教学中过程文件的创建和提交

序号	过程文件	文件创建及完成的时间点
1	被测部件拆卸记录表	部件测绘过程中
2	部件装配示意图	部件测绘过程中
3	标准件明细表	部件测绘过程中和结束后
4	零件草图	部件测绘过程中和结束后
5	尺寸分析说明	部件测绘结束后,零件草图绘制、标准件明细表确定及装配图绘制过程中
6	小组讨论会议记录表	部件测绘、尺寸分析、装配图绘制期间
7	装配图	零件草图绘制完成后,课程结束前
8	实训报告	装配图绘制结束后,课程结束前

项目教学过程评价主要包括两方面:一方面是对学生完成当前问题的解决方案的过程和结果的评价,即所学知识的意义建构的评价;另一方面是对学生自主学习及协作学习能力的评价。评价指标包括学生自我评价、学习任务完成情况评价和学习成果水平评价,比例分配为20%、50%、30%。通过师生共同讨论、评判在项目工作中出现的问题、学生解决处理问题的方法以及学生的学习行为特征,进行全方位的评估。

四、结论

通过"学生为主体"项目教学的实践,为学生提供体验学习的环境,激发了学生的学习兴趣,学生综合应用多门课程的专业知识解决实际问题,在发现问题、分析问题、解决问题的过程中获得经验,自主整合专业知识综合框架,完成理论与实践相结合的培养过程,同时培养了学生的独立工作能力、团队合作精神和社会能力,实现综合应用能力和专业素质的建构。

通过"学生为主体"项目教学的设计和案例的不断丰富,工程制图教学平台得到整体优化和协调发展,成为培养工科学生成图技术的有效途径,对其他工科课程的项目教学和学习任务驱动的教学工作提供了可参考和借鉴的经验。

“基因工程实验”课程开展启发式教学的探索与实践

董　平[*]　杜亚楠　王富龙　鞠　磊　孟祥红

摘　要：为加强专业实验课程在学生综合实践能力提升中的作用，在本科“基因工程实验”课程中展开启发式教学的探索和实践。在课程设计、课堂打造、授课形式、考核模式、课后延伸各个环节采用具有“启发性、开放式、趣味性”特征的教学改革和创新，包括“层进式”实验内容、“开放式”课堂、“生动化”教学资源、“三位一体式”实验课程考察方式、与课外科研活动对接、热点科学问题引入等。从多角度、多层面切实提升学生科学思维、综合实践和创新能力，在实际教学中获得师生认可。

关键词：基因工程；实验课程；启发式教学；本科

随着国家对人才素质要求的提高和教育理念的发展，启发式教学作为一种科学、先进的方式在多学科、各层次人才的培养中获得推广和应用。[①] 启发式教学“以学生为主体、教师为主导”，教师的主要任务是唤起学生的积极思维和主动学习，引导学生发现问题、思考问题、解决问题，学生在整个学习过程中始终兴趣十足，处于一种对知识的追求状态，学习特别强调理解、运用、发挥、创造，学生在其中能够有效地提高独立分析问题和解决问题的能力。[②] 新形势下，“基础扎实、能力突出、素质综合、主动创新”成为各个高校对人才培养的普遍共识[③]，因此，应把启发式教学方法应用到复合型人才培养之中。特别是对学生参与度高、综合实践性强的实验课程，启发式教学将有更大的发挥空间并产生更为显著的

---

* 董平，中国海洋大学食品科学与工程学院副教授，主要研究领域为分子营养与核酸代谢。基金项目：中国海洋大学本科教育教学研究项目“依托‘基因工程实验课’课程的创新型本科实验课程建设”(2016JY87)，中国海洋大学教师教学发展基金项目“实验课程的科研引导效应及调控”(2017jxjj13)。

① 长仁. 高中生物教学中启发式教学方法的应用. 广西教育，2016(10)：148-149；王前进. 化学课堂上的有效启发式教学法. 教育现代化(电子版)，2016(18)：152-153.

② 钱龙霞，王正新，张韧等. 基于问题驱动的启发式教学方法在研究生评估类课程中的应用研究. 教育教学论坛，2016(11)：172-173；尤娟. 启发式教学在食品专业创新性实验教学中的应用——以“创意鱼豆腐的制备及品质评价”为例. 科技文汇，2016(20)：55-56.

③ 王严淞. 论我国一流大学本科人才培养目标. 中国高教研究，2016(8)：13-19.

效果。

“基因工程实验”课程在引导学生巩固和深化基础知识理解的基础上，向学生传授DNA重组涉及的各项技术、方法，使学生形成基因工程系统操作的概念。基因工程诞生于20世纪70年代，是当今生物科学研究诸领域中最具有生命力、最引人注目的前沿学科之一①，广泛应用于医学、药学、农业、食品、生物、军事等各个领域，是生物技术、生物工程等专业的主干专业课程。② 基于基因工程学科前沿性强、发展迅速、知识更新快、技术设备先进、研究对象抽象等显著特征，如何使学生系统掌握相关关键技术，如何将书本上的抽象知识活现在实验中，如何使学生切实融汇各理论和实践知识点，并真正能够在实际科研和工作中活学活用，如何使实验课程紧随学科发展的前沿，使学生感知“基因”科学的魅力和潜力，成为我们在教学中一直努力探索和不断改进的方向。经过多年的探索，梳理教学思路，改进和多样化教学方式，逐渐形成了一些针对基因工程实验课的启发式教学的实践经验，在实际运用中获得了师生的认可。

一、精心课程设计，引导学生形成系统科学思维

基因工程是一门逻辑性、系统性较强的前沿学科，涵盖“切、接、转、检、增”几个紧密联系的典型过程，切实提高学生的综合实践能力、使其形成科学思维和系统操作概念是课程的基本目标，因此一直以来我们着力于系统、科学的“启发式”课程内容设计。

（一）对接相关课程

深入理解先导和后续相关课程设置，努力做到课程间的相互补充和配合，在课程中穿插其他相关课程的知识点，如“核酸结构与其表征方式的关系”“核酸与其他生物分子电泳比较”等，使学生融会贯通，深化对理论知识的理解，以此支持实践技能和发现问题、解决问题能力的提高。

（二）“层进式”课程内容

设置“层层推进、环环相扣”的实验内容，以某一特征基因的重组全过程为主线，涵盖感受态细胞制备、DNA重组→转化、阳性克隆筛选→浓度、纯度测定→

① 裔传灯，周勇，张昌泉，李钱峰，梁国华. 基因工程实验教学的改革与实践. 科教导刊，2015(3)：103-104.

② 沐万孟，张涛，缪铭，光翠娥，江波. 食品基因工程综合实验教学改革. 科技创新导报，2015(18)：158-159；李斐. 综合性实验在基因工程实验教学中的应用. 教育教学论坛，2014(40)：232-233.

酶切→产物 PAGE 电泳检测→PCR 扩增→RT-PCR 定量→Agarose 电泳检测，典型的 32 学时课程内容设置如图 1 所示。学生在整个学习过程中能够循序渐进地掌握各项关键技能，并且综合思考，自觉掌握基因工程系统实验过程。

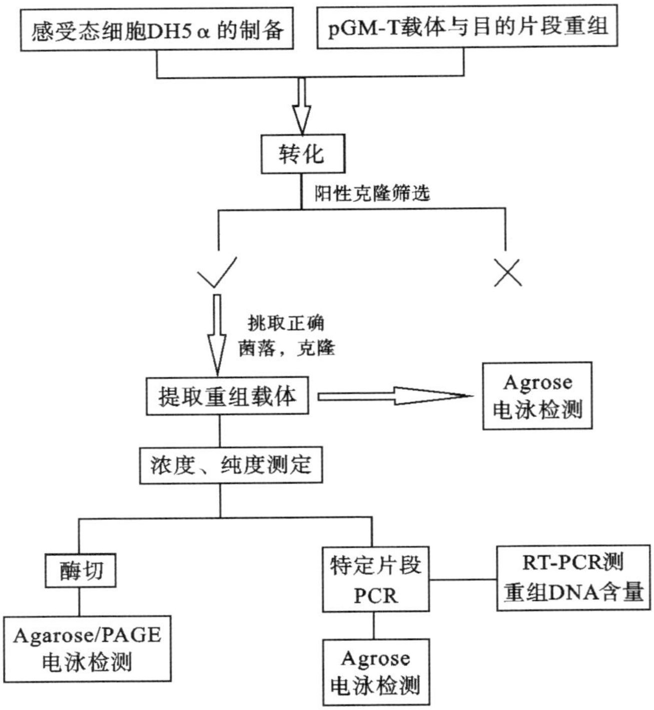

图 1　课程内容设计(32 学时)

(三)启发式思考题

结合课程内容设计启发性强的思考题，如“转化后如去掉大肠杆菌在 37℃ 的复苏过程将会发生何种现象”“结合不同核酸分子结构分析紫外分光光度法测定其浓度时系数不同的原因”等，引发了学生课后更深层次的思考，促进了学生独立思考和自主学习能力的提高。

(四)追踪学科前沿

密切追踪基因工程发展前沿，注重教师的专业知识持续提高，并将科研与教学进行结合，每年调整更新实验课程内容，避免实验课程与学科发展脱节。采用应用性和前沿性强的技术和实验材料，如引入广泛使用的专门针对 PCR 扩增产物的 T 载体、使用实际中更多使用的 Nanodrop 作为核酸浓度和纯度测定的先进仪器，使学生亲身接触课程前沿，切实掌握先进的新技术。

二、打造“开放式”课堂，突显学生在教学中的主体地位，提高学生自主持续学习能力

从课程效果和安全的角度考虑，实验课程需要学生更高的参与度和专注力，因此，遵循“启发式”教学的特点和优势，我们尝试打造“开放式”课堂，以此拉近教与学的关系，使学生真正成为学习的主人，从而自觉提高自身综合实践素质和自主学习能力。

采取有效措施，为“开放式”课堂作保障。采用小班授课，每次上课人数<20人，每组实验人数1～2人，保证教师关注覆盖所有学生，每个学生的学习效果不打折扣；完善实验卡片、预习资料等，在其中为每个实验小组有条理地列出材料、仪器、试剂、耗材等信息，为学生独立开展实验提供支持。

着力于课堂的“开放性”，主张实验课堂“手脑齐动，想到说到”，鼓励学生参与授课讨论，学习过程中随时提问、质疑、讨论，使教师及时了解学生学习效果或纠正错误，打造热烈、高效的课堂学习气氛，形成人人都是课堂主人的良好氛围，成为学生们一致推崇的课堂形式。

以课外学习延伸教学课堂，丰富“开放式”课堂的形式和内涵。鼓励学生将课外延伸学习带入课堂，如部分学生在参与本科生研究发展计划（SRDP）、科学竞赛等课外科研活动中遇到的问题，查阅文献遇到的新技术新发现等皆被鼓励带入课堂，师生们利用实验间隙进行讨论。这种做法将课堂学习延伸到实际科研中，增强了学生的实际学习效果。

三、丰富授课形式，穿插趣味化细节，激发学生学习热情和求知欲

实验课程往往具有操作时间长的特点，学生容易产生疲倦，影响课堂学习效果。因此，我们采用多种授课形式、着力于细微环节的设计，提升学生的学习兴趣，激发学生的求知欲。

（一）“生动化”教学资源

制作简洁明快的PPT，不忽视实验课程的“讲解”，注重讲解的易懂和生动。务必使学生在操作前明确理解原理、各试剂作用、各步骤如此操作的原因等。学生“理解了”自然操作起来有的放矢，边做边思考，最大化吸收课程内容。

制作生动的教学视频，提升演示和学习效果。基因工程中涉及一些有一定技术难度的操作，而且实验的器械往往很小，如果仅仅在实验室中为学生演示，

学生容易看不清楚,学习的效果差、效率低。因此,我们针对每一个实验制作了关键操作的教学视频,配以字幕、讲解,不仅提升了学生的学习效果,而且视频的播放更容易引起学生的兴趣,在学生中反响强烈。

(二)“趣味化”教学环节

穿插实验竞赛、互问互答、操作接龙等教学环节,活跃课堂气氛。如在碱法提取重组质粒环节进行质粒纯度和浓度竞赛,果然,同学们在实验过程中积极性倍增,学习更加用心,操作过程人人主动,为了保证自己的测定结果无误,甚至反复进行测试,在此过程中实验要点自然就会被同学们铭记于心。

四、创新实验课程考核模式,检验学习效果,深化学生对实验操作的理解

创新的设置“课程总结回顾→知识实际应用→随机考核”的“三位一体”式实验课程考察方式。其中“课程总结回顾”是每组总结课程的一部分,总结形式任选(操作演示、PPT、板书等),题目以抽签模式选定;“实际应用”环节将实验课内容与某一热点基因工程问题(转基因食品等)相联系,学生进行问题的提出和解决方案的设计;“随机考核”由教师、其他同学针对前两部分的讲解和操作提出1～2个有针对性的问题,受试组进行口头或操作解答。通过该综合考核,一方面可以较为系统全面地考察学生的学习效果,为教学评价和以后的改进提供依据,另一方面以实际热点问题为依托,对学生发现问题、解决问题的能力进行进一步的深化。

五、授人以渔,在课程中展现学科魅力,培养学生持续学习能力

实验课程往往与学生未来工作相关性高,在引导学生加深专业理解、感染专业魅力方面有不可替代的优势;同时,基因工程实验发展势头迅猛、技术更新快,因此,教学中要注重培养学生追踪学科前沿发展和持续学习的能力。

首先,注重实验思想的传授,而非孤立实验技术的学习,使学生触类旁通,能够在未来的学习、研究和工作中运用今日所学,延伸到更深远的未来。

其次,注重教学与国际接轨。作为前沿性学科,很多基因工程相关文献和交流以英文形式呈现,在课堂中我们特别加入英文教学小视频,课后布置学生查阅英文学习材料(如内切酶的英文使用说明书),切实提高学生的国际交流能力。学生普遍认同这种专业外语的学习方式,有的同学在期末考试的“课程总结回顾”中甚至主动要求使用英文。

另外，与教学内容结合，展现"基因"魅力。如在实验中将DNA与计算机类比，计算机仅用0和1两个字符即可实现强大的功能，而DNA具有4个字符（AGCT），学生瞬间感受到了"基因"功能的强大，感染于基因工程学科的强大魅力，对学科深入探索的欲望倍增。

特别地，通过热点争议问题，引发学生从专业角度进行持续学习和思考。如"转基因食品"，这既是目前街头巷尾热议的话题，也是典型的基因工程科学问题。在期末促成学生从专业角度审视这个问题，引导学生在未来的学习、工作、生活中具备从专业角度对其进行持续关注和思考的能力，树立不盲从、不瞎猜、科学解决问题的正确态度。

六、结语

我们对"基因工程实验"课程进行了一些启发式教学的有益尝试，收获了来自专家、教师和学生的多方认可，获得我校本科教育教学研究项目支持，在本科教学评估中获得优秀等级，是当年唯一获得优秀的实验课程。

然而，在持续的教学改革中我们也发现仍有一些问题需要认真思考和进一步完善。如学生参加课外科研活动的情况不同，造成学生实验水平参差不齐，如何更好地满足各个层面学生学习的要求，需采用有一定区分度的改革措施；目前单次课程的时间较长（4课时），学生容易疲劳，如何合理划分实验内容，尽量将一次实验压缩至2～3课时，需要在今后的教学过程中进一步改进。

质量监控与评价

多元成绩评价的激励：以工商管理专业基础课教学为例

李晓伟*

摘　要：当前，越来越多的高校支持任课教师对学生实施过程评价与终结性评价相结合的多元成绩评价。由于多元成绩评价强调教学过程的学生参与，适应了工商管理专业基础课教学环节实现概念认知与实践技能拓展相结合的客观要求，受到了学生在统计显著意义上的一致认可。任课教师作为激励主体，对于多元成绩评价的设计、组织和实施承担主体责任，师生关系、同伴学习等因素，也决定了多元成绩评价作为激励媒介的最终激励效果。

关键词：多元成绩评价；激励机制；工商管理专业基础课；师生关系；同伴学习

一、引言

单一的成绩评价，存在明显的缺陷。依据一次闭卷考试就进行学生的最终成绩评价，使得学生强调期末的突击复习和应急记忆，学习态度被动，学习动机上存在着明显的机会主义倾向。而依据一份课程论文进行的学生最终成绩评价，评价标准的笼统、宽松导致了学生的成绩虚高，即便提交较差质量课程论文的学生也无须担心不及格的问题，出现学生草率应付甚至大篇幅拷贝抄袭的负外部效应。

多元成绩评价，改变了侧重最终学习结果的单一评价方式，将体现学生学习过程的多个评价指标按照事先设定的权重一并纳入学生的综合成绩，从而实现了过程评价与终结性评价的有机结合，激发了学生的学习主体地位和自主责任

---

* 李晓伟，中国海洋大学管理学院副教授，主要研究领域为创新与创业管理。基金项目：中国海洋大学本科教学工程项目（管理学院 2015-14）。

意识。当前，越来越多的高校主张改变单一的成绩评价方式，通过教务管理信息系统提供的技术资源支持，引导任课教师对学生实施多元成绩评价。但是，如何有效地保证多元成绩评价的激励效果，亟须教育管理理论的指导与各领域教学实践的验证。本文以工商管理专业基础课教学为例，在理论推导的基础上，利用样本数据的统计分析，提供多元成绩评价作为学生激励机制的具体应用例证。

二、多元成绩评价在工商管理专业基础课教学中的适用

工商管理专业具有宽口径、广适用的特点，与人力资源管理、市场营销、会计等管理类的本科专业相比，工商管理专业难以提供直接对应的具体工作或职位的清晰描述。工商管理专业基础课的教学，作为培育学生专业认知素养的基础环节，在定位上侧重学生概念技能的培养①，不可避免地存在着理论性强、抽象度高的特征，而且，作为授课对象的大一、大二学生又普遍缺乏对于工商企业管理的实践认知。为了鼓励学生自主地形成一定的专业认知与职业归属感，引导学生在概念认知技能基础上进行必要的实践技能拓展，激发学生的专业学习兴趣，在工商管理专业基础课教学中有效地引入多元成绩评价的激励机制，对于保障工商管理专业的培养质量显得尤为重要。

对于工商管理专业基础课的多元成绩评价，在教学设计和组织上，任课教师除了通过期中考核、期末考试等方式督促学生掌握概念认知技能，更应当结合学生职业规划的调研，对应学生各自职业规划所侧重的特定实践技能，为学生提供可自主选择的系统性的过程评价。多元成绩评价可采用“平时成绩 1＋平时成绩 2＋平时成绩 3＋期末成绩”，或者“平时成绩＋期中成绩＋期末成绩”等形式，体现多元成绩评价的层次结构。任课教师对于各组成部分的权重设置，有完全的自主裁定权。规则一旦明晰，不仅要求任课教师在教学初始就向学生明确告知，而且要求任课教师适时地在教学过程中加以强调，以强化学生的参与热情，维系规则执行的权威性。

服务于工商管理专业的培养目标，针对工商管理专业基础课概念认知技能以外的实践技能提升，系统性的过程评价可表现在：鼓励学生进行相关的代表性文献的课外扩展阅读，撰写出读书笔记或文献综述，以培养学生的文献检索和归纳总结能力；引导学生按课程特定主题对市场主体或创业者进行小型调研，以培

---

① 罗拥华，欧绍华. 当前高校工商管理专业课程设置的主要缺陷. 中国市场，2013(12)：194-196.

养学生的社会调研能力；组织学生开展特定案例的课堂讨论或分角色辨析，以培养学生的逻辑辩证思维能力等。然而，所有的过程评价都要求学生通过课堂演示的形式，分享个体或小组参与这些过程评价的成果，以培养学生的演讲能力，营造班级共同学习氛围①，使学生的专业基础课学习不再空泛、抽象，而是贴近实务，让学生能直接体验到专业基础课学习的价值，获得任课教师给予的即时、情景化的指导和反馈。

三、多元成绩评价受到了学生的普遍认可

在 2016 年 6 月到 7 月，对于某高校大一、大二的工商管理专业学生进行了问卷调研，获得了 114 份有效问卷，借助 SPSS 统计软件进行频次分析、交叉列表分析、非参数检验等统计分析，以便为工商管理专业基础课教学中多元成绩评价的激励媒介的论证提供科学、有力的决策支持。

学生对于多元成绩评价的接受程度，决定了多元成绩评价在工商管理专业基础课教学中能否达到预期的激励效果。表 1 的交叉列表分析显示，尽管大学生的学习定位和预期存在很大差异，但学生对于多元成绩评价的态度呈现出了一致的态势，“喜欢过程的参与”占到了 77.2%的比重，说明将过程评价与终结性评价有机结合的多元成绩评价得到了学生的普遍认可（表 1）。

表 1 “对大学生活的定位和期待”与“对多元成绩评价的态度”两变量之间的交叉列表

		对大学生活的定位和期待		合计（占比）
		学习不是第一位的，能毕业即可	尽最大努力，以优秀成绩度过大学时光	
对多元成绩评价的态度	无所谓，老师说了算	4	16	20（17.5%）
	喜欢过程的参与	20	68	88（77.2%）
	麻烦，不如一次期末考试或课程论文来得省事	2	4	6（5.3%）
合计		26	88	114

① 陈浩. 提高学习者口头报告参与度与参与质量的行动研究. 中国外语教育（季刊），2013，6（4）：42-50.

进一步，在描述性统计的基础上，利用调研获取的样本数据，以学生"对大学四年的定位和期待"作为二维的类别变量，以所有学生对多元成绩评价的态度是一致的作为原假设，进行非参数检验的推断性统计分析。表2显示Mann-Whitney U检验的近似概率值为0.696，大于默认的显著性水平0.05，接受原假设，说明不管学生对大学四年的定位和期待是怎样的，所有学生对于多元成绩评价的态度并不存在显著性差异，多元成绩评价的过程参与得到了学生的普遍认可。在工商管理专业基础课教学中，学生作为激励客体，对于多元成绩评价的过程参与给予了充分的认可，加上学生要获得课程学分的最基本的学习动机，促使多元成绩评价天然地被赋予了激励媒介的功能。

表2　对多元成绩评价的态度进行的非参数检验结果

	对多元成绩评价的态度
Mann-Whitney U	271.000
Wilcoxon W	1261.000
Z	−0.390
Asymp. Sig. (2-tailed)	0.696

学生对于多元成绩评价的普遍接受和认可，更加说明多元成绩评价适应了教与学的过程积累规律。专业基础课的任课教师可以结合学生参与的实践技能评价方式因势利导，引导学生按照各自的职业生涯规划有针对性地开展后续的专业课学习，鼓励学生参与到教师的科研课题团队中，或申报学校组织的各类本科生研究发展计划项目，或申报创新创业训练计划等实践项目，以便更切实地提升工商管理专业学生的创造性专业素养。

四、多元成绩评价的激励效果对于任课教师的高度依赖

问卷中设计了激发工商管理专业基础课学习兴趣的主导因素的变量，学生的反馈结果显示，任课教师选项是中位数也是众数，表3的频次分析表明任课教师因素占到了66.7%的比重，大大超过了家庭因素和同伴因素的影响。任课教师因素对于激发课程学习兴趣发挥着主导作用，因此，任课教师理应对于多元成绩评价的设计、组织和实施承担主体责任。

表 3 学生专业基础课学习兴趣的主导因素

选项	频次百分比
任课教师的引导和鼓励	66.7%
家庭规划的潜移默化	14%
同伴的榜样示范	10.5%
纯粹的个体自我调节	8.8%
合计	100%

以多元成绩评价作为激励媒介，要求任课教师既是评价体系的设计者，也是学生学习过程的指导者、帮助者，又是学生学习效果的督促者、反馈者。尤其是在多元成绩评价的学生自主选题环节，要以问题或任务的方式呈现学习目标，并以寻求问题或任务的解决来展开学习活动，必须承认这对任课教师作为激励主体的专业素养提出了极高的要求。在那些否定或对多元成绩评价持有中立立场的同学中，选择单一成绩评价的只有 5.3%的比重，而看重任课教师的权威，选择“老师说了算”的比重则达到 17.5%，进一步印证了在工商管理专业基础课教学中任课教师作为激励主体的权威性。

而且，作为工商管理专业基础课授课对象的大一、大二学生的学习动机、学习方式、学习内容、学习能力、学习效果等，受到了任课教师的教学热情、教学态度、教学能力、教学技巧、课堂组织、关系协调等因素的显著影响。如果任课教师能够以亲和轻松的语言，提供深刻又耐人寻味的专业分析，通过独具匠心的案例分析和科学的实训设计，为学生提供周密的知识引导和实践拓展训练，学生潜在的学习自觉性、主动性和创造性必然会得到大大提升。① 相反，如果任课教师忽略了对学生的专业兴趣或职业生涯的引导，必然会影响学生自主学习的积极性，甚至会使得学生因专业基础薄弱而缺乏清楚的专业认知，产生应付、厌学、逃课等负面情绪，偏离预期的专业培养目标。

对于正在学习专业基础课的工商管理大一、大二学生进行问卷调查的结果显示，小学、中学时，学生普遍存在着因为喜欢一个老师或者因为老师喜欢自己，而喜欢上一门课的现象，到了大学，93%的学生仍旧在不同程度上存在着因为感知受老师喜欢而学习努力的现象，其中，众数出现在了“有时候还是会有的”选项，占到了 54.4%样本的比重，如表 4 所示。对于调研样本按 95%的置信水平

① 李俊龙等.本科生科研训练计划实施过程中的激励策略探析.中国大学教学，2014(4)：77-80.

进行统计推断，取值接近“有时候还是会有的”，说明大学生仍然非常在乎与任课教师之间的关系认知，在多元成绩评价的过程互动中，任课教师的赏识对学生产生的积极、愉悦的接纳情感，对学生发挥着激励强化效应。

表 4　是否仍旧存在着因感知被老师喜欢而激发学习积极性的现象

	频次百分比	累计百分比
①有，很明显	38.6%	38.6%
②有时候还是会有的	54.4%	93%
③无	7%	100%
在 95%置信水平上的置信区间为[1.52,1.84]		

师生之间的关系互动，不仅有助于学生专业认知、专业技能和专业素养的提升，也有助于任课教师与学生相互获得情感支持，更有效地完成既定教学任务，实现激励相容。对于平时考勤的必要性，表 5 的调研数据显示，只有 7%的学生不主张任何考勤，其余 93%的学生本着负责任的公平和正义感，主张任课教师随机抽查、学生自主签名、教师全面点名等评价方式，其中，又有 66.7%的学生倾向于选择由老师课堂随机抽查考勤，体现出学生在师生关系中对任课教师权威的绝对尊重和信任。在工商管理专业基础课教学中，学生如此尊重任课教师在多元成绩评价标准设置上的权威性，既是任课教师追求不断完善自身教学行为的软约束，也足以说明以任课教师作为激励主体、以多元成绩评价作为激励媒介的科学性和合理性。

表 5　学生对于把平时考勤计入成绩的主张

选项	频次百分比
尊重老师权威，由老师课堂随机抽查考勤	66.7%
由同学自行签名计考勤	12.3%
花时间在全班范围内点名	14.0%
老师应完全信任同学，不进行任何考勤	7.0%
合计	100%

然而，任课教师的激励主体角色也受到了诸多外部因素的影响。在工商管理专业基础课的内容组织上，为了避免出现内容陈旧、信息更新频率低、有效信息不足等问题，应该由教师本人或者教研室团队与时俱进地结合市场需求和毕

业校友反馈，适时地做出动态调整或前瞻性的更新。在工商管理专业基础课的教学组织上，一方面，可通过优秀教学经验交流的形式，发挥声誉对于任课教师提升自我、完善自我的隐性约束；另一方面，为了避免任课教师的自利倾向和管理惰性，也可以通过教研课题立项、外部评价监督等方式，适当补偿任课教师付出的额外成本，约束任课教师因信息不对称而发生的偷懒等道德风险，引导任课教师与学生之间加强多元成绩过程评价中的交流互动。

五、多元成绩评价实施中同伴学习的重要性

任课教师按照事先设定的多元成绩评价的质量标准和具体要求，通过社会调研或案例分析中的团队合作、课堂演示等方式，构建了工商管理专业基础课教学中班级范围内的同伴学习共同体。① 同伴学习是通过地位平等、能力匹配的同伴之间积极帮助和支持获取知识和技能的过程。② 在合作调研、课堂演示等环节，学生相互之间不仅可以分享知识和信息，还可以借助面对面的互动，观察同伴的学习态度、思维方式、价值观、语言表达技巧等，得到直接的正向激励和良性的合作式引导。

表 6 的调研结果显示，一方面，如表左侧所示，正在进行专业基础课学习的大一、大二学生中，有 73.7%倾向于只花时间在感兴趣的主题或感兴趣的同学身上，既反映出学生明显的实用主义倾向，也反映出学生已具备如何在有限精力下理性地进行资源配置的能力，有 15.8%的学生愿意花时间参与任何同学的课堂演示的互动，反映出了这些学生认真、不偏不倚的谦卑学习态度，也反映出了这些学生宽容、相对成熟的人格特征；另一方面，如表 6 右侧所示，累计有70.1%的学生反映同伴学习态度是积极还是消极，对自己具有重要或相当重要的影响程度，说明学生非常容易受到来自同伴群体的影响。

考虑到可能存在的消极的同伴行为模式的影响，针对多元成绩评价中的学生签名考勤，调研了学生对于代别人签名或要求别人代签现象的看法。遗憾的是，41%的学生并不认为这是一种非正常、非理性的同学情谊表达方法，如表 7 所示。根本来说，关系至上、个体责任约束缺失的价值观，根深蒂固地影响着作为“社会人”的学生的决策和动机。此时，可以由任课教师借助跨文化案例分析

---

① 张萍，徐清云，莫艳萍. 课堂中的合作学习——同伴教学法对物理概念学习的促进作用. 中国大学教学，2012(6)：56-59.

② Topping K J. Trends in Peer Learning. Educational Psychology，2005，25(6)：631-645.

等手段，对学生的价值观做出适时地约束和引导，服务于激励学生人格完善的教育宗旨。另外，为了消除小组合作时个别学生偷懒的搭便车现象，任课教师可以事先明确随机抽查的规则，依据小组内随机个体的课堂演示表现进行小组的成绩评价，借此督促同伴学习中的每个个体都保持自己最佳的学习努力水平。

表6 参与同伴学习的态度与受同伴学习态度的影响

以课堂演示为例，你参与同伴学习的态度	百分比	同伴的学习态度，对你的影响	百分比	累计频率
都不感兴趣，不愿意花时间去听别人叨叨	7.0%	相当重要	36.8%	36.8%
选择性听了感兴趣的主题或感兴趣同学的课堂演示	73.7%	重要	33.3%	70.1%
都听了，获益一般	3.5%	一般	26.3%	96.4%
认真参与了所有同学的课堂演示，获益颇多	15.8%	一点也不重要	3.5%	100%

表7 学生对于代签名现象的看法

选项	频次百分比
少管闲事，反正自己不会做这样的事	30.4%
非常严重，应纳入失信档案	28.6%
无所谓，同学情谊，应该互帮互助	41%
合计	100%

六、结论

多元成绩评价强调过程评价与终结性评价的结合，弥补了一次终结性评定的缺陷，而且，多元成绩评价的过程参与特征，也较好地适应了工商管理专业基础课教学在概念认知技能基础上的实践技能拓展的需求。尽管学生在学习目标定位上存在很大差异，但样本数据表明，学生对于多元成绩评价给予了一致的认可，“喜欢过程的参与”占到了77.2%的比重。多元成绩评价的过程参与客观上符合了学生学习的渐近积累规律，加上学生要获得课程学分的最基本的学习动机，使得多元成绩评价天然地被赋予了激励媒介的功能。

任课教师在多元成绩评价的设计、组织和实施中承担着主体责任。样本数据表明，任课教师的引导是激发学生专业基础课学习兴趣的绝对主导性因素，任课教师的权威性决定了任课教师的赏识对于学生的人格发展和专业学习具有激励强化效应。教务管理部门可通过教师声誉、教研课题、教学督导等激励约束机制，约束信息不对称而发生的任课教师偷懒的道德风险，适当补偿任课教师付出的额外成本，激励任课教师提升自我、完善自我，促使任课教师加强多元成绩过程评价中与学生的互动交流。

多元成绩评价在社会调研、案例分析或课堂演示环节的同伴学习，具有信号传递功能，提供了学生相互之间分享知识和信息的机会，也具有观摩评判同伴学习态度、思维方式、价值观、语言表达技巧的隐性激励功能，而且，任课教师的适时引导，更有助于学生从同伴那里得到直接的正向激励。

此外，由于样本数据只是来自特定高校，不是随机抽样样本，并未将学校差异、生源质量等变量引入多元成绩评价适用性的验证中，这是本文研究的不足之处。

面向专业认证的“理论力学”课程教学的持续改进研究

张开升[*]　张保成　李　艳　王　强

摘　要：当前我校课程教学尚未建立符合专业认证要求的持续改进机制，本文根据“理论力学”对毕业生能力的支撑要求，制定各知识体系的教学及考核形式及两种以上的能力达成度评价方法，并科学设置达成度阈值。每教学周期结束后依据本次达成度值与阈值的关系以及前一周期的达成度值，采取合理的改进措施以改进下个周期的教学效果，从而实现课程教学的持续改进。本文提出的持续改进机制对其他课程具有普遍适用性，对专业建设及认证具有积极的促进作用。

关键词：专业认证；理论力学；课程教学；持续改进

随着我国正式加入《华盛顿协议》，工程教育的新理念逐渐被我国的工科专业接受，其中培养质量的持续改进更是得到了广泛认可。在工程教育专业认证工作的推动作用下，工科专业基础课程更加强调大学生工程实践能力、工程设计能力与工程创新能力的培养。“理论力学”课程是机械工程、土木工程等工科类大学生学习的第一门专业技术基础课，作为一些后续课程如“材料力学”“结构力学”“机械原理”“机械设计”等课程的必要学科基础，如何在不断消减学时的情况下提升教学质量，加强学生科学思维和创新思维的训练，提高学生学习的内在驱动力，是“理论力学”课程建设中需要解决的关键问题之一。①

专业认证对课程的教学提出了明确的要求，课程要支撑毕业生的部分能力要求，课程结束后要对能力的达成度进行评价，并要根据达成度评价的结果进行持续改进。这就要求各课程的培养方案中给出持续改进机制及措施，以保证每

---

* 张开升，中国海洋大学工程学院机电工程系副主任、副教授，主要从事仿生学的应用技术、海洋能源的开发与利用技术、教育教学理论及方法研究。基金项目：中国海洋大学重点专业（机械设计制造及其自动化专业）综合改革项目（2015），2017年度中国海洋大学本科教学工程项目“机械专业现有培养方案及教学大纲与工科专业认证要求之差异对比研究”。

①　叶红玲，刘赵淼，李晓阳. 基于3S学习模式的理论力学课程教学研究与实践. 力学与实践，2017，39(1)：71-74.

一门课程均对毕业生能力起到一定的支撑作用。① 但目前,包括“理论力学”课程在内的大部分课程没有建立持续改进的机制与措施,课程的教学效果完全由任课教师一人决定,更无法量化评价其对毕业生能力的支撑。因此,本文将探索“理论力学”课程的持续改进机制,将对专业建设及专业认证具有积极的促进作用。

一、“理论力学”课程教学的现状

(一)“理论力学”课程的特点

1980 年 5 月,高等学校工科力学教材编审委员扩大会在南京召开,会议通过了教育部委托西北工业大学等高校提出的 120 学时机械类专业试用的《理论力学教学大纲》。20 多年来,随着高等教育教学体制改革的深化,“理论力学”课程在教学内容、教学方法、教学手段、教学思想和观念上都发生了很大变化。② 目前,我校机械设计制造及其自动化专业的理论力学课程设置为 64 学时,课时的减少使得任课教师需要采用一些现代化的教学手段,增加知识密度。再加上该课程的主要特点是理论性强、内容丰富、知识点零碎繁多,各个章节既具有一定的关联度,又有相对的独立性,造成学生系统掌握该课程具有一定难度。前面的章节没有掌握,会造成后续章节的学习困难。一提到“理论力学”课程,学生印象最深的就是枯燥、单调的公式和定理。因而,需要采用合理的教学方法及持续改进机制才能保证该课程的教学质量。

(二)“理论力学”课程现行教学方法存在的问题

作者从事“理论力学”课程教学多年,积累了较为丰富的教学经验,也多次参加相关的教学会议及教学培训,每年都不断更新自己的教学方法和教学形式。目前,在授课过程中,主要采用多媒体结合板书的教学形式。利用现代教育手段和先进的多媒体和动画技术,可以制作生动形象的、反映工程实际结构的理论力学多媒体课件。③ 作者带领研究小组制作了课程中所需要的机构动画,比如曲柄滑块机构的运动,使得分析其运动特点的过程非常直观;在动力学部分制作了蛤蟆夯的动画,可以清晰地展示动力学原理在工程中的应用。这些现代化的教学手段使得枯燥的课程变得更加生动灵活。同时,作者始终认为采用仅讲授原

---

① 王淑芳. ABET 认证中课程持续改进的几点思考. 化工高等教育,2016(5):12-14.

② 张应迁,付磊,文华斌等. 工程案例教学在理论力学教学中的应用. 教育教学论坛,2015(20):169-170.

③ 张娅,张亚军,王维民等. 理论力学教学质量提高措施探索. 科技创新导报,2017(1):167-168.

理的推导、例题的求解等常规教学方法，会造成学生死记硬背公式，难以在今后的专业学习中，乃至将来的工作中实现灵活运用，最直接的结果就是考试完就忘，等到应用时无从下手。所以在课程教学中，作者讲到原理方法时，一般由生活中常见的例子引出该原理，采用学生容易理解的方法推导公式，最后通过专业中常见的工程实例加以应用，会使得学生掌握知识更加牢固，应用原理更加灵活。虽然作者采用了多种新的教学手段和方法，也取得了良好的教学效果，但是与专业认证的要求还有一定差距。专业认证不仅关注学生对知识的掌握与理解，而且更加看重这门课程在整个培养体系中对毕业生能力的支撑作用。因此，课程的教学大纲应根据能力支撑的要求设置知识点，并在大纲中规定持续改进的机制与措施。①

二、持续改进机制

(一)课程内容设置

首先根据社会需求及自身特点，制定本专业的培养目标，据此详细设置毕业生能力要求，然后科学设置合理的课程体系，即要求所设课程应对毕业生能力具有相应的支撑作用。在课程大纲中根据支撑能力的要求设置相应的内容，而不是根据某一教材来设置课程内容，表 1 为本专业“理论力学”课程的能力支撑矩阵。

表 1 “理论力学”课程的能力支撑矩阵

序号	授课内容		毕业生能力要求				
			1.3	1.4	1.5	1.6	3.1
1	静力学	力系的简化与平衡	●	●	●	●	●
2		平面桁架	●				
3		重心	●	●		●	
4		摩擦	●	●		●	
5	运动学	点的运动学	●				
6		刚体的简单运动	●				
7		点的合成运动	●	●		●	●
8		刚体的平面运动	●	●		●	●

① 牛连强，张志佳，彭新茗. 持续改进课程教学质量的一种措施. 黑龙江教育(高教研究与评估)，2017(1):42-44.

（续表）

序号	授课内容		毕业生能力要求				
			1.3	1.4	1.5	1.6	3.1
9	动力学	质点动力学	●				
10		动量定理	●	●	●	●	●
11		动量矩定理	●	●		●	●
12		动能定理	●	●	●	●	●
13		科氏加速度	●				●
14		虚位移原理	●				●

其中，毕业生能力要求依据培养方案（此处略），据此设置课程内容及要求。本课程使学生掌握刚体静力学、运动学和动力学中的基本原理及计算方法，并能用相关知识进行分析、设计工程中的实际问题。① 课程的主要内容包括以下三大模块。

（1）刚体静力学。使学生重点掌握本门课中所用的静力学公理、平面系里中力矩和力偶（矩）的定义、性质及计算方法、力系的简化和平衡分析方法，了解空间力系中力矩、力偶、力系的简化及平衡的分析方法，并会用静力学的相关知识对平面桁架进行力的分析及求解，会计算物体系统的重心，会分析考虑摩擦情况下的物体系统平衡。通过静力学的学习，使学生能用相关知识解决本专业中常见结构的力学分析及设计问题。

（2）刚体运动学。使学生掌握点的运动学描述的三种方法及其关系、刚体的平行移动及定轴转动、定轴转动刚体上点的速度及加速度的解法，了解轮系的传动比计算方法、速度及加速度的矢量表示方法。通过运动学的学习，使学生能使用相关知识解决本专业中常见机构的运动分析问题，并能进行相关的运动设计。

（3）刚体动力学。使学生理解牛顿三大定律及质点运动微分方程，重点掌握动量定理、动量矩定理和动能定理的内容及其应用；理解并会应用大朗贝尔原理及虚位移原理求解相关问题。通过动力学的学习，使学生能够使用动力学普遍定理求解、分析和设计本专业相关的机械结构。

---

① 刘安中，张速．基于 CDIO 工程教育模式理论力学课程教学的实践．安徽工业大学学报（社会科学版），2016，33(2)：93-94．

（二）教学及考核形式

“理论力学”课程的系统性强，且知识点繁多，各具特点，对它们均采用讲授的教学方式以及闭卷考试的方式进行考核显然无法体现学生的掌握程度，同时也不能完全说明这些知识点对毕业生能力的支撑作用。因此，应根据能力支撑矩阵及各知识点的特点，采用合理的教学方式及考核方式。比如动量定理的常规教学方法一般是直接讲解定义，给出定理的相关公式，最后通过例题加以说明。这种教学方法虽然把知识点讲解得非常透彻，但是学生依然不会将其与工程实践进行联系，更无法灵活应用该原理。作者对该部分内容采用课堂“小实验”的方法讲解动量与冲量的定义，让学生用一个水杯放到一张纸上，分别慢速与快速抽动纸张，观察杯子的运动状态改变，从而引出冲量与定量的定义，这样可以吸引学生的注意力，激发其对相关概念及原理的学习兴趣，加深对该部分内容的理解。

对不同的内容也可以采用不同的考核方式，比如对点的合成运动中科氏加速度的考核，如果仅采用闭卷考试的方式，学生即使该部分内容得了满分，也未必能对该概念有充分的理解，更无法在工程中灵活应用。作者对科氏加速度的考核采用考试结合报告的形式，其中报告要求学生找出生活或工程中见到的科氏加速度现象，并加以分析。很多学生因此对生活及工程现象进行了深入地观察与思考，比如对水池排水的漩涡方向、河流对右岸的冲刷等现象，进行了详细深刻地分析。通过这种考核方式，使学生加深了对概念及原理的理解。

（三）基于评价的具体改进的方法

持续改进分为任课教师教学能力的改进以及教学方法的改进，这两方面的改进均需要依赖于评价结果。对任课教师教学能力的评价，本专业采用教师自评（30%）、教学督导评教（50%）与学生评教（20%）相结合的评价方式，在三种评价内容中均需明确指出教师在教学能力方面的不足及改正的建议，任课教师在课程结束后应根据评价结果给出书面的改进措施。这种改进，不仅停留在纸面上，而要在下一轮的评价中对上一轮改进措施的落实情况进行评价，从而保证任课教师的教学能力是持续改进，而不是持续“改变”。

教学方法的改进，主要依据各知识点对毕业生能力的达成度评价结果。达成度评价应采用至少两种不同的评价方式，根据某一知识点对能力支撑的重要程度，设定达成度的阈值，各种达成度评价结果均需大于或等于该阈值。比如，对科氏加速度知识点设定阈值为 0.8，分别采用考试成绩评价与报告成绩评价相结合，若试卷中该考查知识点的题目满分为 10 分，全班平均得分为 7.5 分，则达成度为 0.75；同样对该知识点的报告满分为 10 分，若全班平均得分为 8.2 分，则达成度为 0.82。该两种方法的达成度评价结果存在明显差距，其中一种评价结果小于阈值，则认为没有实现该知识对相应能力的达成，只有二者的结果均超过阈值，才认为实现了目标达成。同样，也可对该门课程总体设定一个阈值，也可采用不同的评价方法。无论哪种评价，一旦没有实现目标达成，则必须制定教学方法的持续改进措施，以在下一周期的教学过程中实现达成。在下一周的达成度评价中，需对本周期中的改进措施及其效果进行评价，也同样保证是一个持续改进过程。

三、结论

作者在“理论力学”课程的教学过程中制定各知识体系的教学及考核形式，对每一知识体系制定两种以上的能力达成度评价方法，并科学设置各能力的达成度阈值。每个课程教学周期结束后依据本次达成度值与阈值的关系以及上个周期的达成度值，采取合理的改进措施以改进下个周期的教学效果，从而实现课程教学的持续改进。这种持续改进机制已运行多个周期，事实证明取得了良好的效果，逐步实现了课程知识对能力培养的支撑。本文提出的持续改进机制对其他核心课程具有普遍适用性，对专业建设及专业认证具有积极的促进作用。

审核评估与一流大学建设的契合度探索

——以中国海洋大学为例

朱信号*

摘　要：一流的本科教育是一流大学的重要基础和基本特征，建设一流大学必须建设一流本科。一流本科的建设需要一流的教学质量和完善的质量保障体系。审核评估作为高等教育质量保障体系的重要组成部分，必然会为一流本科一流大学的建设保驾护航。中国海洋大学能入选一流大学建设名单，与长期重视本科人才培养、重视本科教学是分不开的。一流大学高校应以审核评估为契机，进一步理清人才培养目标，凝练特色，提升学校声誉，为建成一流大学打下坚实的基础。

关键词：审核评估，一流大学，中国海洋大学

一流的本科教育是一流大学的重要基础和基本特征，建设一流大学必须建设一流本科。[①] 一流本科教育的实现离不开完善的本科教学质量保障评价体系。审核评估作为"五位一体"院校评估的一种模式，核心是对学校人才培养目标与培养效果的实现状况进行评价，引导学校建立自律机制，加强质量保障体系建设。审核评估作为促进一流本科建设的重要保障机制，是最终帮助达成一流大学建设的一项重要工作。各一流大学建设高校，都高度重视审核评估工作，并以此为契机，深化本科教学改革，推动一流本科建设，为世界一流大学建设打下坚实的基础。

一、审核评估与一流大学建设方案简述

2013 年 12 月教育部发布《关于开展普通高等学校本科教学工作审核评估的通知》[②]，决定开展普通高等学校本科教学工作审核评估，同时印发了《普通高

---

* 朱信号，中国海洋大学高教研究与评估中心编辑，主要研究方向为高等教育、海洋教育。

① 林蕙青.一流大学要办好一流本科教育，光明日报，2016-05-17(13).

② 教育部高等教育教学评估中心.普通高等学校本科教学工作审核评估工作指南.北京：教育科学出版社，2016(9)：3.

等学校本科教学工作审核评估方案》(以下简称《审核评估方案》)。审核评估体现了通过政府监督的形式,对学校人才培养目标与培养效果的实现状况进行评价,以期保障人才培养的质量。教育部评估中心于 2013 年 4 至 5 月对南京大学、同济大学等院校进行了审核评估试点工作。此后,则依据《审核评估方案》对全国高校陆续开展审核评估工作,根据教育部评估中心的工作安排,目前已经接近尾声。

2015 年 11 日国务院发布《统筹推进世界一流大学和一流学科建设总体方案》(以下简称《一流大学建设方案》)①,其中关于人才培养方面的建设任务是培养拔尖创新人才,即坚持立德树人,突出人才培养的核心地位,着力培养具有历史使命感和社会责任心,富有创新精神和实践能力的各类创新型、应用型、复合型优秀人才。2017 年 9 月,教育部、财政部、国家发展改革委公布了世界一流大学建设 42 所高校名单。

两方案都是近几年党和国家关于高等教育建设的重要文件,两方案其实是直面了我国高等教育现阶段最重要的内涵式发展问题。教育部发布的《中国高等教育质量报告》指出,2015 年,我国在校大学生规模达到 3700 万人,位居世界第一,毛入学率 40%,高于全球平均水平;质量的"硬指标"高速增长,部分"985 工程"大学硬件达到世界一流水平;另一方面创新人才培养力度不够,高校创新创业教育仍是"软肋",质量意识和质量文化不够,绩效评价不力,对教师评价"重科研轻教学"。② 从《中国高等教育质量报告》可以看出,近年来我国高等教育高速发展,特别是在规模上,已经是位居世界第一的高等教育大国;同时我国高等教育的总体质量仍需要提升,现有的高等教育质量和声望与我国在世界舞台中应有的国际地位并不匹配,与办"人民满意的教育"的目标亦有差距。《审核评估方案》和《一流大学建设方案》两方案的颁布有助于提高我国高等教育的整体质量和国际声誉,促进高等教育的内涵式发展。

二、审核评估与一流大学建设的契合度

审核评估和一流大学建设两方案是新时期我国高等教育内涵式发展的重要指引,直指高等教育最基本的职能人才培养,关注人才培养的质量。一流大学建设

---

① 国务院. 国务院关于印发统筹推进世界一流大学和一流学科建设总体方案的通知. http://www.gov.cn/zhengce/content/2015-11/05/content_10269.htm[2017-11-25].

② 中华人民共和国教育部,系列高等教育质量报告首次发布——事实和数据说话,展现中国高等教育质量的自信与自省. http://www.moe.edu.cn/jyb_xwfb/xw_fbh/moe_2069/xwfbh_2017n/.

离不开一流的人才，审核评估保障人才培养的质量，为一流大学建设保驾护航。

（一）审核评估和一流大学建设是加强高等教育内涵式发展的重要指引

党的十八大报告明确要求，“着力提高教育质量”“推动高等教育内涵式发展”，“十九大”报告再次明确“加快一流大学和一流学科建设，实现高等教育内涵式发展”。《审核评估方案》与《一流大学建设方案》都是以新时期的高等教育发展目标为导向，即实现高等教育的内涵式发展这个目标，从国家层面提出的工作要求。《评估方案》是针对所有的普通高等学校，当然包括已经确定建设的世界一流大学高校。而《一流大学建设方案》主要针对的是已经确立的 42 所“双一流建设”高校。审核评估和一流大学建设两方案都是提高我国高等教育质量，促进高等教育内涵式发展的重要指引。

（二）审核评估和一流大学建设共同关注本科人才培养

审核评估以人才培养质量为核心，强化办学合理定位，强化人才培养中心地位，强化质量保障体系建设。① 审核评估考察人才培养的每一个环节，以此来确保人才培养的质量。一流大学建设亦是高度关注本科人才培养，人才培养决定一流大学建设的最终达成情况和效果。陈宝生部长在 2016 年明确提出，“没有高质量的本科，就建不成世界一流大学”；清华大学邱勇校长认为一流本科是一流大学的底色，没有本科教学水平的提升，就很难实现建设世界一流大学的目标。② 世界一流大学必然拥有先进的教育理念与独立的大学精神，能够为各行各业培养领军人才和拔尖创新人才。建设一流本科教育，是“双一流”建设的核心任务和重要基础，“双一流”建设的过程，也是建设一流本科教育的过程。③ 可见，两方案都关注本科人才培养，关注人才培养的质量与效果。

（三）审核评估为一流大学建设保驾护航

“深化教育领域综合改革”“促进高校办出特色争创一流”“深入推进管办评

---

① 教育部高等教育教学评估中心.普通高等学校本科教学工作审核评估工作指南.北京：教育科学出版社，2016(9)：6.

② 关于一流大学需要一流的本科教育的论断，我国学术界很难查到系统的实证研究，所以在此处我引用教育部长和清华校长的论断作为依据。一流大学需要一流的本科教育的论证更像是“公理”，在中国知网上关于世界一流大学建设指标的研究中，更多的是用师生比、教师质量或者校友声誉作为此观点的论证依据。黄福涛在 2017 年第 8 期《高等教育研究》上发表《什么是世界一流大学的本科教育》中也提到：“鲜有证据或资料反映出世界前 10 名的大学在力争构建世界一流本科教育，强调和宣传自己的本科教育居于世界一流。”但是，从另一个反证看，现公认的世界一流大学，都有一流的本科教育，这个是被学界论证过的。

③ 钟秉林，方芳.一流本科教育是“双一流”建设的重要内涵.中国大学教学，2016(4)：4.

分离”“促进高等学校步入以提高质量为核心的内涵式发展道路是一项系统性的工程，教学评估是其中的关键抓手”。为落实以上精神，教育部开始推进审核评估工作。“审核评估是‘五位一体’评估制度中院校评估的一种模式，核心是对学校人才培养目标与培养效果的实现状况进行评价。”从以上文件精神和审核评估工作的描述来看，审核评估工作过程体现了国家对高校人才培养的评价与诊断、监督与管理、保障与支持，为一流本科建设、一流大学建设保驾护航。审核评估，通过自查自评、专家诊断、第三方评价等方式帮助高校摸清家底，深刻了解学校的现状、优势以及问题。为高校一流本科建设、一流大学建设找准发力点。

三、以审核评估为契机，促进一流大学建设探索——以中国海洋大学为例

中国海洋大学作为“世界一流大学 A 类建设高校”，始终坚持以人才培养为中心，高度重视本科教学工作。从重视本科教学的优秀传统到一流大学建设方案的设计再到充分准备以迎接 2018 年 4 月即将到来的教育部审核评估工作，都在以实际行动发扬和践行重视本科教学的优秀历史传统，全面推动一流本科建设。

（一）以审核评估为契机，促进一流大学建设的历史、现状与规划

中国海洋大学之所以能入选一流大学建设名单，是学校综合实力的体现，与重视本科人才培养、重视本科教学是分不开的——与长期重视本科人才培养的历史传统、近年来本科教学的创新与改革、重视本科人才培养的长远规划是分不开的。

1. 重视本科教学的优秀传统是一流大学建设的历史基础——仅从学校本科教学评估谈起

从 1986 年起海大以课程评估为突破口和切入点，启动了教学评估工作，延续至今已经 30 余年。海大以课程评估为切入点，在深化教学改革、推进课程建设、加强师资培训特别是青年教师培养等方面开展了大量卓有成效的工作，在提高教育质量，实现教育目标方面取得了显著的成绩。海大的教学评估促进了学校教学管理水平的提高、促进了良好教风的形成、促进了课程建设与教学改革、促进了师资队伍的建设。课程教学评估“直接效果是渐渐形成了‘学在海大’[①]

---

① “学在海大”这里专指教学在海大，按个人理解应该至少包括三个部分，一是学习在海大，主要是海大的学习氛围、学习环境；二是教学在海大，是指海大优秀的教师和高标准的教学质量；三是学生在海大，主要是指海大具有优秀的毕业生。这样共同构成了“学在海大”，体现了社会对海大的一种赞誉。

的声誉”，并且这一流行语不胫而走，成为社会的共识。①

2. 重视本科教学的观念与实践是一流大学建设的现实保障——从学校近年本科教学改革来看

中国海洋大学始终坚持“本科教育是立校之本，教学质量是教学工作的生命”的办学理念，“一流大学首先要有一流的本科教育”已经成为中国海大人的共识。学校坚持以人才培养为中心，历届领导班子均将人才培养工作视为学校发展的生命线，学校和学院（中心）党政主要负责人分别是学校和学院人才培养质量的第一责任人。学校每学期专题研究本科教育工作，研究决定学生思想政治教育、本科专业设置、人才培养模式改革、教学条件改善、教学资源配置、骨干教师引进、教学管理制度等事关人才培养的重大事项。学校定期召开本科教学工作会议，所有学院、职能部门负责人共同讨论本科教学重点工作和重要政策措施。随着学院办学主体地位日益凸显，学校将本科教学质量作为评价和衡量学院工作的重要依据，从而确立了本科教学在学院工作中的基础地位。

从具体的实践方面来看，一是制定政策引导教学工作。近年来学校颁布了《中国海洋大学优秀教学成果奖》《中国海洋大学东升课程教学卓越奖》、修订了《中国海洋大学本科教学优秀奖》《中国海洋大学教学名师评选办法》《中国海洋大学本科教育教学研究基金项目管理办法》等一系列政策制度。二是从组织上保障本科教学工作。学校建立了完备的人才培养工作组织体系，学校学术委员会下设教学委员会，专门成立本科生教学工作组，专门设立教学支持中心、学习支持中心、通识教育中心等机构。三是在经费投入上保障本科教学工作。学校坚持教学经费优先保障的原则，建立了教学经费投入保障机制，持续加大教学经费投入。

3. 重视本科教学的远景规划是一流大学建设的长远保障——从学校“一流大学建设方案”看

2018 年 1 月 3 日学校正式公布了《中国海洋大学一流大学建设方案》，方案中多次提到学校在人才培养方面的长远规划。总论部分强调以立德树人为根本，造就一批国家海洋事业的领军人才和骨干力量，为建成特色显著的世界一流大学奠定坚实基础。在分论部分提出通过实施拔尖人才培养模式创新计划、通识教育再起航计划、专业办学水平提升计划、创新实验实践平台提升计划、信息

---

① 陈宗镛. 海大教学评估的几点回忆//宋文红，马勇主编. 质量之本 孜孜以求. 青岛：中国海洋大学出版社，2007：65.

化教育教学支持计划，完善教学质量保障体系，打造特色鲜明的一流本科人才培养体系。强调完善课程评估—教学督导—教学支持三位一体的本科课程教学质量保障和提升机制。方案指明了学校人才培养的总体目标与方向，为人才培养质量的提升提供了长远政策保障。

（二）以审核评估为契机，促进一流大学建设的内容与建议

审核评估将是检验海大人才培养成果，进一步提升人才培养质量的机遇和挑战。审核评估坚持在“以评促建、以评促改、以评促管、评建结合、重在建设”的基础上，突出内涵建设和特色发展，强化办学合理定位、人才培养中心地位和内部质量保障体系建设。审核评估重在建设和发展，能为学校改进教学、提升教学质量、促进一流大学建设提供有益的帮助。

1. 总结成绩，促进推广

一流大学建设、一流人才培养需要总结并推广优秀的教学经验与成果。通过审核评估，全面梳理总结学校近些年本科教育教学改革和发展中取得的成绩与成果，将好的做法进行推广，好的理念与创新点进行提炼总结，融会贯通到具有海大特色的本科教学框架体系之中，推进“通识教育为体，专业教育为用”的本科教育理念的进一步落实。同时通过专家深度访谈、听课看课、问题诊断等方式，对学校人才培养各环节进行一次全面体检，有助于了解教育理念在教学环节中的实践情况。

2. 发现问题，改进问题

审核评估检验人才培养目标与培养效果的达成度、办学定位和人才培养目标与社会需求的适应度。一流大学要培养一流人才，而对一流人才的定位是否准确合适至关重要。通过审核评估可以帮助学校进一步理清人才培养的目标，为一流大学的建设贡献智慧。一流大学建设、一流人才培养需要发现人才培养中的具体问题并改进提高。每一次评估都是对教学工作的总结和反思，通过审核评估，可以及时发现教育教学工作中存在的问题。对发现的问题和薄弱环节，分析产生问题的原因和影响因素，通过制定整改方案、逐步落实解决，通过过程控制保障人才培养质量。

3. 梳理历史，凝练特色

一流大学建设，一流人才培养需要追本溯源、凝练特色。由于历史与体制的原因，我国高校“千校一面”的现象比较普遍，一所没有特色没有专长的高校，很难成为世界一流大学。一流大学应该特色鲜明，有所专长。世界一流大学的发展具有鲜明的个性和时代特征，善于抓住机遇，整合优势资源，集中力量在重点

特色领域做出突破。海大应通过审核评估，凝练特色，着手机制建设和学校长远发展。① 审核评估中审核项目“6＋1”中的“1”，指的就是学校自选特色项目。自选特色项目的总结、提炼，既需要追本溯源，了解传统，又需要我们锐意改革，与时俱进。特色项目的总结、提炼过程是对学校多年来本科教学工作的反思和提升的过程。通过审核评估，既能更加了解自我、认清目标，又能更加明确新时期国家对学校发展的战略要求，更能应国家需要，肩负起服务海洋强国战略，带动国家海洋科教领域创新发展的历史使命。

4. 提升声誉，扩大影响

一流大学建设，一流人才培养需要提升声誉，扩大影响。依据学者对一流大学指标的研究，学校声誉占的比重最大，“高校国际国内知名度、研究声誉、教学声誉达到显著水平，毕业的学生得到国内外用人单位良好评价时，这所高校自然成为世界一流大学。”②因此，一流大学可以借助参加审核评估的机会进一步提高社会声誉，这是以建设世界一流大学为目标的高校应特别重视的一个方面。虽然审核评估不划分等级，只给出写实性评价，但评估报告要在一定范围内公开。自评报告和评估结论都是海大办学实力、办学质量对社会的一次展示。审核评估工作可以提升学校的影响力、进一步提升“学在海大”的社会声誉。

我校将于 2018 年 4 月份迎来教育部专家组的审核评估，这对学校一流大学建设高校来说是一次检验、提高和向目标迈进的重要机遇。学校上下应同心协力，群策群力，以本次审核评估为契机，进一步理清人才培养目标，凝练办学特色，提升学校声誉，为高标准通过审核评估、为建成一流大学打下坚实的基础。

---

① 阎琨，李莞荷等. 世界一流大学特征研究——基于全球大学排名的实证分析. 高等工程教育研究，2017(1)：86.

② 刘瑞儒，何海燕等. 世界一流大学评价指标结构分析及启示. 高等工程教育研究，2017(4)：92.

大学生创新创业教育质量保障机制研究

马广林* 王军婵 谭 程

摘 要:针对大学生创新创业教育存在“创新创业训练方向不明确”“创新创业训练效果评价不科学”和“创新创业训练动力不足”等问题,以行为管理理论为依托,构建出包括“创新创业教育目标导向机制”“创新创业教育过程校正机制”“创新创业教育效果评价机制”和“创新创业教育行为动力机制”四种子机制的大学生创新创业教育质量保障机制,其内在机理对高校制定大学生创新创业教育管理制度具有借鉴意义。

关键词:创新创业教育;创新人才质量特征;质量保障机制

教育部2010年召开全国“推进高等学校创新创业教育和大学生自主创业工作”视频会议,并下发《关于大力推进高等学校创新创业教育和大学生自主创业工作的意见》,这标志着我国高等教育事业步入了新的发展阶段——创新型人才培养成为高校人才培养的首要目标。相应地,许多高校自2011级新生开始,将创新创业教育学分纳入总学分体系,作为“必修”考核环节。时至今日,2011级本科生已完成全部培养过程奔赴工作岗位。回顾这一届大学生创新创业教育的实践过程及结果,客观地讲,创新创业教育收到了一定的成效,但也存在较大的问题,一定程度上影响了创新创业教育质量及创新创业教育初衷的实现。鉴于此,本文将以大学生创新创业教育实践存在的问题分析为切入点,在探讨大学生创新创业教育目标定位和创新人才质量特征的基础上,以行为管理理论为依托,以创新创业教育质量保障为导向,探索、构建大学生创新创业教育质量保障机制。希望通过本文的研究,能对高校人才培养过程中培养对象创新创业能力的提升有所助益。

---

* 马广林,中国海洋大学管理学院会计学系副教授,主要研究领域为人本会计与价值创造管理、财务管理咨询理论与实务、会计人才培养模式改革。本文是中国海洋大学本科教育教学研究项目“经管类本科生创新创业教育质量保障机制研究”和“中国海洋大学会计学专业综合改革项目”(201501)的阶段性成果。

一、创新创业教育目标与创新人才质量特征

（一）大学生创新创业教育目标

知识经济时代人的创造力成为社会进步、经济发展的根本推动力。相应地，社会实践部门需要的也不再是“会操作”“业务熟”的一般人才，而是需要面对复杂情况和问题能够不拘成规，善于用创意性思维解决问题的专业人才，这正是如今高等教育实践中强调创新创业教育重要性的根本原因所在。简言之，大学教育的根本使命在于为社会输出富有创造力的创新型专业人才。因此，笔者认为大学生创新创业教育的目标与重心在于“创新”能力的提升，鼓励学生开展创新创业实践活动的目的不在于马上培养出成型的“小老板”①，而是通过创业实践活动的开展，培养学生发现机遇、创意策划、系统规划与资源整合的能力②，从而为步入社会后自主创业或在组织中承担具有挑战性的高端、复杂工作奠定创新能力基础。③ 这是实现创新型社会和创新型国家建设目标的重要保障。

（二）创新型人才质量特征

强调创新力培养并不是苛求每位大学毕业生都能一鸣惊人，做出惊天动地的创举。“创新”是不受传统、经验、成规、旧俗、书本等的限制，能用创意性思维变通性、针对性、个性化地解决面临的现实问题。④ 创新性成果应兼具科学性⑤、可行性和适用性。

因此，“创新型人才”是指拥有扎实的专业理论基础和技能，专业视野开阔、特长鲜明、善于钻研，具有较强的综合分析预测、系统规划设计和资源整合能力，善于用创新思维解决复杂问题的专家型人才。创新型人才应具备如下质量特征。

（1）视野开阔。在知识的广度上，不仅拥有丰富的所修专业的理论和方法储备，而且有较为开阔的视野，对与所修专业有关的旁侧学科的知识领域横向扩展和涉猎较多。开阔的视野、广博的知识为其专业特长凝练、创新能力形成奠定良好的基础。

（2）专业精通。不仅熟络所修专业的理论、方法和技能，而且在所修专业领

---

① 殷朝晖. 研究型大学创业教育研究. 教育与现代化，2009(12)：43-47.

② 高晓杰，曹胜利. 创新创业教育——培养新时代事业的开拓者. 中国高教研究，2007(7)：91-93.

③ 李家华，卢旭东. 把创新创业教育融入高校人才培养体系. 中国高等教育，2010(12)：9-11.

④ 吴泽俊. 高校创新创业教育及其启示. 南昌工程学院学报，2007(10)：18-22.

⑤ 符合自然和社会运行的内在规律。

域内的某个或几个子领域有较为鲜明的专业特长，由此形成一般人不可比拟的优势，是个“专家型”的专业人才。

(3)个性化强。在专业视野、专业特长、创新能力等方面，与他人相比有较高的区分度，由此在创新基础、创新能力、创新方向和领域、可能的创新成果等方面有较强的个性化特征，是“个性化”的异质性创新人才。①

(4)善于探究。面对技术、经济和管理实践中的现实问题，具有较强的钻研能力和创新精神，具备独立或合作探究和创造性地解决现实问题的能力，是“研究型”专业人才，而不是一般的“操作型”专业人才。

(5)勇破常规。面对现实的技术、经济和管理问题，不受成规、传统、经验等限制，善于变通，善于尝试从新的视角全面审视、综合分析、系统规划，并创造性地探索出解决问题的方案。②

相应地，以创新能力提升、创新人才培养为目标的创新创业教育活动自然要以帮助大学生塑造上述人才特质为基本出发点和最终归宿。然而，目前高校大学生创新创业教育实践是否做到了这一点呢?

二、当前创新创业教育实践存在的主要问题及解决思路

综观目前大学生创新创业教育实践，还存在较大的问题，主要表现为以下几个方面。

首先，学生对创新创业教育认识不到位，目标不清晰，创新训练行为缺乏明确、科学的导向。一方面，创新创业训练环节设置后，许多学生没有正确认识创新训练在自己成长过程中的重要意义，觉得增加了额外负担，在创新训练过程中多以“完成任务、获取学分”为目标，应付了事，创新训练效果不佳。另一方面，在学校和院系层面存在宣传引导不充分、学分认定范围设定不科学进而导致为学生指引的创新能力提升路径不科学③等问题，导致学生创新训练积极性不高、创新训练方式选择不恰当，影响创新能力提升效果，不利于学生成长为异质性、创新型专业人才。

---

① 从本质上讲，“创新”是个性化的创造过程，创新成果具有高度的“异质性”。因此，从社会整体角度看欲提升国家整体创新力、取得更多的创新成果，就必须涌现出更多个性化、异质性专业人才；从公民个体角度讲，欲提升创新力、获得区别于他人的竞争优势，也必须把自己培养成个性突出的创新型专业人才。

② 孙平，刘娟，马广林. 浅谈创新型会计人才及其能力培养. 金融理论与教学，2015(5):98-101.

③ 譬如有的学校将考取从业资格证书、到养老院开展公益服务等作为创新学分认定范围，这些经历与学生创新能力提升关系不大，如此设定明显不具科学性。

其次，学生创新创业教育过程缺乏专业的指导和校正。在创新训练项目开展过程中，学生或者孤军奋战，或者虽有指导教师但导师对此投放的精力不足，致使本就缺乏探究、创新能力的学生处于盲目摸索、频繁试错状态，极大地降低了学生探究能力的提升效率，影响创新训练质量，不利于学生探究能力的形成和提升。

再次，创新创业教育效果评价不够科学。一方面，在创新创业教育效果考核方面过分注重学生提交的最终成果①，而忽视创新训练过程对创新能力提升的重要性。另一方面，评价过程中忽视创新过程、成果与专业创新能力提升的相关性。② 缺乏专业相关性的创新训练不利于学生成长为“专业性”“专家型”人才，对创新型专业人才培养目标的实现贡献不大。

最后，学生持续开展创新创业训练的动力不足。如前所述，许多学生对创新训练的现实意义认识不足，由此导致这些学生在达到学校规定的最低创新学分标准后就不再涉足任何创新训练活动。创新训练缺乏持续性必然影响专业人才创新能力的持续、系统提升和所输出专业人才的最终质量。

综上可见，大学生创新创业教育实践中存在的上述问题是系统性的，这些问题的客观存在从根本上影响了大学生创新创业教育目标的实现。笔者认为，欲从根本上提升大学生创新创业教育质量，进而实现创新创业教育目标，首先必须帮助大学生对创新创业教育形成正确的认识，在此基础上对其创新训练行为进行科学干预、考评和激励，这样才能确保学生在科学理念的基础上，有充足的动力沿着正确的方向，采取科学的方式积极、深度参与创新训练活动，持续提升自身的创新能力，最终成长为创新型专业人才。为此，需要以创新创业教育管理制度建设为手段，构建大学生创新创业行为管理机制，并通过制度予以外化。③ 通过制度化管理来规范大学生创新创业教育工作，这样才能从根本上解决上述问题。而制度建设的核心则在于创新创业教育质量保障机制的营造。

三、创新创业教育质量保障机制的具体构建

在上述思路指导下，笔者以行为管理理论为理论基础，构建出如图 1 所示的“大学生创新创业教育质量保障机制”。

---

① 例如根据学生是否在规定级别的期刊上发表了文章、是否在规定级别的竞赛中获得名次等为依据赋予学分，没有达到规定标准就无法获得学分。其实，即便没有最终发表、没有获得名次，但如果学生用心、科学地参与了训练过程，哪怕最终研究工作失败了也同样能提升创新能力。

② 例如存在允许非体育专业的学生以体育竞赛获奖名次获取创新训练学分的做法。

③ 马广林，尹崇梅，吴凡. 基于行为引导机制构建的财务制度设计研究. 会计与经济研究，2013(6)：60-66.

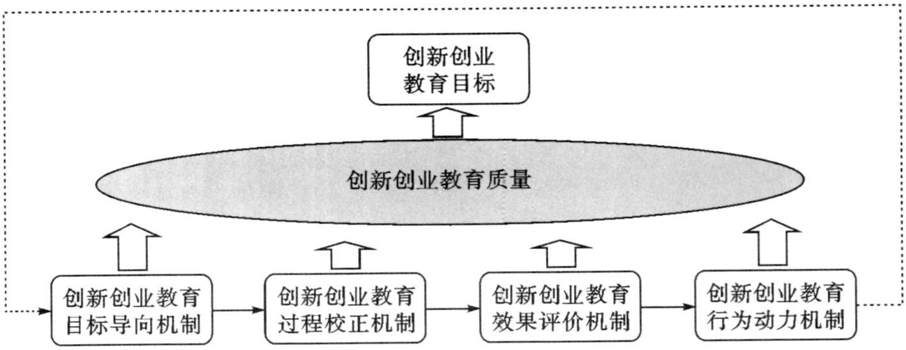

图 1 “大学生创新创业教育质量保障机制”原理图

(一)创新创业教育目标导向机制

该子机制的功能在于以创新型专业人才培养目标的实现为导向,帮助培养对象正确认识创新创业教育意义,在此基础上引导其正确选择创新创业训练方向和途径,从而确保创新创业教育动机和方向的正确性。为此,在制度设计过程中需要落实对以下两方面工作的规范。

首先,自学生入学伊始就通过专题讲座或短学时基础课等方式引导学生正确认识创新能力培养对于自身和社会的重要意义,并使其理解创新人才应具备的质量特征,了解发现、分析和解决问题的一般过程与基本方法,熟悉创新性思维的基本特征与常见的创意性思考问题的方法,从而帮助学生奠定创新思考和实践的理念及方法基础。同时,在专业课学习过程中,教师应注重启发、引导学生思考专业问题①;引导学生有目的地扩展和涉猎专业相关的旁侧学科知识;通过课堂讨论、课外调研、案例研究等方式引导学生创造性地学以致用,逐渐养成创新思维的习惯。

其次,在创新学分认定范围问题上,一方面应强调创新创业训练项目的专业相关性,从而有利于学生在专业领域内持续提升创新能力,成长为专家型专业人才;另一方面,强调创新创业活动的“探究性”“设计性”,而非“认知性”“验证性”“实践性”。通过“探究性”“设计性”的创新训练活动切实提升学生创造力,从而有利于其成长为创新型人才。另外,在创新学分认定范围上不宜规定得过死,应以原则性、方向性的指导为主,具体由指导教师负责把关,从而有利于学生个性

① 陈文娟,姚冠新,任泽中.将创新创业教育全面融入高校课堂教学体系.中国高等教育,2012(2):44-45.

化地开展创新训练活动，这样更有利于学生成长为异质性的创新人才。总之，通过科学的学分认定范围界定引导学生选择适合自身实际情况的创新创业训练方向和途径，提高创新能力提升效率。

（二）创新创业教育过程校正机制

该子机制的功能在于通过相应的过程管理和调控措施，对大学生创新创业教育活动进行过程支持和偏差校正，从而降低大学生创新能力提升过程中的效率损失，确保创新创业教育质量。为实现这一目的，在制度设计过程中需要建立如下两种机制。

其一，为学生配备指导教师，实行本科生导师制。[①] 大学生缺乏创新创业的实践经历和经验，在创新能力训练过程中容易走弯路，影响创新能力提升效果。实行本科生导师制，导师不仅负责指导学生的专业课学习，也要负责对学生各种创新创业活动的指导。在指导教师的方向引领、全程指导下，学生的创新能力训练工作将更具科学性和效率性，有助于更好地提升学生的探究能力；同时，在指导教师的过程监控下，一方面可以及时纠正创新训练活动中的方向和方法偏差，另一方面也可以避免学生因动力不足或动力消减而被动参与创新训练、应付了事现象的出现，从而将创新能力训练切实贯彻到人才培养实践之中，获得预期成效。

其二，建立统一立项类创新训练项目“阶段汇报”和“中期检查”制度。通过强制性的“阶段汇报”[②]和“中期检查”，督促学生和指导教师重视创新训练项目的实施过程，而不是临近结题时突击撰写报告应付检查。同时，这种过程检查制度也有助于学校和院系相关部门和人员及时发现师生在创新能力训练过程中存在的问题，及时采取调整、校正措施，从而确保创新能力训练项目立项初衷的实现。

（三）创新创业教育效果评价机制

该子机制的作用在于通过对学生创新创业训练成果的考核评价，一方面在了解学生创新能力提升情况的同时为改进创新创业教育提供信息，另一方面为创新教育学分赋予、创新训练行为激励提供依据。为此，在制度设计过程中需要注意以下问题。

---

① 条件成熟的情况下可以为每位学生再配备一位来自实践部门的校外指导教师，这既有助于为学生提供实践机会，也有助于提高学生创新训练的实践性、科学性和创新成果的适用性。

② 在操作上可以借助大学生创新创业管理系统平台，要求学生定期上传、汇报训练工作进展情况和取得的阶段性成果，由院系或学校相关部门和人员实施过程考评。

第一，考察创新创业训练方向选择的合理性。具体而言，即考察创新训练内容的专业相关性和是否具有探究性、创造性。对于不具备专业相关性和探究性、创造性的创新活动及成果不予认可。以此来保证学生真正在专业领域内持续提升其创造力，从而实现异质性、专家型、创新型专业人才培养目标的实现。

第二，关注创新能力训练过程评价，而非单纯的结果评价。大学生专业视野和理论与方法基础薄弱，不容易取得显著、科学的创新性研究成果，甚至有的研究结论有失偏颇，但是只要研究训练过程规划合理、方法使用得当、时间和精力投入充足，哪怕是试错性的研究训练，创新能力也同样能够得到提升。因此，在对学生创新创业教育效果进行评价时不能单纯关注结果的创新性、科学性，更要关注学生通过其训练活动是否实现了成长和提高——这是创新创业教育的根本目标所在。这种创新创业教育效果评价原则和指导思想客观上有助于督促学生更加注重创新能力训练的过程，积极参与、认真思考、勇于探索、大胆创造，有利于更好地实现创新创业教育目标。

（四）创新创业教育行为动力机制

该子机制与前述“创新创业教育效果评价机制”相对接，通过与创新创业教育效果相挂钩的激励措施的设置和实施调动大学生参与创新创业教育的积极性，营造其持续开展创新能力训练的动力，从而使得创新创业教育过程形成持续强化的良性循环，从而更好地实现创新创业教育目标。为此，在制度设计过程中需嵌入如下激励措施。

其一，负激励措施。即规定创新创业教育环节的最低学分标准，学生如果不能足额获得创新创业教育学分，则意味着其创新能力未达到培养规格所要求的基本标准，不予毕业——这是最为基本的负激励措施，也是目前各高校普遍的做法——以此强制性地督促学生开展创新能力训练活动。

其二，正向复合激励措施。创新创业教育学分上不封顶，并且可以考虑将累计学分与年度学业奖学金、科技创新奖学金、三好学生、优秀毕业生，甚至推荐面试攻读硕士学位等工作相关联。通过这种多层次、复合性的激励措施鼓励学生持续性、多元化地开展创新创业训练活动，这对于持续开阔学生视野、提高学生探究能力和专业特长优势具有重要意义，最终通过创新创业教育质量的提高实现创新人才培养目标。

此外，为激励指导教师对学生创新创业训练指导工作的投入，可以考虑将所指导学生人均创新创业学分与指导教师的年度考核、聘期考核相关联，从而使导师制对大学生创新能力提高的助推作用落到实处。

四、小结

本文以大学生创新创业教育目标解读和创新性人才质量特征解析为起点，以当前大学生创新创业教育实践存在的问题诊断为切入点，针对创新创业教育实践存在的问题，以行为管理理论为依托，以创新创业教育质量保障为导向，探索、构建出包括“创新创业教育目标导向机制”“创新创业教育过程校正机制”“创新创业教育效果评价机制”和“创新创业教育行为动力机制”四种子机制的大学生创新创业教育质量保障机制。这四种子机制相互耦合，能够对大学生创新创业训练活动实施行为引导、偏差校正、效果评价和行为激励，从而实现对大学生创新创业教育活动的全过程管理，有利于提升创新创业教育质量，从而推动创新创业教育目标的有效实现。

本研究的主要贡献在于从一般原理的角度提出了大学生创新创业教育质量保障机制，其内在机理具有较强的普适性，对高校制定大学生创新创业教育管理制度具有借鉴价值。希望本文的研究结论能对我国高校人才培养过程中培养对象创新创业能力的提升有所助益。

本科生团队协同创新能力培养探索

张民生* 王秀海 洪 波 高冬梅 田 琳

摘　要：团队成员协作能力是现代科技创新的必备因素之一，团队精神、协作能力、合作学习在人才素质培养结构中占有重要地位，本科生的团队协作精神、团队协同能力的培养，已开始引起教育界、科技界有识之士的关注。本文围绕"优化实验教学组织形式，培养团队协同创新能力"的教学目标，开展了实践教学改革与探索研究，并取得了许多有益的成效，可望能够对本科阶段创新型人才的培养提供一定的借鉴。

关键词：团队协同创新能力；实践教学；特色教学；实训项目

一、引言

社会进步和发展的关键来源于科学技术的创新，高等教育改革的目的就是要推进学生全面素质教育和创新能力培养，为创新型国家的建设提供素质优良、结构合理的人才队伍保证。实验教学是高校本科教育教学体系的重要组成部分，其在培养学生创新思维养成、实践创新能力锻炼等方面，作用重大、不可或缺。本科实验教学不仅是完成学生的专业知识方面的教育，同时更要加强学生创新意识的培养和创新能力的锻炼，注重提升学生的可持续学习能力、实践创新能力和综合素质，促进学生知识、能力、素质的全面发展和协调发展，以使其适应国家经济社会发展的需求。加强本科生实践创新能力培养、全面提高本科生培养质量已成为高校本科教育教学的工作宗旨，许多教学环节及要素也已作为重要指标纳入了相关评估体系之中。

随着科学技术的迅猛发展和实验方法、手段的不断更新，科学研究趋于专门化、深层次，从事科学研究的人员数量、活动规模、范围空前扩大，人员分工更细。同时，科学研究对象的复杂性越来越高，来自经济和社会发展中的实践问题也常

---

* 张民生，中国海洋大学环境科学与工程学院实验师，主要从事实践教学与仪器技术研究。基金项目：中国海洋大学本科教育教学研究项目(2017JY50)。

常需要多学科的知识才能够有效地解决，为完成一项综合性的科研任务，面对专业化带来的个人知识和技能的局限性，科研人员必须转而应用集体智慧，采取团队合作的方式。重大科技成果的产生均离不开团队成员之间的智慧凝聚、思维碰撞、扬长避短、优势互补、协作沟通，基于团队协作、联合攻关的科技创新活动已经成为科学研究、创新创业的主流形式。因此，团队成员协作能力也被认为是现代科技创新的必备因素之一，团队精神、协作能力、合作学习在人才素质培养结构中占有重要地位，个体的团队协作精神、团队协同能力的培养，已开始引起教育界、科技界有识之士的关注。

我们开设的“本科生专业技能拓展训练”实践课程以通用实验仪器、现代分析仪器、海洋观测仪器和计算机及外围设备所含技术为教学内容，前期主要设置若干实验训练项目，通过实机拆解、观摩、组装对学生进行现代仪器技术认知、仪器原理结构了解以及基本操作、基本维护等训练。① 近年来在教学实践中发现，该课程教学存在潜在的突破口、增长点，完全适宜于加强学生团队协同创新能力的培养。为此，我们尝试探索“优化实验教学组织形式，培养团队协同创新能力”的教学改革，通过课程内容、教学方法、教学手段等要素的整合以及教学资源的优化，探索本科生团队协同创新能力培养的方法途径。

二、团队协同创新能力培养要素概念

“协同创新”概念源于“高等学校创新能力提升计划”（2011 计划）②，意指一种新型的科技创新组织形式，即科技创新资源和要素的有效汇聚。“2011 计划”旨在推进不同科技创新主体之间的深度合作，探索适应于不同需求的协同创新模式，营造有利于协同创新的环境和氛围。我们对其引用意在不断提升实验教学理念，凝练学生创新能力培养内涵，并由此延伸到“团队协同创新”层面。值得指出的是，此处的“团队协同”寓意与惯用的“团队协作”迥然有别。我们认为，后者较为简单，主要表现在团队内部成员（个体）即人与人之间的关系上。而前者相对较为丰富，体现了一定的外部性要素及系统性特征，即还表达了团队内部成员与外部主体的互动关系，并强调外部的资源、信息等要素与团队内部成员的交

---

① 张民生，樊玉清，洪波等. 利用淘汰仪器进行本科生技能拓展训练课程的建设. 实验室研究与探索，2011(3)：310-313；张民生，王秀海，洪波，高冬梅. 促进学生实践创新能力提升的特色教学模式探索. 实验科学与技术，2017(3)：115-118.

② “高等学校创新能力提升计划”（2011 计划），[Online]Available. http://www.moe.edu.cn/s78/A16/A16_ztzl/ztzl_kjs2011，2012-2015.

互作用等。从实验教学角度来看，这些关系可涉及教师、课程、实验环境、育人氛围等要素。因此，“学生团队协同创新能力”概念的建立，拓展了学生创新能力培养研究的深度和广度，提升了实验教学在高校人才培养工作中的高度，对于本科生实验教学改革具有重要的现实意义。

不同学生群体的团队协同创新具有不同的内涵，其培养要素也不尽相同。在本科生的实验教学过程中，因课程内容特点及学生结构的不同，对团队协同创新能力培养的要求也有差异。为此，我们根据高等教育学、创造心理学、管理学等相关理论，在已有实验教学经验和成效基础上，研究总结出本科生团队协同创新能力培养要素（图 1）及其基本含义、培养途径。

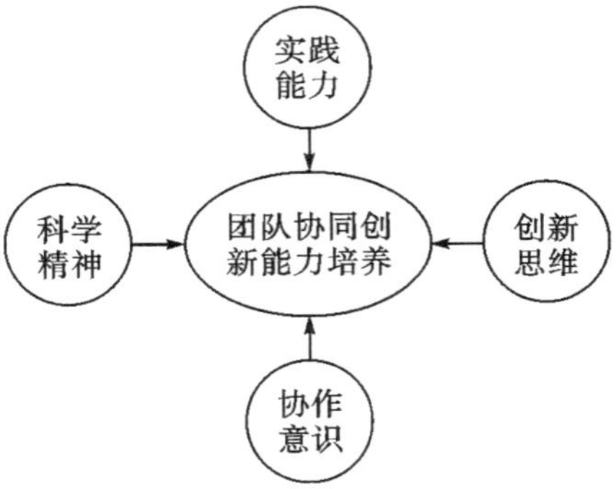

图 1　团队协同创新能力培养要素

（1）本科生的实践能力，是指本科生能够运用已有理论知识、专业技能和实验实践经验，解决一般问题的能力。具备该能力，学生可对某个具体问题提出较为可行、有效的解决方法（方案）。在实验教学中，培养学生个体的实践能力是常规实验教学的主要任务，其途径是一般动手能力、基本技能的累积以及基于兴趣、爱好、特长的实验实践项目的历练。

（2）本科生的创新思维，是指本科生运用非常规、独特的方式或方法，能够积极主动地解决问题、开拓新领域的思维方式。学生得到创新思维的培养，在面向具体问题的时候，能够综合运用知识，形成独具创意的解决问题的路径和方法。实验教学中适用的创新思维培养方式是头脑风暴法，可引导学生将别人的观点与自己的观点合并，以产生一个新观点，也可将别人的观点作为一种激发方式来产生自己的观点。

（3）本科生的协作意识，是指学生个体对团组共同活动及其行为规则的认知，以及良好心境、情感的保持，它是团队共同行为、互助合作产生的前提和基础，体现出成员对团队有强烈的归属感与一体感。协作意识培养可在实验教学中采用合理的人员分组、实验方式以及教师的积极引导而实现，例如可在实验内容及过程中，增加互看、互议、互助、互评等环节，通过相互交往、沟通以及心理和行为活动的增强而逐渐发展，也可从共同目标任务、分担的责任、实验经历以及成果分享的关系予以强化。

(4)本科生的科学精神，是指本科生在实验过程中能够善于以科学的态度看待问题、分析问题和解决问题，具有实事求是、理性严谨、踏实认真、不畏艰难、勇于探索的品行，我们也将其视作“实验精神”。培养学生的科学精神需从一点一滴做起，要贯穿于实验教学的全过程，尤其在综合设计性、研究创新性实验中，通过教师的率先垂范、言传身教，对学生产生潜移默化、润物无声的影响。

三、建立层次化课程结构

为了达到团队协同创新能力培养的教学目标，并考虑到选修学生来自不同院系专业，知识背景、实验水平差异较大，不宜采用统一的教学要求，因而对课程结构进行了分层构建，即将其分为基本、提升、发展 3 个层面（图 2），每个层面又由若干可供自选的实验项目组成。

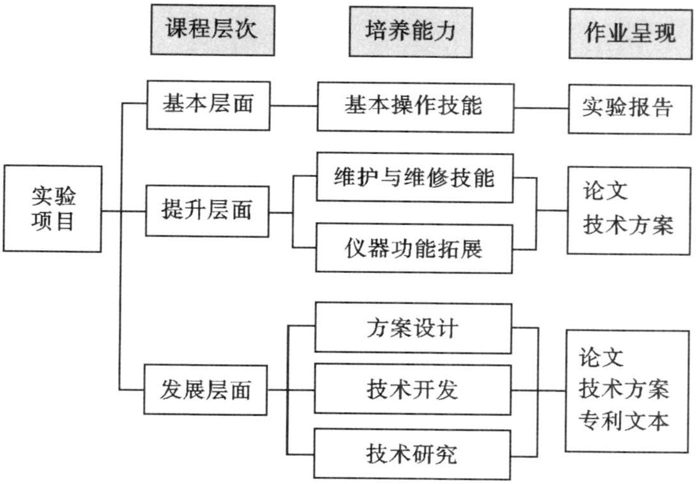

图 2 课程结构及教学内容

(1)基本层面：该层面主要对学生进行计算机以及通用仪器技术认知、原理结构了解，并训练学生的仪器基本操作能力，例如，实验参数设置、附件更换、基本调试等。课程作业以团队实验报告提交。

(2)提升层面：该层面主要是使学生达到对现代分析仪器、海洋观测仪器的维护与维修基本应用的能力。这一层面的实验项目完成后，学生以团队撰写论文或技术方案形式呈现。

(3)发展层面：该层面是培养学生团队协同创新能力的重要环节，让学生能够选择仪器技术涉及的不同领域，开展针对特定技术问题的创新性实验研究，例如对相关仪器技术问题进行改进、优化，并形成创意独到的综合解决方案。该层面的学习采用课内、课外结合以及实验室资源、条件开放来保障。课程作业最终以团队名义形成研究论文或技术方案或专利申请初级文本。

四、构建团队协同创新能力培养组织形式

根据文献，“教学组织形式”是指围绕既定教学内容，在一定时空环境中，师生相互作用的方式、结构和程序。① 学生实验项目是通过实验教学过程来实现的，作为一种活动过程，实验教学必然要以一定的形式来实现教师、学生、教学内容及手段等因素之间的相互关系，特别针对学生团队协同创新能力的培养，实验教学组织形式有必要作专门的策划和设计。认识到现代本科生的实践教育需要满足以下 4 个要求，并以最大限度培养学生的学习积极性、团队精神及创新意识。

(1)学生具有自主学习空间，学习内容具有选择性、开放性；

(2)自主实验与合作学习相结合，个体需求与团队目标相适应；

(3)学生与学生之间、教师与学生之间，实现双边或多边的、直接或间接的交互；

(4)实验过程与团队活动具有一定的资源支撑保障，能够在既定时空背景中完成教学任务。

在以上 4 个教学要求前提下，我们根据实验环境条件现状，构建了新的实验教学组织形式(图 3)并开展了教学探索，具体措施包括以下内容。

第一，以人为本分类组合。我们充分认识到团队协同创新具有鲜明的系统性，因而需要帮助学生明确在团队学习中自身的特点和优势，并根据学习需求和目标，找准自己在团队中的位置，这是团队协同创新能力培养的前提。为此，我们建立了一种基于自主实验与合作学习相结合的团队组建办法。根据相关培养要素，我们设计了学生能力素质调查问卷，用于开课前对学生进行系统性调查、评价，并作为团队组建依据。该问卷共计 15 个问题，调查内容包含了专业背景、兴趣特长、实践能力、创新思维、协作意识以及科学素养、学习能力、学习动机等，旨在对学生个体能力素质现状进行把握。并根据问卷调查结果进行汇总，形成全班学生的能力评价汇总资料。

---

① 黄甫全. 现代课程与教学论学程(上). 北京：人民教育出版社，2006.

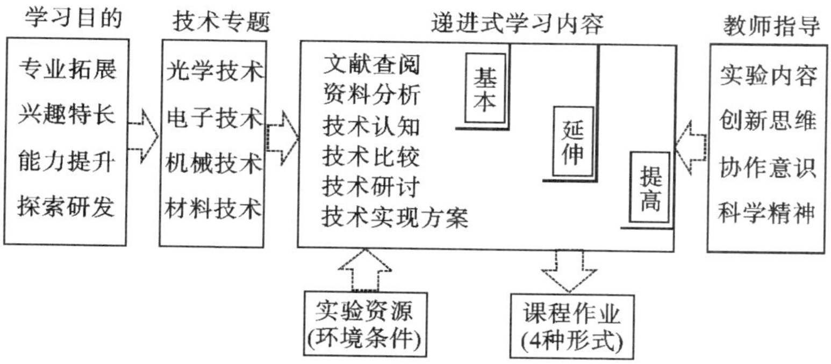

图 3　团队能力培养组织形式

第二，因材施教构建团队。在充分尊重学习意愿的前提下，我们按照专业拓展、兴趣特长、能力提升、探索研发 4 个不同的学习目的，以及设定的光学技术、电子技术、机械技术、材料技术 4 个不同的技术专题，进行分类组团（一般将 3～5 名学生组成一个学习团队），以实现不同因素、不同条件下的团队成员组建，从而实现学生能够跨专业、跨年级、跨院系以及专业交叉、兴趣融合、目标一致进行组团。团队领队由组织协调能力强、学习接受能力强的学生担任。学习期间，我们还建立实验课程信息沟通机制，利用实验中心网站的互动平台和微信群空间，要求团队成员及时进行互动和沟通，并在这个过程中分享彼此的观点、建议、收获、资源等。

第三，同一目标递进培养。团队组建完成后，学生便在领队组织下，按照所选技术专题制定实验计划方案，通过与指导教师的充分沟通、交流，最后形成完整的技术实施方案。学生团队按照文献查阅、资料分析、技术认知、技术比较、技术研讨、技术实现方案这样一个互动、研讨性学习过程，可完成从基本到延伸、再到提高三个不同的培养阶段。由此可看出，这是一种具有协同式、研讨型、全程化特征的实验教学程式，能够有效地锻炼学生发现问题、分析问题和解决问题的能力，并为其顺利对接毕业后的创新创业、专业行业工作、学业深造，奠定好先期基础。

第四，学生为主师生互动。“教师照本宣科讲授、学生被动完成实验”以及“理论知识的直观表征、简单操作”这样的传统实验教学模式，显然不能满足学生团队协同创新能力培养的要求。为此，我们采用以学生团队自主学习为主、教师指导为辅的教学方式，注重培养学生个体的创造性思维和团队的协同创新能力，使学生在协作中充分发挥自己的主动性、创造性和团队合作精神，而教师则作为学生学习的指导者、启发者和促进者。同时，教师还注重介绍仪器技术所依附的经典理论或重大技术突破、科技先驱的创新历程，向学生灌输创新思维、协作意识、科学精神，以引导学生在实验活动中塑造自我、完善人格、全面发展。

五、教学效果

自 2013 年以来，教学改革的实施产生了一系列衍生效果，并取得了许多有益的成效，可望能够对本科阶段创新型人才的培养提供一定的借鉴。

(1)通过课程学习，学生团队协同创新能力提高显著，产生了“1+1>2”的效果，并且由于成员之间的互动协作，“反向助推”作用明显，从而进一步提高了个体创新能力和竞争力。

(2)学生普遍反映受益匪浅，因此成为深受学生喜爱的热门课程，每年选课人数均达到满额甚至超额。

(3)课程衍生效应显著，为学生顺利对接毕业后的创新创业、专业行业工作、学业深造，奠定了先期团队协作实践基础。

教育探索与实践

涉海高校海洋人文教育的意义与策略

季岸先*

摘　要:近年来,我国高教界对海洋人文教育虽然有了一定程度的关注,但从总体上来说还十分薄弱。笔者将"海洋"与"人文"这两个关键词联结起来,积极探索海洋人文教育的意义与策略,尝试开创一条具有海洋特色、富有人文气息的通识教育路径。

关键词:海洋人文教育;教学策略;课程建设

随着海洋强国战略的深入实施,海洋教育的重要性日益突出。中国海洋大学、上海海洋大学、广东海洋大学、大连海洋大学和浙江海洋大学等以海洋教育为显著特色的涉海高校,都在积极推进海洋科技教育的同时,着力发展海洋通识教育、海洋人文教育等,打造富有海洋特色的教育体系。为此,笔者将"海洋"与"人文"这两个关键词联结起来,积极探索海洋人文教育的意义与策略,尝试着开创一条具有海洋特色、富有人文气息的通识教育路径。

一

先说"文",《说文》这样解释:"文,错画也。象交文。今字作纹。"在甲骨文中,"文"这个字,象形纹理纵横交错。"文"的本义是"花纹""纹理"。"人文",是"人"之"文",人类活动留下的印迹,是人类的文采,人类创造出来的文化。"刚柔交错,天文也。文明以止,人文也。"①天文,是指天之"理";人文,是指人之"道"。刚美和柔美交相错杂,这是天的文采;文章灿明止于礼义,这是人类的文采。20世纪以来,哲学上出现了科学主义与人文主义两大思潮,知识界也逐渐有了科学与人文两大学科的分野。依此,在设有"海洋科学"的同时,也应有"海洋人文"的提法。

---

* 季岸先,中国海洋大学高等教育研究与评估中心副主任、副教授,主要研究领域为海洋历史文化。

① 黄寿祺,张善文. 周易译注. 上海:上海古籍出版社,2007:132.

康德提出了一个“哥白尼式革命”，认为客观世界这种“可见的本质”与“独立性”，“是我们运用知觉、概念和判断的结果。”说到底，“正是因为我们如此这般地知觉和思想，世界才如此这般地显现。”①自然海洋如何向人们呈现，一个重要的方面，取决于人们如何去看待它。面对“海洋”这样一个“实体”，对它的认识其实是一个无限开放的意义世界，关键是借助一副怎样的“眼镜”去看待它，借助怎样的概念框架、知识结构与思想系统去解读它。显而易见的是，存在一个科学视野下的海洋意义世界，同时存在一个人文视野下的海洋意义世界。既可以解读出一个科学的“海洋”，也可以解读出一个人文的“海洋”。

《周易》里讲：“天行健，君子以自强不息；地势坤，君子以厚德载物。”②这句话谈“天”说“地”，诉说的是一种天地精神，道出了中国传统文化的精髓。所谓“与天地合其德，与日月合其明”③。自古以来，人们就懂得向天地自然学习，并努力使自己的行为顺应天地自然，合乎天地自然。“海”其实是“地”的一部分。沿着“合德”的思路，从海洋人文的视角，人们可以向“大海”学习其中所蕴含的一种“大利”“大德”和“大美”。

说到“海”，人们自然会想到“水”。“水善利万物而不争，处众人之所恶，故几于道。”④“水”有一种“利养万物”的品格。由“水”汇聚而成的“海”同样有一种“利养万物”的品格。这带给人们一种“谋大利”的人生启示。凡事当务远大，求名务建大名，求利须谋大利，这才是海洋人应有的胸襟局量。

海洋是人类生命的摇篮，是数以亿计海洋生物生生不息的乐园。“天地之大德曰生。”⑤孕育生命，养育生命，这本身就是一种“大德”。“海”因其“大利”而有一种“大德”。具体而论，“水”的秉性是去高就下，避实归虚。“水”总是从“高”向“下”奔流，总是流向“虚”且“空”的地方。而“海”又处在“地”之“下”，是“地”最为“低下”的部分，且呈现出一种“虚”且“空”的状态。如此，“众水”自然就“朝宗于海”。所谓“海纳百川，有容乃大”。“海”何以能“容”？就是因其“虚心”；“海”何以能“纳”？就是因其“处下”。“海”有一种“容德”，这带给人们“虚怀”的启示；“海”有一种“谦德”，这带给人们“谦下”的启示。

“海”可以带给人们一种“实行”的启示。先谈“水”。“水”还有什么可资“取

① 燕宏远，韩民青. 当代英美哲学概论. 北京：社会科学文献出版社，2002：850，850.

② 黄寿祺，张善文. 周易译注. 上海：上海古籍出版社，2007：5.

③ 黄寿祺，张善文. 周易译注. 上海：上海古籍出版社，2007：14.

④ 冯达甫. 老子译注. 上海：上海古籍出版社，2007：14.

⑤ 黄寿祺，张善文. 周易译注. 上海：上海古籍出版社，2007：400.

法”、可资“效法”的呢？“水”有一种“盈科而后进，放乎四海”[①]的秉性。流水每当遇到“低坎”，就会暂时停顿下来，汇聚起来，填满这个“洼地”，而后漫过去，再流向另一个“低坎”，再填满它，再漫过去，如此反复，前行不止。最后，以一种不可阻挡之势汇入大海。正是因为“水”有一种“盈科而后进”的品质，最终得以“渐进而至于海”。这让人们想到，假设一个人有“实行”，实实在在去干，踏踏实实去做，遇到学问上的难点疑点，遇到事业上的难题难事，不放弃，不放过，逐个解决，各个击破，也可以“渐进而至于极”。为“众水”所朝宗的“大海”，可以带给人们一种“实行”的启示。

“海”可以衍化出一种“随顺”的启示。“水出于山而走于海，水非恶山而欲海也，高下使之然也。”[②]“水”从“山”中流出，奔趋于“海”，这并不是说，水对“山”有什么厌烦的情绪，而又对“海”有什么偏好的情感，而是一种“去高就下”的趋势使然。“水”对自然规律有一种“随”，有一种“顺”，由此而汇归于海。《庄子》也有这样的记载：“其于治天下也，犹涉海凿河而使蚊负山也。夫圣人之治也，治外乎？正而后行，确乎能其事者而已矣。”[③]这就是“涉海凿河”这一成语的由来。试图在“海”中凿出一条河流，这当然是违背物性、违背自然的。“海”周流不滞，流动不止，变动不居，这是“物势”的变化。“涉海凿河”的做法违背“物势”，拂逆“形势”。“涉海凿河”的反讽告诉人们，处世应当随顺形势，努力做到“顺思”“顺德”。

“海”可以带来一种“无为”的智慧。“是以圣人以道镇之，执一无为，而不损冲气，见小守柔，退而勿有，法于江海。江海不为，故功名自化，弗强，故能成其王。”[④]“海”可以容纳一切水流的归附，由此而成为“百谷之王”。如前所述，四面之水汇聚于海，这是由于“海”有一种“善下”的品行，“海”有一种“无为”的境界。圣人效法于“海”，正是由于不求名，而恰恰得以成名；正是由于不逞强，反而变得强大。“故道之在于天下也，譬犹江海也。”“为者败之，执者失之。”[⑤]《文子》由此提出了一种“守柔贵雌”“明己之能与不能”的思想智慧。“古之善为君者法江海，江海无为以成其大，洼下以成其广，故能长久。为天下溪谷，其德乃足。无为故能取百川。不求故能得，不行故能至，是以取天下而无事。不自奉故富，不自见故明，不自矜故长，处不肖之地，故为天下王。不争，故莫能与之争。终不为大，

---

① 陈生玺等. 张居正讲评〈孟子〉. 上海：上海辞书出版社，2007：233.

② 杨坚. 吕氏春秋・淮南子. 长沙：岳麓书社，2006：54.

③ 陈鼓应. 庄子今注今译. 北京：商务印书馆，2007：249.

④ 王利器. 文子疏义. 北京：中华书局，2000：154.

⑤ 王利器. 文子疏义. 北京：中华书局，2000：453.

故能成其大，江海近于道，故能长久，与天地相保。”①江海是由于“无为”，才成就了自己的浩大；是由于“洼下”，才成就了自己的广阔。“江海”“无为”，所以能接纳百川；“江海”“不求”，所以能够获得；“江海”“不行”，所以能够到达。江海无为，近于道，故能长久不息，与天地相始终。这样一种“不为”“无为”的智慧，启发人们既要懂得“有所为”，又要懂得“有所不为”。既要“为其当为”，又要防止“妄为”“乱为”“为其不当为”。

据《庄子・秋水篇》记载，海若对“观河”而自得的河伯说：“观于大海，乃知尔丑。”一个“丑”字，反衬出“海”的“大美”。“天下之水，莫大于海”“万川归之，不知何时止而不盈；尾闾泄之，不知何时已而不虚。”②“海”可谓“大之至也”，自然也“美之至也”。“海”有一种“吞吐日月，大开大合”的气度，一种“波澜壮阔、势极雄豪”的气势，一种“行神如空、行气如虹”的气韵。“天地有大美而不言，四时有明法而不议，万物有成理而不说。”青年学生既要懂得“析万物之理”，更要学会“判天地之美”③，感受大美海洋的无穷魅力。

二

国内高教界在重视专业教育的同时，正在大力推进通识教育。借助“体”与“用”这对范畴，通识教育处在一个“体”的层面，而“专业教育”则处在一个“用”的层面。主张“通识为体”，通过通识教育“立体”“培体”“明体”；与之相应，主张“专业为用”，通过专业教育，使之可以“资用”“致用”“达用”。青年学生“才识兼茂，明于体用”，由此可以成为德才兼备、体用兼赅的人才。说到“用”，与之相对的就是“无用”。通识教育并不主要面对知识、技艺、技能等，简单讲，面对的是一种“无用”。然而，“君子之于学也，因用以求其体。”如果“体”未曾“立”，“用”又从何谈起呢？通识教育着力解决“体”的问题，这其实又关乎根本，是“无用之大用”。从成长成才的角度而论，“体用兼该，上也；体少用多，次也。”④可惜的是，青年学生对通识教育并未引起足够的重视。“诗之为道，可以理性情，善伦物，感鬼神，设教邦国，应对诸侯，用如此其重也。”⑤在“明体”方面，海洋人文教育可以起到“开心”“立德”和“怡情”等作用。

---

① 王利器. 文子疏义. 北京：中华书局，2000：355.

② 陈鼓应. 庄子今注今译. 北京：商务印书馆，2007：477.

③ 陈鼓应. 庄子今注今译. 北京：商务印书馆，2007：984.

④ 薛福成. 强环伺疏//沈云龙. 近代中国史料丛刊第七十六辑. 台北：文海出版社，1966：721.

⑤ 沈德潜. 说诗晬语//王夫之等. 清诗话. 上海：上海古籍出版社，1963：523.

“心”是“神明之主”“万物之统”。开启心智是“明体”的要义。孟子说，人生来有“恻隐之心”“羞恶之心”“辞让之心”“是非之心”。虽然人人都有“是心”，但并非人人都能“扩而充之”。种树时，重要的是“培其根”；说到培养人，重要的是“养其心”。这需要引导青年学子“开其心”“大其心”，从孟子所说的“四端”引发出、扩充出“仁、义、礼、智”四种“善”来。“独有江海心，悠悠未尝倦。”①“江分神禹迹，海见鲁连心。”②课程教学中援引此类的海洋诗歌，可以引导青年学生寄“形”于天地，历“心”于山海，做到“学以养心”。开启心智之后，接着是大其心量。“心量”本广大无边，狭隘的人却做不到这一点。同样，“性地”本来也是虚灵明觉的，而迷误的人却不知道这一点。海洋人文教育重要的是教会青年学生拓展心量，“大其心”，容难容之事，“虚其心”，纳当纳之善，赢得海纳百川、包容天下的胸怀与气度。

“立德”，就是树立德业。继“开心”之后，还有一个“广德”的问题。德不“广”，则不能使人“来”；量不“宏”，则不能使人“安。”说到“德育”，反过来讲，就是“育德”，培育人的德行，提升人的品德，让人学会如何做人，如何做事。一个人有多大成就，就看其能肩负起多大的责任，心胸能容纳多少事情。德行越深厚，担当的东西就越多，成就的事业也就越大。只有心气充盈了，心量大了，才能成就大事业。“海”之所以能为川谷之王，无非因其“宽而得众”。《诗》上“通”于道德，下“止”于礼义，诗词歌赋可以很好地起到“教而化之”的作用。“委输绵厚载，朝宗极大荒。”③“湛湛朝百谷，茫茫连九垓。”④“苞纳污之弘量，正宗庙之纪纲。纳众流而臣下，为百谷之君王。”⑤细读诸如此类的海洋诗赋，青年学子可以切实受到“兴于诗，立于礼、成于乐”的道德教化。

通识教育讲求“明体”，讲求一个“明”字。首先要明道明理、明达明智，成为一个合乎道、顺乎德的人。而且，“理”之外，还有一个“情”字。美育就是一种美的熏陶、美的感发，中国古人所说的兴，就是感兴、兴发。一个人要想成就一番大事业、大学问，要有一个宽广、平和的胸襟。如果心烦气乱、心胸褊狭、眼光短浅，那么，必定不能在事业上有所成就，必定不能做出大的学问，也必定不能成就大

---

① 高适. 酬岑二十主簿秋夜见赠之作//刘开扬. 高适诗集编年笺注. 北京：中华书局，1981：69.

② 杜滚，焦山//季岸先. 中国古代海洋意象史辑. 青岛：中国海洋大学出版社，2010：270.

③ 岑文本. 五言春日侍宴望海应诏//季岸先. 中国古代海洋意象史辑. 青岛：中国海洋大学出版社，2010：106，106.

④ 高适. 和贺兰判官望北海作//刘开扬. 高适诗集编年笺注. 北京：中华书局，1981：286.

⑤ 王粲. 游海赋//俞绍初. 建安七子集. 北京：中华书局，2005：97.

的事业。古人强调“人与天调，然后天地之美生”，由自然之美，引发人心灵的激荡，心灵的领悟，从而达到天人和合的境界。“浮天纳星汉，浴日吐扶桑。”①“日月相吞吐，乾坤自混茫。”②“诗家首重性情，此所谓美心也。不然即美言美貌，何益乎?”③浪浪天风，苍苍海山，得益于自然江海的滋养，青年学生由此成为一个情感丰富，充满活力、生机勃勃的人，成就一种得道得德、依道依理的人生，一种有情有义、合情合理的人生。

三

从学科意识来看，人文学科的主干，主要包括了通常所说的文史哲，再加上艺术，等等。如此，讨论“海洋人文”这个话题，大致需要围绕海洋与文学、海洋与历史、海洋与哲学、海洋与艺术等方面逐层展开，这确实是一个涉及十分广泛的论域，有待解决的议题众多。在探索阶段，拟开拓一种基于专题的教育路径，选择一些专题集中开展讨论。

(1)诗性海洋——对海洋的一种人文解读：海洋首先是一个自然存在、一个客观事物，是一个物象。观物而又超物，观形而又超形。海洋同时也是一种文化情结、一种人文情怀，是一种意象。这启发我们从人文的视野对中国古代海洋文学作品做出一种诗意的解读。

(2)海洋神灵——海洋神话与传说：海神禺强、海上神山、精卫填海、八仙过海、海神娘娘等海洋神话与传说，作为宝贵的素材，被后人附会推衍、传颂吟咏，融入《入海二首》《精卫词》《学诸进士作精卫衔石填海》《神弦》等诸多海洋文学作品，成为中国海洋文学长河的源泉。解读这些海洋神话与传说，可以赢得诸如“献身的精神”“执一的追求”“担当的意识”与“豁达的态度”等文化品格。

(3)海光云影——海洋的审美意蕴：从“海洋与自然美”“海洋与社会美”“海洋与文艺美”等角度，探讨海洋的美学意蕴。海有其优美，又有静态之美。借助美丽海洋，可以开启善感的“心”，用“心”去发现海洋的美，去体验海洋的美，去创造海洋的美。

(4)山海和弦——天地精神的指向：“山以贤称，境缘人胜”，这是“心”对“物”，“人”对“境”；“登山则情满于山，观海则意溢于海”，这是“物”对“心”，“境”对“人”。

① 岑文本.五言春日侍宴望海应诏//季岸先.中国古代海洋意象史辑.青岛：中国海洋大学出版社，2010：106.

② 屈大均.通州望海//李越.中国古代海洋诗歌选.北京：海洋出版社，2006：311.

③ 宋征璧.抱真堂诗话//郭绍虞.清诗话续编.上海：上海古籍出版社，1983：123.

“博厚所以载物也，高明所以覆物也。”“山”，向上超越，指向“天”的高明；“海”，往下延伸，指向“地”的博厚。山海和弦，可以借此领会一种“指向天地精神”的人文情怀。

(5)吞吐日月——海上的红日与清月：“海日”有其韵律，有其魂魄，有其情怀。“海月”象征着时间的飞逝，演绎着人生的悲欢离合，是情人遥远的思念，是亲友无边的牵挂，是哲人冷峻的叩问，是文人浪漫的想象。从“日神”与“月神”的神话故事谈起，由此体验“海日”与“海月”两大审美对象。

(6)天容海色——海声海势的图景：《列子》所载“海上狎鸥”的故事，引出了“无心凑泊”的美学范畴。海浪海潮因其“声”“形”“势”，给人一种“气韵生动”的审美感受。海市蜃楼给人以“即幻即真”的审美体验。“海声”与“海色”又将人带入“绮丽之境”。围绕“海鸥”“海潮”“海市”“海色”等议题，分析其审美意蕴，由此去认识“美”、去体验“美”，不断净化、升华精神世界。

(7)比德于海——德性的比附：从“比德”，到“比德于水”，再到“比德于海”。从比德的手法来看，“海”有一种“通和的气质”，有一种“包容的品格”，有一种“博大的胸襟”，有一种“谦下的品德”，有一种“深邃的境界”。

(8)法于江海——观海与体道：“观山岳”，而“悟其灵奇”；“观河海”，而“悟其浩瀚”。从“含道映物，澄怀味像”入手，鉴赏观海而作的海洋文学作品，由观海而得“谦下之道”“委顺之道”与“因循之道”，进而由观海而知海，由观海而知人，由观海而知万物，会悟出“守成理，因自然”的人生智慧。

(9)隐逸江海——心灵的漂泊与安顿：从“出”与“处”，“仕”与“隐”的矛盾入手，分析古代隐逸文化。孔子有“乘桴浮于海”的喟叹。庄子有“江海之士”“避世之人”“退居而闲游”的议论。范蠡事遂功成，“耕于海畔”，“三聚三散”成名于天下。鲁连功成身退，隐居海上，“蹈海之节，千乘莫移其情”。聚焦“隐逸江海”这个话题，探讨社会人生的“穷”与“达”，尽心尽性，乐天知命，成就豁达人生。

(10)泛海求仙——生命的悲情与超越：从人生的“一次性”与“有限性”谈起，列举泛海求仙的故事与传说，探讨秦皇汉武海滨求仙的历史遗迹，借助李白的《登高丘而望远海》、李贺的《神仙曲》、李商隐的《海上》、白居易的《长恨歌》等海洋文学作品，批驳泛海求仙的荒唐举动。援引海德格尔“向死而生”的哲学思想，引导青年学生对生死问题做出理性的思考。

中美高校教学支持现状对比分析

——以美国加州大学和中国海洋大学为例

盛立芳* 宋文红

摘 要:西方国家高等学校的教学支持已经发展了近半个世纪,为教学质量提高和人才培养发挥了重要作用。而我国在这个领域刚刚起步,从观念、形式到技术方法等面临诸多问题。本文通过美国加州大学洛杉矶分校、加州大学圣塔芭芭拉分校和中国海洋大学在教学支持方面的现状比较,指出主要差异和我国高校今后努力的方向。

关键词:基金项目;技术支持;教学评估

一、引言

教学是学校工作的重心,高质量教学是高校培养高素质人才的基础。好教师不是天生的,只有掌握恰当的教学方法,才能培养更杰出的学生;高校学生的学习过程也不是单纯的被动接受知识的过程,而是更多的自我适应、自我探索和自我提高的过程。因此,虽然教学是教师的“教”与学生的“学”的共同活动,但是为保障教学质量,教学支持同样不可或缺。这里的教学支持泛指为所有教学人员提供教学思想、方法、策略和技术等方面的支持,通过协作与创新服务于卓越教学目标。

高校教学支持服务最早出现于 20 世纪 60 年代的澳大利亚、美国和英国等西方国家。以美国为例,自 1962 年密歇根大学成立美国第一个大学教学支持服务机构起,到 20 世纪 60 年代末全美已经建立了 40 多个大学教学支持服务机构或项目。进入 70 年代后,教学支持服务在美国大学的普及程度进一步增强。1990 年,美国卡内基教学促进基金会首次提出把教学作为和科研并行的新型学术——教学学术,大学教学支持服务部门作为保障大学教学发展的重要机构再次引起高等教育界的广泛关注。因此从 20 世纪 90 年代开始,美国大学教学中

---

* 盛立芳,中国海洋大学海洋与大气学院副院长、教授,主要研究领域为大气环境。

心发展十分迅速。目前在美国的各类大学中，约21%的学校成立了教学中心，有教学中心的大学超过1000所。据统计，目前世界100强大学，几乎都成立了教学支持机构。

中美高校在管理体制和管理模式等方面有诸多差异。美国高校不归教育部管辖，州属大学系统实行联邦分权模式，实行董事会制度，大学校长拥有较大权威。比如加州大学系统遵循共同治理原则，有一个董事会和一个学术评议会。校董事会具有组织和治理大学的全部权利，学术评议会则是教师参与学校运行与管理的媒介，确保教师是学校发展的驱动力。加州大学洛杉矶分校(UCLA)和圣塔芭芭拉分校(UCSB)都是美国加州大学系统的知名公立大学，他们的教学支持都起始于1972年罗纳德·里根州政府拨出100万美元给UC系统的9所大学用于提高大学的本科教育，这些资金再加上董事会的匹配资金，使每所大学根据自己的组织结构和文化传统采取了与学校相适宜的方式开展教学支持，而且都获得了成功。

中国高校基本遵从“管本”管理文化，行政部门的工作重心是管理，而不是服务。因此在西方国家已经发展了数十年的教学支持服务直到最近几年才在中国内地高校得到较大程度的关注。2012年中国政府批准了30个“十二五”国家级大学教师教学发展示范中心，包括南京大学教学发展中心、清华大学教学研究与培训中心等。2013年教育部和国家教育行政学院与美国密歇根大学学习与教学研究中心开展合作，希望借鉴先进的教学发展经验，推进国内高校教学发展建设。

中国海洋大学(OUC)在2007年成立了教学支持中心，开创了高校教学支持服务实践的先河。经过数年的探索，初步形成了评估—督导—支持三位一体的教学质量保障新模式。2015年学校组织部分教师赴加州大学开展教学发展研习活动，在UCLA进行了20场主题的工作坊研讨，实地考察了UCSB分校，探访了两个学校的教师发展中心、图书馆、教学设施和科学实验室等，加深了对美国大学教学支持服务的整体了解。本文将以UCLA、UCSB和OUC为例，从机构规模、基金项目、教学评估等几个方面比较中美高校在教学支持方面的异同，给出国内高校今后可以改进和提高的方向。

二、机构组成与服务

UCLA教学发展办公室(OID)负责全校的教学服务与发展支持，现有专业人员140人，提供五大板块服务：教学提升、调查研究与课程评价、教学技术、评估与教育测量、教室服务，具体包括教学技能、资助与奖励、教学评估与教学评价、多媒体教学设计与维护、助教训练、教育技术应用、基于社区的学习等。

UCSB教学发展服务机构(ID)包含管理办公室、教学咨询办公室、教室服务办公室、产品服务办公室和技术服务办公室等，现有专业人员30余人。ID的宗旨是为所有教师提供全方位的教学帮助：从有效的教学技术咨询服务、课程改革资金到有效的课堂呈现。该机构的咨询项目包括教师咨询，教学基金，课程评价和助教发展。服务包括数字实验室，教师媒体中心，电影、电视定制，媒体演播室、考试评分、视频会议等。服务有：图片、录音、视频等。

OUC教学支持中心及其所依托的高教研究与评估中心，现有专职管理和业务人员8人，依托教学督导专家、课程评估专家和教学促进专家组成的三支队伍开展专业服务和教师发展工作。中心的主要任务是为教师提供课程评估、教学咨询、教学研究、教学发展等方面的服务。

通过对比不难看出，我们教学支持中心的专职人员少，提供的服务还比较有限。这与我国高校的管理体制有关，因为有相当一部分服务职能分散在教务处等部门，其中与教学支持密切相关的数字课程资源中心就挂靠在教务处。但是教务处等部门的主要功能是行政管理，在教学学术研究和教学技术支持方面的服务理念和力量还比较薄弱。国外教学支持机构一般都有专门的教学及教育技术人员，这些技术人员或者熟悉现代教育技术，或者是地道的课程设计专家和教学设计专家，深谙教学规律。所以我们与国外大学的差距除了人员规模外，主要是管理方式、理念、学术背景以及技术。

三、教学基金项目

40年来UCLA一直为教师个人和院系提供资助，加强课程实践，提高本科教学的质量和水平。OID提供的基金项目有两种：

(1)小型基金项目。主要资助现有的本科课程，例如购买媒介材料，发放酬金和实地考察等。每人每学年资助额度不超过600美元。

(2)教学改进基金。是由学院和教师申请的大型项目，支持有关本科课程和本科教学改革、实验和本科发展项目。资助的目的是通过“以学生为中心”的学习、课程设计、课堂多样性及包容性和教育技术等领域教学方法的改进提高本科教学质量。项目特别注重能在本科教育中产生长久影响的那些创新性项目的价值。

UCSB的基金项目采取“层级”结构。先从支持核心课程开始；进而是教师的小型项目，也就是支持试验性项目和解决小问题；然后是教学改进项目，重点是专业方面的课程，也可以是通识课程；最后鼓励专业方案的外部支持。教师参与项目的其他机会还有：由院系资助的项目、提高助教培训质量的教育项目和助教自己申请的项目，助教也可以申请经费做教育材料和教学程序开发。这种分层资助可以保证每年约40个小型教师课题，30个大型教学提高项目，25个院系助教项目和12个助教教学项目。最近5年，大约有400多名教师获得了一项或数项课题资助。

自2003年起OUC采取了三个板块的项目资助方式：本科教学工程项目，课程项目和教材项目，由教务处负责统一安排。

(1)本科教学工程项目主要资助教学方法、课程体系建设等与专业相关的教学研究，分为重点项目和普通项目。重点项目每项3万人民币，期限2年，普通项目每项1万，期限1年。每年资助力度为重点项目10项、普通项目40项。为提高院系办学的自主性和可持续性，自2015年起，项目管理权限下放，学校仅向院系拨付总额度，立项的过程、项目数量和项目额度由院系自行决定。

(2)课程项目包括精品课程和通识课程建设，通识课程是校内层面的课程，而精品课程分为校内课程、省内课程和国家级课程三个层次。每门精品课程资助1万，每门通识教育课程资助0.5万。2003年以来已经资助了137门校级精品课程，61门省级精品课程和25门国家级精品课程。

(3)教材项目。学校成立了教材建设领导小组，设立了教材建设基金和教材出版基金，设立了校级优秀教材奖，指导并鼓励教师编写和出版教材。基金项目每年集中受理申请一次，实施时间一般为两年。自2003年以来共资助海洋特色类专业教材17部，优秀教材9部。

自2017年起，教学支持中心设置了教学发展基金(每年27万)，以项目或建设卓越课程的方式鼓励教师投入基于证据的教学学术研究，及持续的教学改进与提升。

从资助规模和资助方式看，国内外差距并不大。得益于国家对本科教育的重视，重点高校可以将部分财政拨款持续用于教学研究。但是在研究内容方面和项目可持续发展方面的差异还是存在的。除了教材编写，国内教学基金项目主要是软课题研究，比如某某课程体系的探索，某某教学理念创新与实践等。对课程项目的研究也集中在表现形式上，比如MOOCs等就是最近几年才发展的混合教学方式。而国外的教学项目比较注重实用性、有形产品和可持续发展。比如UCLA青年教师Gary Glesener在OID支持下一直从事与地质教学有关的模型制作，通过运用板材、金属、遥感和可视技术等手段研制了很多教具（http://newsroom.ucla.edu/stories/make-it-rain-ucla-unveils-augmented-reality-teaching-sandbox）。UCSB 对所有资助课题进行统计后发现，在课题结束后，至少 77%的研究结果在至少一门课程中最少使用了一次，而且还会继续使用；另外 5%的课题仍在继续发展和研究；只有 3%的课题没有继续，因为已经被别的教学方式取代，或没有达到预期的效果；另有 8%的项目因为老师退休和离开学校等原因不再继续使用。

四、技术支持与产品服务

UCLA 为教学提供的技术支持和产品服务包括：

（1）教师和学生的课程管理系统，提供一个共同的合作与学习环境。7 年前 UCLA 有 27 个课程管理系统，比较零散，也很复杂。后来他们招聘了 7 个人专门开发小型的中央集中管理系统，希望其简单而且功能强大。它为教师提供三种使用选择：一种是开放源码，本地登录；一种是开放源码，远程登录；一种是封闭源码，改变黑板。经过持续改进，现在有 2500 门课程在利用这个统一的平台。

（2）教学媒体制作，有专业教师和一流的技术设备为教师提供多方面的展示服务。每个教学项目都可以获得深度咨询服务，从而建立一种恰当的综合交流策略。

UCLA 的影视戏剧等专业也是全美首屈一指的。他们的媒体制作中心可以为教师的课程录制提供非常专业的服务。除了常见的多方位摄像，有一块特殊处理的玻璃板代替了传统的黑板或白板，教师无须背对观众，而是直接面对观众在玻璃板上写字。

（3）教学媒体的收藏和服务。为在教室使用媒体的教师和院系提供服务，为学生自学、小组学习和研究提供相关材料。

（4）教学媒体实验室。UCLA 的 OID 有近 200 个普通作业教室和教师教育技术系统，可以保障教师最大限度地利用资源进行课堂教学。它由几个子单元组成：试听服务、教室技术设计与维护、网站服务等。

UCLA 的东亚图书馆不仅馆藏十分丰富，而且为学生设立了方便、温馨的学生讨论室，配备网络和投影设施，墙体也是可以写写画画的特殊材料，特别适合小规模的专题讨论。

（5）在线课程开发。为了节约教育成本，在线教育在美国比较流行，而且有经费支持那些有多年教学经验的教师更改教学方式，重新定位教学目标。

UCLA 在 2010 年首次提出专门在线课程的理念，目前有 99%的课程是线上辅助课程，但是真正的线上课程并不多。为满足教师日益增长的在线课程和混合课程的开发需要，OID 也开发了一些基础资源，目的是对教师的兴趣进行引导。

除了为教学提供有效技术、工具和策略等方面的信息，UCSB 还提供教学设计、媒介制作、计算机与程序和教学评价方面的教学支持。媒体制作和服务包括插图、计算机图形、摄影、声音录制和视频制作等。插图是专业的图形设计，用于打印、投影、平面扫描、网站、幻灯片等。摄影服务包括摄影、图片润色、彩色打印。声音录制提供完整的录音棚、声工程和数字音频制作。视频服务包括录制、编辑、配音、DVD 制作、教师媒体中心、视频会议等。除了为教学服务，学生也可以通过预约设备为其项目服务。

与国内大多数高校一样，OUC 提供的学生学习和教师上课支持服务的硬件包括网络学习环境和硬件设施，包括传输和反馈各类教学资源和教学信息的网络和专业平台，各种学习资源，如文字资料、网上教学资源、多媒体课件等。为推进学校教学资源的信息化进程，提升课程水平，提高教学效果，2015 年学校与清华大学教育学院合作，依托“清华在线网络学习平台”，进行首批混合课程教学改革试点。按照“课程前期分析——课程规划——课程设计——课程建设——课程实施”五个阶段向任课教师提供一对一的指导和技术服务。

从国内外对比可以看出，美国高校提供的技术服务比较专业，覆盖面广，渗透深入，有专门技术研发人员为教学服务。比如 UCLA 的 OID 聘用建筑历史学家 Lisa Kemp Jones 等人利用虚拟仿真技术将 1893 年芝加哥世博会的建筑和场景再现出来，为包括文化艺术在内的多门课程教学提供了不同方位的服务。另外值得一提的是大学网站，美国大学强调网络系统，由学校统筹各类信息，依靠大数据产生，进行信息分析。另外网站的设计非常注重功能性，便于不同用户获取需要的信息。而国内高校网站的教学资源仍非常有限。总体而言，国内在服务层面的技术支持能力比较弱，主要是靠引进系统和硬件维护，需要进一步通过招聘专业的技术人员提升教学服务水平。

五、教学评价与评估

UCLA 评价与评估包括以下四方面的内容。

1. 评估

评估对教学活动非常有价值，在层面上包括学生、课程、项目、机构等评估方式。对教学的有效性可以通过不同类型的直接和间接评估进行测量，以获知课堂上有效的教学实践，并且提供将来的课程改进信息。评估可以用来测量教学资助项目的成功与否，使用评估来验证学习效果和教学改进情况，为基金组织记录项目成功的经验。

2. 教学项目评价

提供在线课程评价。

3. 考试打分服务

OID 为所有教师提供考试打分服务。其目的是为多项选择题考试提供准确而有效的打分方法，并提供教师所需要的分析报告。

4. 高级课堂调研

目的是更好地理解学生的学术和合作课程体验。调研题目包括学生在 UCLA 的综合经历、学生生活、智力挑战等，教师和课程的质量、本科期间的研究，毕业后对 UCLA 的介入程度等。

UCSB 的 ID 为课程和课程体系提供评估设计指导，支持教学改进计划、项目检查准备和外部建议等。这种服务不仅提供给院系，也针对教师个人。评估体系比较灵活，允许院系和教师采取与课程或项目适宜的方式进行问答与反馈，最多可以采用 5 个反馈大类和 50 个问题。为帮助使用者设计合适的调查问题，在全校范围内提供了“题库”，与课程评估有关的问题被分成了六个方面：课程目标、课程讨论、讲座、重要的课程收获、作业和工作量，可以根据不同的需求对这些问题进行整合、修改和删除。

OUC 课程评估工作始于 1986 年，至今已持续近 30 年了，分别针对理论课、实验课、体育课、艺术技能课和双语课建立了教学评估指标体系。教学评估主要针对课程，与课堂教学同步进行。根据被评课程的学科和专业特点，组织三个层面的专家听课：

(1)学科专家组。由相同和相近学科的专家组成。

(2)横向专家组。由不同学科专家组成，对评估课进行全面听课，并进行横向比较，以期解决各个学科组不能全面听课进行横向比较的缺憾或局限性。

(3)同行专家组。由相同学科的专家担任。

考虑到学科专业特点及发展规律，学校还聘请兄弟院校或研究机构具有较高学术造诣和教学水平的专家、学者为教学评估专家。最终专家的意见和学生的调查意见综合确定评估的结果。除此之外，评估中心每学期还要组织全校范围的课堂观摩：参加观摩的老师与学生一起听课，课后即可研讨，交流心得体会。教学支持中心则在每年新生入学后进行问卷调查。调查的目的是了解学生的学习目标、学习需求、未来发展方向等信息，据此为学校的教育教学改进提供建议，调整教学支持工作方向和侧重点等。

比较中美的教学评价与评估，美国比较注重过程、细节和实用。他们不是把评估作为评优或者聘任考核的依据，而是协助教师，证明学生们学到了他们应该学的，结果与目标适切。而我校的课程评估工作也一直注重和强化过程性评价，尤其自教学支持中心成立以来，通过数年的努力，通过组织各类教学工作坊、报告会、观摩活动等，着重为教师的未来教学发展提供指导和支持，取得了很好的效果。

不仅 UCSB、UCLA 如此，在美国许多大学都针对教师制定一些个性化的培训指导，通过同行评估、学生评估等方式提供教学的反馈信息，帮助教师改进教学。我们在评估过程中会向任课教师指出要改进的问题，但是定量分析不够，另外对评估后的关注度也不足，这是有待改进的地方。

六、总结与讨论

本文以 UCLA、UCSB 和 OUC 为例，从教学基金、教学技术支持和教学评估等方面比较了中美高校在教学支持方面的异同。总的来说国内高校服务于教学的机构、设备、人员、资金等基本上满足了教育教学的需求，在硬件和资金方面我们与美国高校的差距不是很大。但是在教学理念引导指导、技术支持、教学学术研究和效果应用等方面还有差距。

(1)在美国教学支持机构里有一批专业人员，比如媒介制作人员、虚拟技术开发人员等为教学提供专业服务；而我们的教学支持部门缺少专业技术人员，同时也缺乏研发能力。因此我们只能依靠企业和校外研发部门为我们提供服务，这些开发人员不可能深刻理解教学需求，不仅在沟通与洽谈方面存在问题，在可持续发展方面的效果也差强人意。

(2)美国本科教学一线的许多教师都很活跃，他们既是受尊敬的研究人员，也是新教学技术使用中的领导者，或者是技术本身的倡导者和使用模范，更重要的是他们可以利用能获得的所有工具和技术来开展高质量的教学。国内教学与科研分离的现象比较普遍，不少院校教师把主要精力放在科研上，不愿为学生讲课，更不用说探讨教学学术和追求教学改进。另外美国高校的教学项目更多是教学需求驱动下的研究，而国内许多研究停留在理论和探索层面，实用性和可持续性不强。

(3)美国高校注重通过基金资助和技术与产品支持提高教学质量，并持续进行，咨询和评估也是提高的一种手段，目的是帮助教师采取有效的方式提升教学效果。通过学生和教师的调查反映，这些手段在专业课程、课程体系和专业的教育质量方面都发挥了积极效果。UCLA 校长办公室在 1991 年对学校的教学发展项目进行了系统审查，认为它取得了持续的成功，并为 UCLA 的本科教育做出了贡献。

基于以上分析，大学教学支持工作除了传统教学观念的转变外，在机构设置、人员配备、人员培训和教学支持方法与技术发展方面，我们必须有所改观才能尽快缩短差距，实现为教学质量提高提供优质服务的目的。将教学支持中心作为一个纽带，通过长期的投资，集合多方力量，引导更多的教师群体将他们的研究成果、数据和学科工具以及方法等有效集合起来运用到教学当中。

中美鱼类学课程教学比较研究

刘 云* 吴志强

摘 要:本文对比了美国鱼类学课程和国内鱼类学课程的教学内容、教材、考核方式;实践课程教学内容方法等方面的差别,总结出美国鱼类学理论课程重视分类和演化,重视鱼类生理、生态以及鱼类保护,而实践课程重视鱼类多样性和地域特色,考核方式多样化的特点,提出了我国鱼类学课程国际化需要改进的方向,对该课程体系的设置和知识模块的优化等进行了有益的探讨。

关键词:中国;美国;鱼类学;国际化

"鱼类学"是动物学、水产养殖学、渔业资源等专业的必修课程之一,主要研究鱼类的外部形态、内部结构与机能、生活习性、系统分类、地理分布和生物学基础知识等,通过学习,使学生掌握鱼类的形态、分类和生理生态的基本理论知识,了解鱼类的研究方法和有关应用。

随着21世纪教育改革的深入和教学手段的改进,迫切需要相近学科间的交叉与融合,这些内容已经远远不能满足学生的需求,因此如何在原有课程内容的基础上增加新的理论课程内容,如何进行实验教学课程内容的设置等,必须进行新的思考和改革实践,研究和借鉴国外"鱼类学"课程,有助于进一步深化教学体系,为课程的国际化做好准备。

一、我国大学鱼类学课程现状

我国的"鱼类学"课程首先建立于上海海洋大学,"鱼类学"一直是重要的专业基础必修课之一。自20世纪50年代至今,已经陆续在很多综合院校的水产学院、生命学院和海洋学院的水产养殖、生物科学、水族科学与技术等本科专业中设置;也是生物技术、渔业资源和环境生态等专业的选修课程之一。

早期的"鱼类学"课程教学内容主要侧重于鱼类形态学和分类学,教材多使用孟庆闻、缪学组、张函初、苏锦祥主编的《鱼类学(上、下册)》,该教材详细介绍

---

* 刘云,中国海洋大学海洋生命学院副教授,主要研究领域为鱼类免疫学和鱼类病理学。

了鱼类的外形和各个系统的形态构造和分类系统;近些年各个学校不同专业根据自身的教学要求不同,不断更新鱼类学参考教材,如上海海洋大学"鱼类学"课程使用的参考教材有《鱼类学与海水鱼类养殖(第二版)》(苏锦祥主编)、《鱼类学(形态、分类)》(孟庆闻、缪学组、俞济泰编)、《鱼类学实验指导》(孟庆闻、李婉端、周碧云编)等。中国海洋大学水产学院和海洋生命学院使用的参考教材有《鱼类学与海水鱼类养殖(第二版)》(苏锦祥主编)、《鱼类生物学》(BondC. E. 主编)等。

随着国家资源共享课的建设,鱼类学课程的改革也在不断深入,各个高校在鱼类学课程的教学内容、教学手段和教学方法上也在不断研究探讨。① 现在的"鱼类学"理论课程多采用多媒体教学手段,课堂以讲授为主,辅之以提问、讨论等教学形式。在"鱼类学"教学内容上,我国鱼类学课程多分成3大部分,第一部分是鱼类形态学,讲授鱼类外部形态和内部结构的特征,重点掌握各系统和器官的解剖位置、形态特征及其在不同类群间的变异,外部形态和内部结构特征在研究鱼类分类和进化上的意义,依次介绍鱼类外形、皮肤、骨骼、肌肉、消化、呼吸、循环、神经、感官、尿殖和内分泌系统等;第二部分是鱼类分类学,讲授鱼类分类学的基本概念、基本研究方法和鱼类分类系统,掌握鱼类系统演化、亲缘关系及多样性,依次介绍鱼类分类系统;第三部分是鱼类生物学基础,讲授鱼类的生活与环境的关系,鱼类的年龄和生长,鱼类摄食,鱼类洄游,鱼类地理分布及区划,鱼类的生长发育和繁殖等各种生命机能,鱼类生物学基本理论知识和研究方法,了解鱼类生态学基本原理和基础知识在鱼类增养殖、鱼类资源保护和渔业生产科学管理中的应用。总体来讲,从学时分配上来看,我国"鱼类学"理论课程仍然以形态结构为主,分类学和生物学为辅;"鱼类学"实验课的目的是通过实际操作,使学生巩固、加深对理论课内容的理解,培养动手能力和分析、解决问题的能力。以鲤鱼、花鲈等水产养殖鱼类为实验材料,以鱼类的形态解剖和分类为主要实验内容,但多数缺乏鱼类学实习的实践考察环节。

二、美国大学"鱼类学"课程现状

美国 Illinois 大学② 动物生物学系的"鱼类学"课程采用的教材是 *The Diversity of Fishes*,理论课程的主要目的是为了了解鱼类解剖和生理学、鱼类

---

① 唐文乔,龚小玲,鲍宝龙,钟俊生,杨金权. 鱼类学国家精品课程建设的探索与实践. 中国校外教育,2009(12):99-100;韩英,范兆廷,王琨. 鱼类学课程改革的初探. 东北农业大学学报,2007(6):99-101;黄璞祎,于洪贤. 湿地科学专业"鱼类学"课程教学改革与实践. 中国农业教育,2011:93-95.

② MeTel(国道)外文多媒体教学资源库:http://www.metel.cn/.

系统分类以及鱼类生态、进化和保护。课程要达到的目的是调查世界鱼类主要类群、分布和特点；考察鱼类适应水生生活的各种生理机理，调查影响鱼类分布和丰富度的重要生态和进化过程。理论课程内容包括什么是鱼类，早期脊椎动物八目鳗，盾皮鱼和软骨鱼，辐鳍鱼类，鱼类进化的普遍规律，动物地理学，物种形成，水环境，营养，取食，呼吸和鳃，鳔和浮力，Fe^{2+} 和 pH 控制，发电和感觉，排泄，侧线和听觉，繁殖，配偶和双亲，温度适应，Illinois 的鱼类，生活史，渔业及保护。课程安排有演讲，复习和考试；实验包括鱼类的识别和关键结构；考试形式是 3 次平时测验、小论文、实验和课堂演讲各占 50 分。

美国 South Mississippi 大学①“鱼类学”课程使用教材为 *Inland Fishes of Mississippi*，课程目标是认识主要鱼类的分类，能对 Mississippi 附近的淡水鱼类进行鉴定，理解基本的鱼类形态和生理特性，了解主要鱼类进化、分类等方面的知识；学习有关鱼类保护和渔业应用等。考核方式是平时测验 2 次各 100 分，2 次实验操作各 100 分，多样化的论文 100 分，课堂参与 50 分(仅研究生)，实验参与 50 分和期末考试 200 分，共 750 分。

美国 Texas A&M 大学②野生动物和鱼类科学系的“鱼类生物学”课程使用的教材是 *Biology of Fishes* 和 *Ecology of Fishes*，理论课程内容包括水环境多样性与鱼类适应，食物和取食，食物加工和营养，鱼类循环和排泄生理，呼吸和浮力控制，能量预算，活动性和游泳生物能量学，生长和生长模式，渗透压调节和内环境平衡，气体和热交换生理，忍耐力和毒性鉴定，学习和条件反射，行为，疾病、寄生和捕食策略，区域和种间关系，空间、食物竞争、社会等级和领域，互助和社会化，移动，洄游和繁殖行为，繁殖和发育，幼鱼生态。实验内容有食物加工，呼吸和新陈代谢，毒性测量，体温和热交换，环境优先和回避行为，解剖和生长等。

美国 Vermont 大学③“鱼类学”课程内容涉及鱼类系统分类、生物地理、解剖和生理，以及行为和生态，该课程侧重于形态和功能、行为、生活史和生态学。使用教材是 *Biology of Fishes*，无实验课程。

Rutgers 大学④海洋分部的“鱼类学”课程使用教材是 *The Diversity of Fishes*，实验教材是 *Fishes: A Field and Laboratory Manual on Their Structure, Identification and Natural History*，理论课程内容包括 3 个模块：第一部分是

---

① http://ichthyology. usm. edu/courses/bsc414/index. php.

② MeTel(国道)外文多媒体教学资源库：http://www. metel. cn/.

③ http://www. uvm. edu/rsenr/wfb232/.

④ http://marine. rutgers. edu/rumfs/ClassesIchthyology. htm.

鱼类分类和形态功能，包括鱼类的分类，躯体形态和运动，皮肤，取食形态，气鳔，感官，呼吸，渗透压调节和生境，行为和繁殖。第二部分是鱼类生活史、生态和行为，包括鱼类的洄游、繁殖、动物地理、年龄和生长，在课程中安排了实地考察旅行，如常用的拖网和诱捕技术以及鱼类多样性等；实验侧重无颌类、鲨鱼和新泽西州海洋和河口鱼类的分类。成绩构成是3次平时测验350分，论文75分，实验75分，课堂参与50分。

从上面几所院校开设“鱼类学”课程的教学内容来看，可以看出有以下几个特点：一是鱼类分类所占比例较大，特别是当地鱼类的分类、鉴定和多样性；二是强调鱼类的系统演化，在体系上将比较原始的无颌类纳入其中；三是侧重鱼类的保护，特别是该地区特有鱼类的保护；四是侧重鱼类的生理、生态、生活环境与鱼类的适应情况等内容。在教学安排上有以下两个特点：一是将课程预习、复习相结合；二是将理论和实地考察、实验相结合。在成绩构成上多样化，多数都有论文和演讲得分。

三、国际化“鱼类学”课程体系设置

近年来，由于分子生物学等在鱼类学中的广泛应用，早期的课程在学术思想和教学内容上已显滞后。通过对比我们发现，在教学内容上要大量删减鱼类形态学内容，而将其更多地纳入实验课程中，并且在鱼类形态学部分要将形态与其功能联系起来，紧紧围绕鱼类的外形和结构特点是如何适应水生生活的这个关键问题，回答鱼类是如何游泳，如何呼吸，如何取食等问题。并且，要将鱼类的结构与其生理相结合，与日常生活和生产实践相结合。如在讲有关色素细胞的内容时，可介绍鱼类体色的产生机制，鱼类养殖中体色的变化（白化和黑化）产生的原因和解决办法；观赏鱼体色与喂养等内容。同时将鱼类研究热点引入，如鱼类内分泌系统部分可介绍目前鱼类在脑—脑垂体—性腺轴主要分泌的激素的种类、结构和功能；鱼类免疫系统可介绍鱼类免疫系统的组织学、细胞学和显微结构，各种鱼类细胞因子如凝集素、白细胞介素、抗菌肽的结构和功能，以及在应用免疫学方面的内容；在鱼类分类部分，可重点介绍新的分类方法，分类系统的检索方法，软骨鱼纲各个目的特征；辐鳍鱼纲可重点介绍重要的目、常见种类及主要经济鱼类，同时体现地方特色。鱼类生物学部分可充分体现个性化，可参考美国大学的教学内容，在鱼类与生境、鱼类种间关系、营养、生长发育和繁殖等基础上，增加鱼类能量学、行为学、养殖学、应用和保护生物学有关方面的内容，如鱼类的集群、游泳行为和鱼类亲代的抚育行为；鱼类性腺发育的人工调控，鱼类的工厂化养殖和幼苗培育;应用方面如鱼类仿生学、鱼类活性物质和废弃物的综合利用、水族馆的历史、现状和未来发展以及生物技术在鱼类养殖中的应用等。

在教学方法上,设置研究性题目,学生可自由选择,在学习基本内容的基础上,学生可以小论文或演讲的形式,深入研究鱼类,并将新知识融入课堂学习。同时可以配合学生社团科普活动,进行校园鱼类科普展和在中小学进行保护鲨鱼等系列动物保护讲座,增加学生对鱼类的了解和提高保护意识。

在成绩考察形式上,建立平时讲座+闭卷考试+开卷考试模式,增大开卷考试分数比例,最大限度地体现学生自主学习成绩。

在理论课程学时减少的同时,加强实验等实践课程并将实验与理论讲授有机结合;在实验内容上,可在鱼类形态解剖观察和分类基础上,增加学生综合实验能力,如鱼类的取样测量、食性分析、年龄鉴定;繁殖力测定和行为学观察等;同时,建议增加鱼类学实习课程,充分利用实习基地、海洋考察船、观赏鱼市、标本馆和水族馆等,通过参观鱼类养殖企业和鱼类标本馆以及进行鱼类市场种类调查等,加强学生对鱼类应用方面的认识;增加鱼类标本制作环节,如整体浸制、骨骼、肌肉标本、循环系统、呼吸系统及胚胎标本制作,通过标本的制作,即可以了解鱼类的各个系统,也可以加强学生动手能力;同时,将科学和文化、艺术渗透其中,如鱼拓的制作,即可以用其作为分类鉴定,也可以作为一种艺术品,激发学生学习兴趣;以小论文的形式培养学生在实践中进行科学研究的能力。

在教材建设上,建议引进鱼类学经典教材 *The Diversity of Fishes*, *Fishes: An Introduction to Ichthyology* (5th ed.)和 *Fishes: A Field and Laboratory Manual on Their Structure, Identification and Natural History*,制作与之相关的系列的双语(英语)课件和视频,为"鱼类学"课程国际化做好准备。

高校示范教学中心开放式管理的探索与实践

——以中国海洋大学食品科学示范教学中心为例

刘尊英* 孟祥红 付晓婷 鞠 磊

摘 要:开放式示范教学中心是培养学生实验技能和创新能力的重要场所。结合中国海洋大学食品科学示范教学中心的实际情况,针对存在的问题,简要介绍了"5S"管理理念,探索和尝试建设开放性示范教学中心,以期提高工作效率,走向规范化管理。

关键词:开放式;实验室管理模式;"5S"管理;示范教学中心

一、引言

实验室是教师从事实验教学和学生进行实验的场所,特别是示范教学中心,承担了大量的教学工作,教学任务重、仪器设备多,并且大多实验室药品种类及数量繁杂,又存有具毒性、腐蚀性等的化学危险品,本文以高效完成教学任务为目标,合理借鉴企业推行的"5S"管理理念,将其融入示范教学中心的日常管理中,以此探讨示范教学中心管理的新方法,对提高示范教学中心的开放式管理将是一次有益的尝试。

二、高校食品科学示范教学中心的特点及存在的问题

食品科学是应用基础科学及工程知识来研究食品的物理、化学及生化性质和食品加工原理的一门学科。食品科学实验技术是食品科学及其相关领域学生需要掌握的基本技能,它在培训学生的操作能力、实践能力及创新能力等方面起着重要作用。高质量的食品科学实验教学有利于学生后续专业理论课程与实验课程学习的开展。

目前,中国海洋大学食品科学示范教学中心还没有一个统一的实验室管理

---

* 刘尊英,中国海洋大学食品科学与工程学院教授,主要研究领域为混合教学与评价。基金项目:中国海洋大学教育教学研究项目(201503)。

模式，每个实验室都是依据自身实验室的实际情况进行自由式管理，所以实验室管理的水平不一。食品科学实验的主要特点是：①实验学科跨度比较大，包括化学类实验、微生物学实验、食品生物技术实验、食品检验与分析、食品工艺及食品工程实验等；②实验涉及的内容广，包括粮油制品、果蔬制品、肉制品、乳制品、水产品、蛋制品等；③实验过程复杂，涉及的仪器设备数量大且多样，化学品种类多且危险。这些都在很大程度上加大了实验指导教师的工作难度和开放难度。

食品科学示范教学中心在日常使用与管理过程中存在以下问题：实验室的规章制度较少，且较多挂在墙上无任何实质性执行；仪器设备摆放不合理，且无专人管理；学生在实验过程中未形成统一管理规范，不穿实验服、不填写仪器使用记录的事情时常发生；缺乏安全意识，实验垃圾与生活垃圾不分开，缺乏对危险化学品使用的安全知识；课堂纪律较为随意等。要想改善目前的实验管理现状，就必须针对上述实验室日常管理中的问题，制定制度化、标准化的现场管理规范。只有这样，才能为示范教学中心的开放做好铺垫。“5S”管理是现场管理的基础，在实验室管理中采用“5S”管理办法可以有针对性地解决上述问题，以达到培养教工积极工作、主动负责和培养学生遵章守法、行为规范的良好习惯。

三、“5S”管理在食品科学示范教学中心管理中的运用

“5S”管理起源于20世纪50年代的日本，具体是指：整理(seiri)、整顿(seiton)、清扫(seiso)、清洁(seiketsu)和素养(shitsuke)五个项目，即通过规范现场、现物，营造一目了然的工作环境，培养员工良好的工作习惯，最终达到提升人的品质的一种独特管理办法。目前，“5S”管理已经成为企业管理的新潮流，被广泛地推广于机关、服务业、文教、卫生等部门。

在示范教学中心管理中推行“5S”，要重点加强对实验管理人员和学生的培训工作，提高他们对“5S”管理的认识，了解如何组织和开展实施“5S”，并最终接受“5S”的管理理念。

(一)整理

整理就是将示范教学中心的设备、试剂和物品(非设备试剂类)等进行全面盘点，制定出设备清单、试剂清单和物品清单，然后再进行分类。A类：废旧仪器、不用的物品和过期的化学试剂等。其中，过期的化学试剂还要按照普通化学试剂和危险化学品等进行亚分类。B类：有用的设备、试剂和物品。在B类里，可依据其使用频率(经常使用、偶尔使用)或特性(培养箱干燥箱类、分析仪器类、耗材类)等分成不同亚类。

（二）整顿

在整顿之前，示范教学中心实验管理人员要完善实验室相关管理制度、卫生制度和学生实验守则等，加强如急救、消防、泄漏等应急措施的管理。

在制定好上述规则后，就可以进行整顿了。整顿就是把整理出的物品进行分析，确定其最小允许数量，按其位置进行合理摆放，并进行有效的标示。具体实施方法：对于整理中的A类仪器、物品和试剂要第一时间进行处理，废旧仪器和物品可经学校设备管理处验收判定后进行集中报废，以尽快腾出空间；过期的化学试剂和危险化学品可根据学校化学品回收的相关要求，统一进行报废处理，以减小安全隐患。

对于整理中的B类设备、试剂和物品，要进行分类管理。设备、物品类要根据其功能关联性摆放在相应的位置。教师需将每台设备的操作要点、注意事项等张贴在显要位置，每台设备的说明书、日常维修保养说明和相关配件，如程序安装盘、电源线、网线等存放在最近的抽屉里并进行标示。

对于整理中的B类试剂，主要是归类。归类后的化学品要分门别类放置，100％做好标示，一一对应。由于化学品的特殊性，在存放时应结合其化学性质合理保存。强酸、强碱类化学品和易引起自燃、爆炸或产生有毒气体的化学危险品应避光储存在专用的耐腐蚀的铁皮箱内；高挥发性药品放置在避光通风处；易氧化的药品、生物制剂等应存放在低温冰箱内。所有的化学试剂都应该按照有效日期与配置日期的顺序摆放，以避免药品过期失效浪费。

此外，在整顿后的执行过程中，要求实验指导教师对各仪器设备的使用及注意事项进行详细讲解，明确其主要危害点和应急措施；学生要在指定区域内按照仪器使用说明进行规范操作；实验结束后，学生要认真填写仪器使用记录和实验报告等，对于发现的问题，交由指导教师一起讨论解决。

整顿工作的重点是将所有物品使用后归位。只有严格执行这一点，实验教学才能有序高效进行。

（三）清扫

清扫是将环境彻底打扫干净，创造一个清爽舒心的工作环境。通过清扫，将不需要的化学品和杂物清除掉；通过清扫，使实验室不留死角；通过清扫，加强师生的整洁与安全意识。

（四）清洁

清洁是在彻底落实整理、整顿与清扫之后，将其工作成果制度化和规范化的过程。在清洁过程中，要求师生全员重视“5S”，保持“5S”意识。实验课前，师生要注意检查设备和地面的清洁，并保持实验服的清洁。实验结束后，要对使用过的仪器、台面、地面进行卫生清洁，建立清扫基准，设备、化学品要归回原位，归类摆放整齐，排除安全隐患。

（五）素养

素养是在前阶段的基础上，最终实现规范日常行为，提高素质，养成良好习惯的目的。食品科学示范教学中心面对的学生较多，学生素质参差不齐。示范教学中心的管理，学生又是学习和实验的主体，因此必须规范学生的日常行为和强化学生的安全意识，全员参与，才能达到良好的效果。另外，在示范教学管理中强化“5S”教育，还要长期坚持整理、整顿、清扫、清洁工作，只有做到坚持和持之以恒，才能提高师生素养，才能将示范教学中心建设推向一个优质高效、低耗安全的新平台。

四、开放式食品科学示范教学中心的探索

（一）开放时间的调整与预约系统

示范教学中心的开放时间是开展实验教学的重要保证。目前示范教学中心的开放时间仅限于学校实验教学的安排时间，是限定时间段内的限定区域开放。时间调整后，可保证工作日内 8:00～21:00 开放，周末、节假日提前预约。这样学生可充分利用课余时间进行自主创新性实验，从而提高创造性研究问题的能力。

网上预约系统的使用有助于开放式示范教学中心时间的管理，有助于提高示范教学中心的利用效率。示范教学中心在线预约系统分为学院教务管理员、示范教学中心管理员、实验教师和学生四大模块。学院教务管理员针对专业信息进行管理，协调学校教学任务与各级学生实践的落实；示范教学中心管理员是预约系统的具体管理者，拥有对各级预约信息的审核权；实验教师可管理学生信息；而学生可登录系统在线预约系统完善自己的信息和进行预约。

（二）开放内容的调整

目前中国海洋大学食品科学示范教学中心可开放的实验教学内容非常丰富，除了学校安排的实验教学任务外，还可为国家大学生创新性实践计划、中国海洋大学本科生研究发展训练计划、本科毕业论文、挑战杯、各种专业创新大赛等提供实践场所。学生可利用示范教学中心的资源优势，把食品相关实践课程

融会贯通，把它们融合成设计性、综合性的实验项目，从而完成各项实践任务。另外，中国海洋大学食品科学专业还充分发挥了科研团队的作用，开设了教授指导下的创新实践课程，学生可根据教授们的不同研究方向，提取各实验室特色及优势实验项目，把自己掌握的知识和科研兴趣结合起来，实现个性化的发展。

五、结论

总之，示范教学中心的开放式管理依赖于师生的安全意识和自觉行动，依赖于师生素质的提高。“5S”管理营造的是一种“人人参与，事事关心”的友好和谐氛围。在这种氛围下可以形成强大的工作学习动力。食品科学示范教学中心的管理，尤其是开放性实验室的管理引入企业的“5S”管理方法，不仅仅可以创造干净、整洁、舒适的工作场所和实验环境，培养学生良好的学习实验习惯和行为规范，还可以使示范教学中心的工作更加标准化和制度化，从而推动示范教学中心开放性优质高效运行。

普通高校体弱学生体质健康水平提升策略研究

于文兵* 杨 韵

摘　要:目前有关高校体弱学生的研究基本集中于体弱学生情况的调查研究,缺少系统解决体弱学生体质状况的针对性策略研究。本文以中国海洋大学体弱学生为例,在完善相关理论研究的基础上,研究制定解决高校体弱学生体质状况问题的针对性策略。针对学界对体弱学生促进策略研究相对缺乏的现状,首先对体弱学生这一核心概念进行了重新界定。研究认为,体弱学生参与体育活动存在心理因素影响过重、学校体育发展规划不足、社会舆论关注不够等问题。结合中国海洋大学的体弱学生体质健康促进方案的实例,提出以建立体弱认定与管理机制、构建体弱学生体质健康数据库、建设体弱学生特色健身中心、设置健康保健与运动技能相结合的体弱学生体育课程为主的体质健康水平提升策略。

关键词:学生体质;体弱学生;体质健康促进;高校体育;体育锻炼

学生体质健康水平的持续下降、学校体育意外伤害事故的持续增多,使学校体育发展问题愈发成为社会与学界关注的焦点。针对这一现实发展困境,政府及有关部门也相继颁布了相关政策文件以推进学校体育发展方式的改革,意在更为全面而彻底地解决学生体质健康下降的问题。继 2007 年《关于加强青少年体育增强青少年体质的意见》、2012 年《关于进一步加强学校体育工作的若干意见》等政府工作文件出台后,2016 年 4 月 21 日,国务院办公厅又发布了《关于强化学校体育促进学生身心健康全面发展的意见》,进一步将学校体育发展与学生体质健康问题的重要性提升到了前所未有的高度,学校体育发展的任务之重、改革力度之深,由此也可见一斑。然而亟须通过体育锻炼来改善体质状况的体弱学生,却缺少相应的理论研究及政策文件支持。

---

* 于文兵,中国海洋大学体育系教师,研究领域为运动健康促进。基金项目:中国海洋大学教育教学研究基金课题(jy2009055)。

一、理论研究的弊端：学生体质健康问题研究现状中对体弱群体的忽视

事实上，有关学生体质健康问题的研究一直以来都是体育学界的热门话题。相关研究层出不穷，无论是理论层面的深入分析，还是实证层面的调查研究，都积累了丰富的研究成果。截至目前，以“学生体质健康”为主题的学术论文近2000篇，研究方法多样、研究视角也各具特色，这无疑为我国学校体育研究打下了较好的理论基础，也为学生体质健康水平的提高发挥了强有力的引导和推动作用。

然而，即便是如此规模的研究积累，也依然不可避免地存在着研究欠缺的部分，对体弱学生的体质健康研究就是其中极为突出的部分。正如上文所述，学生体质健康的学术论文达到了近2000篇，其中有关体弱学生的相关研究却仅有百余篇，且部分研究的发表时间过于久远，已然不能作为研究我国现如今体弱学生体质健康问题的理论依据。仅有的能够参考的文献，大多是围绕体弱学生参与体育活动的现状及其影响因素展开的，所提出的观点也基本集中在针对体弱学生开设体育保健课程等改善性建议层面。

如颜耀春等认为，影响体弱学生参与体育活动的主要影响因素在于缺乏必要的运动兴趣、未能养成良好的运动习惯，提出高校应适当对这部分学生开展健康指导干预、心理干预等工作。① 雷慧等构建了针对残疾体弱大学生的体育保健评价指标体系，淡化了运动技能的评定，而是更看重学生体育参与的态度与程度问题。② 罗智波等则选择对参与和未参与体育保健课程的学生进行比较分析，对他们参加体育活动的态度和目的、项目以及阻碍其参与体育运动的原因等进行了深入探究，认为主观因素上的畏惧心理、社会环境的关怀缺失等问题是影响体弱学生参与体育活动的主要原因。③

虽然现有研究已经较为全面地指出了现如今我国体弱学生参与体育活动的基本现状、影响因素以及存在的问题，但仍不足以作为进一步深入研究该领域问题的主要依据。且现有研究中普遍存在着对体弱学生群体的界定不明晰、研究

---

① 颜耀春，陈建华，张天峰等. 高校体弱生形成因素分析与对策研究. 体育文化导刊，2013(6)：101-104.

② 雷慧，谭新莉，李伟峰等. 残疾、体弱大学生体育保健课评价指标体系的构建. 体育学刊，2010(6)：51-54.

③ 罗智波，熊茂湘，谭新莉. 高校残疾体弱学生参与体育保健课状况的调查. 中国特殊教育，2007(11)：9-13.

对象涉及面太过宽泛而少有针对性的研究等问题。最新发布的《关于强化学校体育促进学生身心健康全面发展的意见》中已明确指出："研究推广适合不同类型残疾学生的体育教学资源，提高特殊教育学校和对残疾学生的体育教学质量，保证每个学生接受体育教育的权利。"①将体质情况特殊或残疾学生的体质健康推进工作全面纳入了学校体育的发展范畴。也正是基于此，本文将研究对象具体到了普通高校的体弱学生群体，并尝试对体弱学生做出相对清晰的概念界定，继而以此为基础展开提升体弱学生体质健康水平策略研究。

二、核心概念的重构：对体弱学生及其分类依据的界定

对体弱学生的概念界定过于模糊，是现有研究普遍存在的问题，也是制约该研究领域进一步发展的主要原因之一。从现有研究的观点来看，目前我国学者对体弱学生有着各自不同的界定方式，大致可分为两种类型：一是将体弱划分到残疾的范畴，患有不宜参加剧烈性运动的特殊疾病，这就将所有生理或心理上存在异常的学生归纳到了体弱学生群体中；二是依据学生体质健康测试的成绩，将多项不达标的、成绩持续偏低的学生视为体弱学生，这就使体弱的概念不仅涵盖了生理和心理层面存在异常的学生，也包括了生理和心理水平正常但因缺乏应有的体育锻炼而成绩较差的学生。

这两种主要的概念界定方式，虽然各有其理论研究的侧重点和依据，但也各自存在一定的问题。前者将体弱等同于残疾，相当于是以客观条件因素作为判断学生是否属于体弱的唯一标准，不仅存在一定局限性，也不能很好地体现体质健康与体育活动间的关联性。而后者以学生体质健康测试作为判断依据，则存在着将缺乏体育锻炼的健康学生也笼统地归纳为体弱学生的弊端，有着与前者相似的局限性。

笔者认为，对体弱这一概念的界定不应笼统地归纳到某一个更为宽泛的范畴中，或是依据某种评价标准简单地划分，更不能掉入概念研究的窠臼，而是应当将不同体弱情况区分开来，在一个基本而相对宽泛的概念界定基础上，在实践中依据不同体弱情况对体弱学生进行区别化的管理。因此，本研究选择将引起体弱表现的原因作为依据，对不同体弱类型做出进一步区分。首先，综合现有相关学术研究结果，将体弱者定为"患有或突发医学上认定不宜或不能从事剧烈运动的疾病或功能障碍者"。而后根据运动处方分类方法，结合现有学生体质健康

① 国务院办公厅.关于强化学校体育促进学生身心健康全面发展的意见，2016-04-21.

数据分析，将引起体弱的原因分为运动系统、呼吸系统、心血管系统、内分泌系统、神经系统、消化系统及其他生理疾病7类。因此，在学校体育语境中，体弱学生的界定即为“患有或突发医学上认定不宜或不能从事剧烈运动的疾病或功能障碍的在读学生”，在制定具体培养方案时，再依上述分类方法分别加以区分。

三、现实发展的困境：体弱学生群体的特殊性及其体质健康提升的困难所在

体弱与体质健康之间有着显而易见的关联性。在如今的学校体育语境中，提及体弱学生，似乎意味着低体质健康水平及其难以更进一步提升的现实困境。这种看似理所当然的关联性，事实上也是一种在观念层面上制约体弱学生体质健康发展的主要因素。在尚未展开对现实发展困境的深入解析之前，倘若就已经先入为主地确定了体弱学生在体质健康促进问题上的局限性，显然会让针对这一问题的研究举步维艰、甚至停滞不前。因此，在尝试构建体弱学生的体质健康提升策略之前，我们有必要对体弱学生的群体特殊性及其体质健康促进的困难所在做出更为全面而深入的探究。

（一）体弱学生参与体育活动的心理制约因素过重

作为针对体弱学生的体质健康提升策略，学生个体显然是影响整个策略制定与发展的核心主体。从学生个体角度来看，体弱学生普遍存在的问题，一方面在于生理层面，即直接导致其难以像正常学生一样参与体育活动的身体原因。另一方面则在于心理层面，即因其对身体异常或缺陷的意识，而引发的自卑心理与畏惧心理。虽说学者们在做理论分析时都能够做到从身心两个层面去论证，但在学校体育发展现实中，提及体弱学生，身体因素得到的重视却始终比心理因素大得多。曾有不少研究者对体弱学生的体育课程认知情况做了调查问卷分析[①]，结果表明，大部分体弱学生是不愿意参与体育活动的，而不愿参与的主要原因，则主要集中在“自身身体素质差”“害怕被嘲笑”等心理问题层面，且这类选项都带有显而易见的自卑与消极色彩。相较于更为表象化的生理层面原因，心理层面的原因对体弱学生的体质健康促进而言则相对隐性，也是更容易被忽视、也更为根本的原因所在。

（二）学校普遍缺乏针对体弱学生的体育发展规划

学生个体的问题固然是根源性的，但学校在这一问题上的忽视也是另一影

① 屈小佳. 河南省高校特殊群体体育课程实施的调查研究. 河南师范大学，2015.

响因素。我国高校体育中针对体弱学生的发展规划相对较少，学校层面普遍缺乏相应的规章制度加以管理，教师对体弱学生群体也普遍缺乏应有的重视。对体弱学生群体实行的体育教育活动主要分为单设体育保健课、随普通班学习、免修体育这三种形式[①]，其中较多被采用的举措也只是增设体育保健课程。然而，这一仅有的发展举措也还未能得到广泛的推广和认同。21世纪初就有学者对10个省市的20所高等院校的体育保健课程开设现状做了调查研究，结果显示40.7%的学校并没有设置体育保健课。[②] 如今十多年过去了，体育保健课程的建设工作依然没有得到根本性的改变，针对体弱学生的体育发展规划，依然更多停留在了学术研究的层面，而少有学校付诸实践。

（三）社会普遍缺乏积极的舆论导向与情感关怀

虽说高校学生的体育活动大多是在学校教育中完成的，但社会舆论及其产生的社会影响，在不经意间也在为学校体育构筑起一个潜在的社会生存环境。综观近年来新闻媒体上有关大学生体质健康的内容，基本都集中在了对诸如体育课上学生猝死、体质健康测试成绩连年下降这类的负面新闻上。[③] 舆论对此的评价虽然相对中立，但对学生体质健康问题本身还是报以一种质疑和批评的态度，问责者多，而想要深入探究其中原因的少。对于这些体质健康水平较低的体弱学生群体，社会舆论给予的关注就更少了。人们过多地斥责学校体育制度的缺失、学生体质健康的羸弱，却很少关注这部分弱势群体自身的问题，缺乏必要的情感关怀和协助，这无疑也是目前体弱学生群体参与体育活动的一个不应被忽视的社会环境因素。

四、体弱学生的体质健康促进培养方案——以中国海洋大学为例

正如前所述，虽然体弱学生群体在如今的高校体育环境中仍然没有得到普遍的重视，体弱学生参与体育活动也始终存在着群体特殊性导致的困难，但对这一问题的改善和缓解，依然是体育界需要不断关注和推进的重要内容。以下将以中国海洋大学针对体弱学生群体所做的体质健康促进方案为例，对体弱学生的体质健康提升策略的构建及其可行性做出更具体而深入的解析。

---

① 吴燕丹. 中国大学特殊体育教育现状调查与思考. 体育科学，2007(1)：41-50.

② 林建华，郭琼珠. 普通高校体育保健课的现状及课程设置的若干思考. 成都体育学院学报，2001，4(27)：44-46.

③ 柯林，李小伟. 全国学生体质健康状况喜忧参半. 中国教育报，2015-11-26.

基于有关学生体质健康与学校体育发展问题先后颁布的各政策文件，以及大学生群体中体弱学生始终被相对忽视的现状，中国海洋大学自2009年起就启动了针对体弱学生的体质健康促进方案。由于国内高校关于体弱学生参与体育活动的规划方案可借鉴的内容很少，因此，本方案从体弱学生的界定，到具体的组织管理机制的制定，再到体弱学生专属体育课程的设置，是从零基础逐步构建起来的、始终处于不断完善过程中的一种学校体育培养模式。

(一)建立体弱学生的认定与管理机制

由于国内截至2009年还未有明确的体弱学生认定标准可以参照，对体弱学生认定标准的提出就成了体弱学生体质健康促进模式需要完成的首要问题。结合《国家学生体质健康标准》等有关学生体质健康问题的国家政策文件，经过相关专家与学校领导层的反复讨论，中国海洋大学在2009年11月发布了《中国海洋大学体弱学生认定及体质达标测试办法》。该办法首先将体弱学生界定为"患有或突发医学上认定不宜或不能从事剧烈运动的疾病或功能障碍者"。以此为标准，明确了两条认定和审核办法：一是凭县级以上医院出具的诊断书和病历作为体弱认定的证明；二是无法提供医院证明但可以归纳至体弱范畴的学生，需参加学校组织的台阶测试，依据国家体育总局《国民体质测定标准手册》，完成对体弱资格的认定。

在此基础上，学校还对大一、大二两个年级学生中申请体弱认定的学生发放了《中国海洋大学体弱学生参与课外体育锻炼情况调查表》，对体弱学生参与体育活动的现状做了详尽的调查分析。结合调查结果，发布《中国海洋大学体弱学生选修体育课管理办法》，在体弱学生认定的基础上进一步明确了这部分学生的特殊体育培养计划。该办法不仅对体弱学生与健康学生的体育课程安排做了明确区分，也对每年的学生体质健康测试做了相应的区别管理。既有为体弱学生建设的专用健身中心及专设的健康辅导课程，也有为体弱学生组织的学生体质达标测试，测试项目为肺活量、坐位体前屈、握力，在避免大运动量体育活动的前提下，尽可能地通过合理的测试方式评价体弱学生的体质健康发展水平。

(二)构建体弱学生的体质健康数据库

自2009年发布体弱学生认定办法与管理办法以来，中国海洋大学自2010年至今已连续8年实施体弱学生的体质健康促进培养方案，在不断促进体弱学生体质健康水平继而推动全校学生体质健康总体发展水平的同时，也构建起了体弱学生的体质健康数据库。该数据库主要统计的内容分布在学生性别、申请体弱认定的原因、每年的体质水平测试成绩(肺活量、坐位体前屈、握力)、学习健康辅导课程的成绩等方面。每年在完成相应的认定与测试工作后,及时将当年信息录入数据库,并做出比较分析。这里所说的比较分析,既包括与健康学生参加体质健康测试的成绩做对比分析,也包括对数据库建成后体弱学生自身每年的统计数据变化做出的对比分析。诸如此类的数据分析,不但是对学生体质健康水平发展变化情况、发展趋势等问题的一种梳理与分析,更为体弱学生体质健康水平促进培养方案提供了更详尽而全面的研究基础。

(三)开设体弱学生专选健康辅导课程

以体质健康水平测试为主的数据库只是反映学生体质健康的一个客观数据统计,与此同时,从学校体育发展的角度来看,更为重要的仍是体育课程的设置。2002 年颁布的《全国普通高等学校体育课程教学指导纲要》明确规定:“对部分身体异常和病、残、弱及个别高龄等特殊群体的学生,开设以康复、保健为主的体育课程。”①目前我国高校对体弱学生群体开设的专属课程还没有得到广泛的普及,从已开设相关课程的高校来看,基本可以分为两大类。一类是在已有体育课基础上增设体弱学生可选的保健课,主要教授体育健康、保健、运动恢复等相关知识,其形式既有普通的体育理论课程,也有健康知识讲座。② 这样的安排虽然在知识传播层面效果较为理想,但缺乏应有的运动量,在体育参与体验上难免会有所欠缺。另一类则是在健康学生选修的体育运动项目课程中,安排体弱学生参与节奏缓慢柔和的太极拳、太极剑等体育项目作为教学内容。③ 这样的安排虽然保证了一定的运动量与内容,但教学形式普遍较为单一,且与健康学生的要求之间并没有做出明确区分,难以顾及体弱学生参与体育活动的特殊性。

鉴于现有的课程设置经验,中国海洋大学选择将二者相结合的培养模式,即一方面开设仅限体弱学生选修的健康辅导课,传授健康知识、运动康复知识等内容、提供基本的心理辅导;另一方面为体弱学生群体提供运动量小、运动技能要求低的运动项目课程,建立了体弱学生专用的健身中心,配备针对肌肉力量、有氧耐力、综合力量的健身器材,并明确每学期的学习与锻炼时间,确保这一课程学习的质量。

---

① 教育部. 全国普通高等学校体育课程教学指导纲要,2002-08-06.

② 张和平,何素艳,任晋军等. 普通高校学生体质弱势群体体育教学干预研究. 武汉体育学院学报,2013(4):95-100.

③ 潘跃林,时传霞. 高校体质弱势群体综合式体育教学模式研究. 山东体育学院学报,2010(6):84-88.

五、发展过程中的反思:体弱学生体质健康水平提升中存在的现实问题

通过近8年的数据统计与教学模式的不断改革和推进,体弱学生的体质健康水平得到了较为理想的提升,体质健康促进培养模式从实施效果来看,总的来说还是相对成熟和全面的。但这其中也不可避免地存在着难以彻底转变的现实问题。以下就较为凸显的三个主要问题为例加以分析,以求对体弱学生参与体育活动的现状进行更深层次的解读,为今后的体质健康促进培养模式提供更多更深入的理论分析基础。

(一)体弱学生参与体育活动的情绪变化问题

曾有学者对体育锻炼活动对体弱学生的情绪效益做过深入的研究①,认为体育锻炼活动对体弱群体的情绪体验有积极的提升作用,有利于消极情绪的消解。但在对体弱学生实行有针对性的体质健康促进方案的过程中我们发现,体弱学生对待体育课程所固有的自卑感很难得到真正意义上的缓解,很多学生在经历了一系列的健身恢复课程后,依然对自己参与体育活动缺乏自信心,情绪依然偏向于消极。且因为体弱学生群体的体育课程是相对独立的,这本身就让他们与健康学生群体有着过于明显的界限,这种群体界限的划分使体弱学生的自卑感加重,对体育参与的畏惧感也随之加重。如何在考虑体弱群体的特质的同时消除群体界限引发的身份认同问题,是体弱学生体质健康促进过程中亟待解决的问题。

(二)体弱学生专属体育课程的项目设置问题

虽然现有的体质健康促进培养方案中已经尽可能多的设置运动量小、运动损伤风险低的项目课程,但依然难以满足体弱学生的需求。尤其对于部分趣味性较高的球类项目,很多体弱学生都有着较浓厚的兴趣与学习需求,但顾及体弱学生的身体条件限制,学校始终难以实现趣味性与健身性相结合的体弱学生专属体育课程的设置。如何在保证体弱学生参与的同时,积极地引入更多更有趣味性的运动项目内容,是今后体弱学生体育课程设置需要解决的主要问题。

(三)针对体弱学生的健身设备与师资的配备问题

《关于强化学校体育促进学生身心健康全面发展的意见》中明确指出:"要切

① 李焕玉.体育锻炼与大学生体质弱势群体情绪状态的关系.首都体育学院学报,2015(1):80-84.

实保障体育经费的投入和场馆设施条件，进一步加大对体育工作的投入，确保体育经费与学生人数同步增长，加速体育场馆设施的建设，科学配置体育资源，充分提高现有体育资源的使用效益，最大限度地满足学生运动需求。”对体弱学生群体而言，体育健身设施与场馆的建设同样是亟待进一步完善的重要问题。同时，目前高校普遍缺乏专门指导体弱学生参与体育活动的教师，这就导致大部分教师在繁重的公共体育课教学任务下还要兼顾体弱学生体育课，教学的区分度与专注度都难以得到切实保障。因此，高校应当积极推进体弱学生群体的专业指导教师的培养工作，实现体育场地设备与体育师资队伍的不断完善和发展。

后　记

近年来，我校进一步树立现代办学理念，创设良好的育人环境，营造浓郁的教育科研氛围，学校教师积极开展教育教学理论研究与实践，倡导、引导广大教师努力学习教育科学理论，并使之在实际工作中运用与发展，以解决实际问题、改进课堂教学，致力提高教师的教学能力和教学水平，取得了较为丰富的理论和实践成果。

本文集与之前出版的三部教学改革文集——《探索与实践》《建构与行动》《交流与对话》一脉相承，记录了学校教学改革与研究工作的传承与发展，凝聚了广大教师求真务实、不懈求索、潜心研究、谆谆育人的点滴心血，留下了他们不断前行的足迹。

本文集内容包括教育教学的理论探索、人才培养模式及教学管理的改革与研究、课程理论和实践教学过程的探索与反思、教学方法与手段的改革等方方面面，旨在供广大教师及后来者学习交流和研究借鉴。

在文集最初的设计、文稿的征集遴选以及编辑出版过程中，我们均得到了来自学校、各部处和各学院相关领导的广泛关注、指导和大力支持。最后，由衷感谢学校领导给予的深入指导和支持，感谢全校各学院领导在文集征文过程中给予的热情帮助和大力宣传，感谢所有向文集赐稿的广大教师（由于文集整体篇幅所限，对于最终未能入选者我们深表歉意，也诚挚期望您能继续关心关注我们的工作并继续不吝赐稿），感谢在文集编辑出版过程中中国海洋大学出版社的领导及同仁们给予的鼎力帮助和支持！

由于本书的出版时间紧、任务重，马勇教授、季岸先副教授、姜永玲副教授及朱信号、于爱芹、王淑芳、常顺几位老师投入了大量精力并利用寒假假期时间参与文稿的遴选组稿及编审校订等工作，为本文集的编辑出版付出了艰辛劳动，在此一并感谢！

期待本书的出版能够引起对大学教育教学工作的进一步关注和深入探讨。

编者

2018 年 4 月